U0863242

谨以此书追忆我们并肩走过的美好年代

Colors of the Moat

Kunming Artists in the 1980s

护城河的颜色

20 世纪 80 年代的昆明艺术家

聂荣庆 著

人民美術出版社

目 录

序

从塞纳河到盘龙江

吕澎

大致从2004年开始，当代艺术品在拍卖市场中价格出现“井喷”，从数万到数十万、数百万，直至数千万，人们的视线从日常的物质转向了艺术，那些一下子难以理解的当代艺术在短短的时间里获得的令人瞠目的价格使得人们终于认可：艺术——当代艺术——是值得认真对待的财富。有好几年里，媒体通过数据引导着读者，试图将人们的目光引向艺术。与艺术曾经在大众心中的印象或者大脑里的理解不同，这个时候，艺术与金钱和物质财富紧密相连，仿佛有一个无形的力量让艺术迅速物质化和世俗化。在1992年之前，尽管已经有艺术杂志和书籍介绍了20世纪80年代初以来的新艺术（现代艺术、前卫艺术、先锋艺术直至后现代艺术或者流行的当代艺术）的发展与成长的故事甚至历史，但是，那些需要具有基本学科知识才能够读懂或者理解的文字仅仅适用于艺术家和批评家或关心新艺术的爱好者，大众对新艺术几乎没有什么认识。

真实的情况是，从1979年星星美展的举办到1989年现代艺术展的关门，艺术界的人们心怀不同程度的乌托邦理想，努力让社会大众去认识曾经未能看到和了解的精神世界。可是，就社会大众对新艺术的认识与兴趣来说，新艺术热心者们付出的努力所产生的影响力非常有限。即使不少批评家在1991年春天开始出版的《艺术·市场》上发表有关艺术与市场方面的文章和1992年14位批评家参与以“艺术走向市场”为口号的“广州双年展”的评审工作，也没有根本转变新艺术仅仅被少数人所努力和关心的基本状况。可是，在市场经济有了高度发展、新艺术在新世纪里获得了金钱的青睐并在市场上成绩显赫时，其才以“当代艺术”的名头受到广泛的关注与谈论。这种关注与谈论是如此的单纯，以致人们将敏感的关注度仅仅放在了与交易有直接关系的尺寸、材料以及物理品相上。除了渐渐有了艺术史知识的少数投资人与收藏家之外，很少有人对一件艺术品背后的故事及其价值有基本的了解，尤其是在价值观与艺术标准混乱的时期，大多数人相信新艺术的价格是在那些投机分子的操作中达成的。的确，拍卖场就是金钱与资本的游戏场，其间的技术与操作之复杂，足以构成一门深厚的学问，此处不赘。

根本的问题仍然在于，那些看上去被拉到“天价”的作品背后究竟有什么能够让人们真正值得信赖的力量，为什么是“他们”——张晓刚、王广义、方力钧、岳敏君等等的作品应该被收藏并可以用作投资的对象，甚至用于银行的私人理财或投资管理？显然，这场游戏的逻辑需要我们必须回到历史、政治、文化以及社会问题中，回到人文学科领域里的描述、分析与判断中，回到人们对人类文明进程不同阶段的了解中去寻找答案。

在所有的人文学科领域，最为基础的工作是收集资料、归纳档案、整理文献，进而对这些资料、档案、文献进行分析与判断。所以，就新艺术至今仍然遭受主流价值观的质疑以及市场对新艺术的认识极为贫乏的状况来看，从最基础的资料文献工作入手去考察新艺术的历史田野仍然是最最重要的事情。

聂荣庆的这部《护城河的颜色——20世纪80年代的昆明艺术家》正是上述所说的“历史田野”的文本。青年时代的聂荣庆亲身经历了20世纪80年代昆明现代艺术家的生活——他就是他们中间的一员，所以能够将过往的情景一幕幕生动地描述出来。超过15万字的回忆录为我们提供了20世纪80年代生活在昆明的艺术家——毛旭辉、叶永青、张晓刚、唐志冈等等——成长的故事。这代艺术家的经历跨越了不同历史时期，书里内容的丰富性与完整性能够让我们回到那个时代的语境中，感受那些艺术家究竟是在什么样的环境下培养性情、获取知识，形成自己独特的艺术观点和趣味的。毛旭辉在他的一篇早期回忆文字中说：早在1982年，未来的“新具像”团体的几个主要成员毛旭辉、张晓刚、潘德海就经常在一起“唱歌，抽大量的烟，喝大量的酒，疯狂地谈人生的不解之处和宇宙的难以捉摸，谈亚当夏娃，我们把夏娃称为‘粉子’，然后趁着‘水’（酒——引者）性，踏着月光，沿着宁静的‘塞纳河’散步。常有人喝得酩酊大醉，口吐垢物、黄水，胃痉挛。张（晓刚——引者）就因此胃出了毛病”。在这样的生活状态中，张晓刚画了许多“令人恐怖不安的素描”和表现魔鬼形象的油画；潘德海“跑到土林去了，发现了圣地，那种光秃秃的荒芜悲怆的美。”他画了“一批批红色的土林、灰色的土林、苍白的土林，最后土林也消失了，只有骚动和狂想”；毛（旭辉——引者）“……画躁动、画爱欲、画膨胀着的生命和堕落的情感”。从聂荣庆的这本书中，读者可以了解到大量的历史细节，在《塞纳河 盘龙江——1983年》一章里，作者是这样描述了毛旭辉提到的“塞纳河”：

法国诗人阿波利奈尔的一首《米拉波桥》，是这群生活在昆明的艺术家时常吟诵的诗篇。流经自己身边的这条曾经的护城河——盘龙江，因为两岸有着很多异国情调的建筑，他们把她称为“塞纳河”。想象之中的塞纳河只是他们艺术理想中的一个圣地，同时也是他们向往西方文化情结的一个精神寄放之处。他们就这样自由自在地任由自己的思想天马行空。在盘龙江边上抬着大碗米线，眼睛看着黄墙红瓦绿窗的法式建筑，心里已经恍然在巴黎塞纳河边徜徉。张晓刚的宿舍就在盘龙江边，自然就成为了“左岸”。

书中的描述能够让我们了解到为什么在20世纪80年代，那些沿着盘龙江河边漫步的年轻人能够迅速地接受来自法国的思想与趣味。的确，他们将自己城市的这条小河称之为“塞纳河”，透露出了他们对法国艺术的向往与热爱；他们如饥似渴地阅读西方著作和探寻那些欧洲艺术家的故事，不过是想寻找到自己可能的艺术和人生道路。而只有当我们了解到艺术家的心路历程与成长的“上下文”，也才能够真正去理解为什么他们会创作出之后那些影响深远的艺术作品。

“塞纳河”也被作者用作一个象征——在书的结尾，聂荣庆这样写道：

艺术家心中的“塞纳河”——盘龙江依旧静静地流过这个城市，从昆明出发的这些艺术家，如同身边的这条河流，依然执著孤独地向前走着。因为除了他们心中的那个理想，自己已经不能去做别的什么了。

书中的故事仅仅写到 1989 年，有些人沉寂下来，有些人离开了祖国，而书中的那些主角却在之后的岁月里在国内创作完成了不少值得永远收藏的作品，有些是艺术史上非常重要的文献。当人们不断地从拍卖场上听到此起彼伏的悦耳的声音传来时，所有了解那些作品与艺术家过往经历与艺术思想形成的人并不会吃惊，因为在那些作品的背后充满了特定历史时期中的一个个涉及思想感情与敏感天赋的故事。好好想一想，是不是那些故事及其产生的影响构成了我们今天的文明以及未来的基础的一部分？

概括地说，聂荣庆描述的故事能够让读者了解过去，回答今天艺术界存在的不少疑问，并告诉人们：说到底，金钱创造历史是需要文明基础的，那些价格“井喷”不过是一种文明背景的市场表现而已。

2014 年 10 月 30 日星期四于巴黎到北京的飞机上

引 子

刘自鸣 《昆明老街》 油画　1980 年

土壤昆明

一个城市通常都会有一条河流经过，来承载这个城市的思想和文明。如果每个人心中都有一条河，那么昆明艺术家心中的那条河应该会是塞纳河。那条穿过巴黎城市中心的河流，却远隔千山万水地承载着他们对西方文化艺术的一种特殊向往。对昆明艺术家来说，在这个每天生活的城市里，能够替代他们心中向往着的塞纳河的，是曾经的护城河——盘龙江。

在昆明艺术家充满浪漫主义的想象中，盘龙江比任何一条河流都更接近塞纳河的灵魂。那时，这群热爱艺术的年轻人，他们整日思索艺术，如饥似渴地阅读译自西方的书籍，当他们坐在盘龙江两岸，看着蓝天白云想象着遥远的未来，梦呓般地倾诉遥不可及的梦想和豪情万丈的宣言时，盘龙江之于他们就是那条塞纳河。

他们曾经在书上看到这样一句话："巴黎的空气都充满了艺术。"这让大家充满了向往，巴黎成了一个乌托邦式的艺术家应该去的地方。但这种向往并不具备细节，没有人关心一杯咖啡要多少钱，租一个房子要多少钱，要付出多大的代价才能去巴黎，只是一个单纯的梦想，一个寻找到的语境，一个精神的故乡。

在20世纪初期，昆明还是个温暖的边陲小城，远离政治、经济、文化中心，几乎没有酷暑严寒，城中树木常青，四季花开不同，阳光下的景物总是明丽清晰，山清水秀。在昆明发生的一切都具备着梦幻主义的色彩，这里的人与气候一样温和，山水人物皆宜入画，生活沿袭着祖祖辈辈的独特节奏。传统西夷文化混杂了中原五湖四海的精华，形成了昆明独特的开放性的文化观。

今天，我开始重新审视这个城市，寻找中国当代艺术发展之路仿佛是乌托邦的一段传说。以往的传承经验不仅积累了这里的人对艺术的一种天然感悟，也造就了昆明城市语境给艺术家的那种宽容、自由的传统。外部世界发生的动荡到了这里会被简化或被忽略，热爱艺术的年轻人可以远离政治经济、远离世俗，在这里安静地思索着艺术带来的各种可能性。

在所有文明发展的进程中，对外交通总是最基本的条件之一，人们得能走出去，新生事物才走得进来。1910 年，滇越铁路通车，昆明随之成为法国的势力范围，新的意识形态、经济规律、生活方式都随着铁路进入昆明。于是，火车站附近的街头出现了商务宾馆，出现了印度银行，教堂、环形体育场和法国医院也修建起来，茂密的法国梧桐掩映着红瓦黄墙绿色百叶窗的西式建筑，隔着几条街就可以闻到“南来盛”咖啡馆飘来的混杂着硬壳面包酸气的香味。

这一切与昆明传统建筑和市井人情融洽共存。四面八方各类人种通过滇越铁路来到昆明，也带来不一样的思想，昆明人平静地包容所有外来的一切，也包容了随之而来的文化。

我小时候生活在滇越铁路的起点站——昆明火车南站。那时见到从火车上下来和等待上车的人，仿佛就是在看一个具有梦幻色彩的南美电影，镜头场景直到今天依然记忆犹新。中外各民族，或是到达，或是离开，不同服饰，不同语言，熙熙攘攘在这里汇集，带来各种思想，带走各种变化。

抗日战争时期，西南联大迁居昆明八年，联大师生或徒步或乘坐滇越铁路的火车从全国各地来到昆明，给这个城市注入了一种新文化的血液，也把中国几千年传统文化研究精髓和西方科学、文化艺术发展之动向一齐带入到这个边陲小城，让昆明在那个特殊时期成为国家的文化之都。

冯友兰在昆明期间撰写了哲学著作“贞元六书”。钱穆在昆明岩泉寺呕血撰述出《国史大纲》。傅斯年主张“语言即是思想”的学术代表作《性命古训辩证》完成于昆明翠湖边。华罗庚的第一部数学专著《堆垒素数论》也是在这个时期完成的。朱自清在昆明写下了《经典常谈》，引导学生、读者学习经典名著。潘光旦在他位于昆明的“铁螺山房”完成了论著《优生与抗战》和《自由之路》。冰心在昆明的“默庐”写就那篇脍炙人口的《默庐试笔》，沈从文、费孝通、罗常培也是默庐的常客。沈从文在此期间完成了他的长篇小说《长河》。

曹禺来到昆明执导了他的话剧《原野》，演员大都是西南联大的学生，闻一多亲自绘制了舞台布景，演出时昆明万人空巷。梁思成、林徽因在昆明启动对中国古代建筑的大规模调查工作，使“中国营造学社”起死回生。陈寅恪在翠湖边靛花巷小楼上查阅文献、撰写书稿，熬坏了双目。林语堂在一次演讲时称赞西南联大的学生“物质上，不得了；精神上，了不得”。精通中西方文化的浪漫至尊吴宓，据说是联大教师钱钟书所著《围城》里方鸿渐的原型人物，他和大学者刘文典开讲《红楼梦》，总是“听者极众，充塞门户”。当时联大外语系有冯至、卞之琳这些教授，有温德、白英、燕卜荪这些通晓西方经典名著的外教，培养了王佐良、穆旦、郑敏、杜运燮等等一批诗人，昆明因此成为当时中国的“诗歌之城”，这个优良传统一直延续至今。

西南联大时期，伴随着大批学者而来的，不仅仅是专业、学术知识，还有民主、艺术的思想。他们常常举办各种人文、建筑、艺术议题的讲座。民主思想、近代科技的发展、各种流派风格及美学观点的研讨和争执，无疑给当时的学生提供了学习和选择的方向。

开放、自由的创作理念，严谨、科学的学术观念，认真求实的艺术态度，为这些学生之后的治学之路和艺术实践打下了基础。

西南联大的青年诗人许芥昱研究认为："昆明时期的思想和政治绿洲持续存在之时，允许传统与新潮、本土货与舶来品之间不断地碰撞交流。当时恰好有足够的时间使它们融合成熟，凝成一股强劲的力量，形成自己的风格和特色。"

我时常会想到的一个问题：西南边疆的小城昆明，文化和经济滞后的地区，为何在20世纪走出来那么多位可以在当代中国美术史中占据一席之地的艺术家？这是个艺术的乌托邦，即便在20世纪，昆明仍旧给一群懵懂的、探索艺术的年轻人一个有可能的成长空间。他们在这里留下了一段激扬的，甚至有些疯狂的为理想而蹉跎的时光，那些当年似乎是遥不可及、如同天梯一般的梦想，在几十年后竟然成为现实，当年的故事变成了今天的传奇，今天的传奇或许成为明天的神话。当想到这些，我仿佛回到了当年追随他们的少年时光，血液不禁又一次地沸腾，还有什么比看着理想成为现实更能让人觉得美好和幸福的呢？

西画东渐

我查证了有关云南美术历史的文献，云南艺术前辈的耕耘和创作如同涓涓细流汇成一条大河，云南美术发展的文脉清晰显现出来。以至于后来20世纪70至80年代涌现出的那批云南艺术家与世纪初这些云南艺术前辈身上发生的一些看似偶然的事件，其实都有着密切不可分割的联系。

云南现当代美术的发展应该从20世纪初20年代前后说起，其中有几个主要的人物，正是云南美术发展的重要脉络，他们的出现奠定了云南之后的艺术环境，形成了云南艺术创作的独特"气场"。

就好像一个家族丰厚优良的遗传基因，多年之后，总是要结出丰硕的成果——出现具有社会影响力的人物。

据史料记载，最早在云南开展西洋式美术教学的是云南玉溪人董一道，他当时在云南省府中学堂任教，图画这门课程由他开始。他曾用钢笔绘制一册《古滇土人图志》，让观赏者叹为观止。

在当时，昆明普罗大众认为西画就是新式的画像，所以，李鸣鹤在昆明市华山南路开设的“鸣鹤画店”和后来的“生生广告社”，都是画当时流行的“炭精画”肖像，后又兴起用油漆作为绘画材料和用“坦培拉”画法来临摹相片，这种画法一直沿袭到1949年之后用来画毛泽东像。那时经常会有一个孩子靠在铺子的门框外看里面的画工画画，这个孩子就是姚钟华。在李鸣鹤的广告社里，有一个年轻徒弟画的肖像画栩栩如生，这个徒弟叫廖新学。后来廖新学出师以后，在今天的护国路一带开设了“新学美林”画店。

1920年前后，李廷英留学日本回国，开始全面地建立起云南的西方美术教育体系。李廷英1910年去日本，先后在东京绘画研究所、东京美术专科学校研习油画。1916年，李廷英与许敦谷、陈抱一等人组织了中华美术协会。他们一度热衷于超现实主义绘画。这种对现代艺术的大胆学习和创新追求，对云南美术体系的发展有着极其重要的影响。

1918年，李廷英回到昆明，他将日本所学到的规范、扎实、系统的现代学院派美术思想、技法及美术教育理论贯彻在他的教学中。1924年，李廷英与东陆大学校长董泽、高等师范学校校长陶鸿焘商议成立美术学校。1926年，云南省政府批准成立云南省立美术学校，陶鸿焘任校长，李廷英任教务长。这是云南首次全面引进西方的艺术教育体系，素描、水彩、油画、雕塑、中国画、书法以及图案、工艺美术都是当时的主要课程，这是西方美术教学体系在云南的最初落地，并在后来的半个世纪中得到了延续。李廷英病逝后，他的学生李实清继续在昆明民众教育馆内设美术研究会，直到抗战结束。同李廷英一同留日的许敦谷、李长元也都先后回到云南从事美术教育工作。

因为“国立西南联大”在昆明开课授业，昆明成了战时后方的文化中心，虽然地处边陲，却引领着中国的学术思想，开启了中国近代文化史上绚丽的篇章。在20世纪中国各学术领域，栋梁多为西南联大的毕业生。“尊重个性，学术自由”，西南联大直接影响了中国人文科学和自然科学的发展。但是，在关注西南联大对中国文化做出的巨大贡献的同时，人们往往忽视了另外一所学校的存在，它就是中国美术界的“西南联大”——国立艺专。

原创建于1928年的国立艺术院，迁徙途中与北平艺专合并，改名国立艺专。1938年至1940年期间，国立艺专南迁到昆明呈贡县安江村，这并不仅仅是中国当时最顶级的美术专业学校的一次简单迁徙，更为重要的是在以后的若干年，它带来的艺术学习和创作的种子开始在昆明、在中国萌芽，成长，开花，结果。

迁居昆明的国立艺专坐落在呈贡和晋宁交界处的安江村。教室和宿舍只是几座破旧的庙宇，不过村子里却聚集了艺术界最著名的教育家——潘天寿、关良、常书鸿，李有行等，后期老校长林风眠也来到安江村。日后中国美术界的一代宗师董希文、朱德群、吴冠中也都在安江村的庙宇中度过了那段难忘的求学岁月。

艺专的老师大部分是法国留学回来的，教授素描、石膏、人体和色彩等课程，安格尔、马奈、莫奈到后印象派，塞尚、凡·高、马蒂斯、毕加索都有涉及，课程更是包括了美学思想的分析和不同风格流派的形式练习。除此之外，关于冬天里的人体写生还流传着这样一句话——“点着风炉画李嫂的裸体”，这也是当年国立艺专的师生们和安江村的乡亲们后来津津乐道了几十年的一件趣事。

1977年，吴冠中重回安江村，对当年上写生课的情形还记忆犹新。国立艺专所推行的“决不崇拜权威，尊重个人风格”的艺术教学理

1939年，潘天寿（中间穿长衫者）与国画系同学在昆明呈贡安江村国立艺专

1939 年，林风眠（左三）校长与国立艺专师生在昆明翠湖

念也是艺术家创作的根本。而这一切并没有随着后来多位著名教育家的离开以及岁月的更替而消失，那些国立艺专的毕业生一直在延续中西融合、学术自由的艺术创作思想。

1940年，国立艺专迁到重庆，一些艺专的云南籍学生如黄继龄、刘傅辉、唐冠芳、夏明等毕业后留在了云南，他们不是去学校教书就是从事美术工作，为云南现代美术的发展做出了自己的贡献。更为重要的是，他们把尊重个人风格的艺术创作态度深深地植根于云南的艺术土壤中，一直影响着后来的云南艺术家。所以，国立艺专在昆明短暂停留的两年，其实也直接或间接地影响了后来中国当代艺术的发展，与西南联大对中国文化发展的影响异曲同工。

20世纪三四十年代起，云南本土有一批优秀的艺术家前往法国留学，如廖新学、刘文清、熊秉明、刘自鸣等。在相当长的一段时间里，这些留法艺术家的作品和美术教育课程是昆明学习艺术的青年了解世界艺术的一个渠道。

廖新学曾师从李鸣鹤学习造像，后来在与李廷英等人的交往学习中，开始写生习作。1932年，廖新学考入南京大学艺术系，得到徐悲鸿等人的指点，1933年留学法国巴黎高等美术学院，后来在巴黎建立工作室，并举办个人作品展。1946年，他以雕塑作品《掷铁饼者》荣获法国春季沙龙金奖。1948年，他回到昆明，投身艺术教育工作，云南的美术教育由此开辟了另一种新格局。

1948年，童年的姚钟华在昆明人民抗战胜利堂看了平生第一个展览——廖新学从法国学成归来的汇报画展。这个展览启蒙了自幼热爱绘画的姚钟华。因为家长与廖先生相识，所以姚钟华得天独厚地成为廖新学的学生，可以每隔一周去廖先生家请教。这为他日后进入中央美术学院系统学习，打下了良好的基础。

廖新学（右四）与导师、同学和人体模特在巴黎高等美术学院教室

1949年，刘文清（左）和熊秉明（右）在巴黎

刘文清是刘自鸣的老师，毕业于重庆国立中央大学美术系，1948 年赴法国留学。刘自鸣出生于昆明名门望族，自小失聪，却具有特别的绘画天赋。1946 年，她被国立北平艺术专科学校破格录取，1949 年考入巴黎高等美术学校。熊秉明，著名数学家国立云南大学校长熊庆来之子，1947 年到巴黎留学，先学习哲学，后来转攻艺术，在雕塑、油画、书法方面都有卓越的成就。

让外面的文化走进来，是云南在美术教育上的一贯态度。云南本土艺术家出国留学，大多数学成回到云南继续从事美术教育工作。他们将西方美学理论、艺术思潮与技法一并带回云南，给云南的艺术土壤增添了丰厚的养分，这使得云南后来成为中国现代艺术发展的重要阵地。

49’后艺术

1949 年 12 月 9 日，随着卢汉在昆明和平起义，刘邓大军的陈赓兵团挺进昆明，云南的艺术创作进入了一种新格局。一批军旅画家跟随部队进入云南的美术创作领域，迅速成为这个领域的中坚力量。林聆、梅肖青、曹延路是当时的重要代表。他们在 20 世纪 50 年代创作的《澜沧江畔》（林聆）、《情报》（梅肖青）、《进驻昆明》（曹延路）都极具影响力。昆明本土艺术家依然以上述民国初年那几所美术学校的学生和后来部分国立艺专的毕业生以及一些具有家学传承的国画家为主。由于地处遥远边陲，他们超然游离在国家主流文化边缘。

从那个时候到 20 世纪 70 年代中期，昆明的艺术家经常被组织安排去画当时高、大、全的主题，写标语、画工农兵形象，画领导人形象。军旅艺术家通常有着深厚的专业技法功底，但是，军旅画家的创作原则——“生活是一切创作的源泉”，在他们完成组织的任务时，也尽可能将自己的艺术观点和个人趣味放入其中。在教授

林聆 《澜沧江畔 》 油画 1954 年

学生时，他们也特别关注这一点。如林聆始终没有放弃在作品中表达自己对生活的感受。云南特有的边地景色以及相对于政治文化核心地区较为宽松的社会气氛，造就出后来年轻一代的军旅画家——孙向阳、尚丁、钟开天等。

军旅画家林聆后来收了一个著名学生张晓刚，而梅肖青、曹延路也影响了一大批年轻的艺术青年。

1938 年，22 岁的贵州青年袁晓岑在昆明举办个人画展为抗战募捐，得到了昆明市民的赞誉，后投考了云南大学文史系。1949 年以后，袁晓岑在相当长的一段时间内担任过昆明师范学院和云南艺术学院美术系主任教授、中国美术家协会云南分会主席和云南艺术学院副院长。1951 年第一届全国美展上，袁晓岑的中国画作品《孔雀》得到了美术界的肯定，他同时期的一些雕塑作品也得到了王朝闻先生的赞许。

20 世纪 50 年代，在云南美术教育史上，出现了一个传奇人物，就是昆明二中的美术老师陆宇飞。陆先生在昆明二中启蒙并培养了七十多名云南的优秀艺术家，如姚钟华、张建中、杨成忠、李秀、孟薛光、叶之琦等等。1955 年，姚钟华考取中央美术学院附中，北上求学，1964 年毕业于中央美术学院油画系，成为建国以后第一个在中央美院从附中到本科系统学习过的云南籍学生。

1963 年 9 月，来自云南丽江的纳西族画家周霖在北京中国美术馆举办他的个人作品展，精选的 116 件作品引起了全国美术界对云南中国画创作的关注。周霖曾于 1927 年在上海美术专科学校西画系学习，当过摄影师，画过海报，做过教师，后来回到丽江，组织了文学艺术团体“雪社”，长期走村串寨、攀山越岭，深入生活，曾为人民大会堂创作《金沙水拍云崖暖》和《玉龙金川》两幅优秀的中国画巨作。周霖“诗”“书”“画”方面的成就一直得到专业学者的高度评价，著名画家吴作人曾为周霖画册题词：“金生丽水，艺数周郎。”

20世纪60年代中期，另一个重要的变化是：全国各地美术院校的毕业生分配到云南来工作，其中包括：中央美术学院的王晋元、蒋铁锋、姚钟华、王正、高临安、戴广文；浙江美术学院的叶公贤、史一、袁瑞新、杨慎、陈家声；中央民族学院的董锡汉、高中炎；湖北艺术学院的陈绕光、程犁、傅启中、夏斌文、贾国中、熊传政、常戈扬；中央美院附中的孙景波、张铁兵；中央工艺美院的丁绍光、连维云，刘巨德、钟蜀珩、刘绍荟等；四川美术学院的何能、杨德华、卢汝能；广西艺术学院的李秀。

这些专业院校的新生力量丰富了云南美术创作队伍，加上云南艺术学院的优秀毕业生：张建中、夭永茂、李忠翔、杨龙、叶之琦、杨作霖、陈雄勋、孟薜光、朗森、张志禹等，各个院校的优秀毕业生、各种不同的艺术风格汇集在一处，云南就以温和的态度全部接纳，云南美术创作水平也因此达到了一个新高度。

留法归来的刘自鸣一度生活在北京，她的一批极具修养的静物和风景作品也引起了美术界的关注。

昆明因为这些特殊的综合因素，成为中国主流文化的一块飞地，所谓“边疆文艺”的采风之地，许许多多的艺术家从全国各地到云南采集创作素材。在与云南艺术家的交流中，各种形式的创作方式也影响了云南美术创作及美术教育。1958年大跃进期间，昆明还成立了一所美术学校，著名演员高明的父亲高天涵早年也是留日的美术留学生，在这个学校任教期间培养了沙磷、蒋高仪等一些优秀的本土艺术家。

1966 年 12 月，军旅画家林聆在昆明军区文化宫绘制毛泽东像

小城春秋

从20世纪60年代的“文革”开始一直到70年代中期，昆明这个远离政治、经济、文化中心的边陲小城，政治路线斗争依然血雨腥风。1967年1月8日，西北红军和西北根据地创建者、云南省委第一书记阎红彦上将因不堪“造反派”批斗，自杀身亡。1968年11月2日，著名作家、云南大学校长李广田因“反党反社会主义”的罪名被揪斗，留下一句：“士可杀不可辱”，遂投莲花池自尽。

1966年到1969年，昆明全市没有招收过一个小学生，也没有毕业过一个小学生。以至1970年以后，在中小学担任领导工作的都是工人和农民。我于1973年读小学一年级，学校最重要的一间办公室就是“工人阶级宣传队”办公室，这实际上也是学校的最高领导部门。学生大部分时间都在家参加街道革命或者在学校上政治课。

“文革”后期，“文艺战线上的斗争”没有刚开始那么残酷和血腥，似乎一切革命行动都大有“行为艺术”的味道，如把所有有历史文化含义的街道名字改为“民兵路”“红卫兵路”“解放路”云云。最有创意的是红卫兵小将提出要把红绿灯的使用惯例改为：红灯亮的时候通过，因为红色是代表革命的颜色。

艺术家则用一种生活态度消解了“文革”的疯狂举动，在组织安排写政治标语和画革命宣传画的闲暇之余，他们用“文革”的名义命名一些美术作品展览，如“毛主席语录画展”“铁路职工美术作品展”等等。于是，生活在昆明的艺术家成了那个特定时代的特殊人群。

除了在各个专业岗位上的艺术家，还有散布在社会各阶层、各单位的非专业艺术工作者，他们是那个时代备受青睐的佼佼者，从事着自己喜爱的工作，单位提供足够的时间和画画的材料。所以，在全中国一片“红海洋”的形势下，昆明这些从事艺术工作的人群有一种特别的优越感，这是这个城市给予艺术和艺术家的尊重。

那个时期，在昆明这个紧邻东南亚的城市，空气里弥漫着与中国其他地方不一样的审美趣味。引领时尚之风的是生活在昆明的越南侨民女孩的衣着。她们穿紧身收腰的衣服显出自己美丽的身材，穿没有领子的衣服露出丰腴的脖子。而对女孩最有吸引力的是那些穿着和行为与正常市民略有不同的艺术青年。

1973 年，有一部阿尔巴尼亚电影《第八个是铜像》上映，片头艺术家创作的桥段让很多女孩迷上了具有艺术家气质的男青年，很多人因此走上艺术道路。当时上小学一年级的我，在昆明铁路局机关大礼堂看了这部电影，电影片头那个为革命者易卜拉欣塑像的艺术家的做派也让我痴迷了相当长的一段时间。后来学校作文课上要写一篇《我的理想》，记得我写的就是要当一名为革命者塑像的雕塑家。在那个信息和文化传播极为封闭的年代，一本书、一部电影就可能会改变一个人的人生方向。

第一章

20 世纪 80 年代以前的昆明艺术和教育

1971 年，毛旭辉在昆明红太阳广场

“文革”小子——1966年

1966年，“文革”爆发了，毛旭辉正在上小学四年级。作为一个小孩子，他很开心，因为可以不用上学了。毛旭辉莫明其妙地参加了“革命”，整天跟着大人混，写大字报、刻蜡板，捏着石灰桶到处去写标语，到百货大楼撒传单，然后就直接上中学，两年后毕业。1971年，14岁的毛旭辉参加工作，因为父亲的“政治历史”问题，他被分配到商业部门的百货公司参加工作，参军这些好事儿轮不到他。

毛旭辉觉得很没面子，那个时代的排位是工农兵学商，商业部门是排在最后一位。毛旭辉所向往的是投入到沸腾的生活中。参加工作以为会发翻毛皮鞋以及整齐的工作服，但是来到百货公司，这些理想都泡汤了。百货公司的劳动很艰苦，中学分来的人没有一个肯干下去。毛旭辉觉得只有通过学习才能调剂一下烦闷的生活，并希望可能由此改变命运，但这只是种蒙蒙胧胧的感觉。于是，身边喜爱音乐的人开始学习小提琴、喜欢文学的人开始找各种禁书读。有人学吉他，大家喜欢聚在一起唱歌，唱外国“黄色歌曲”。那个时代前苏联、印度尼西亚等国家的关于爱情的歌曲都属于黄歌。吹口琴、唱歌的人要抄歌本，就找毛旭辉画题图和插图，不过是画些高山松柏、草地海洋之类。直到1974年的一天，一个朋友给了毛旭辉一本苏联的素描教材《给初学者的几封信》，书上写达·芬奇画鸡蛋画了三年，本来以为画画就是写写美术字、画画插图的毛旭辉发现，画画原来

1972 年，毛旭辉（左）在昆明县华寺仓库

是个严肃的事情，于是也开始画鸡蛋，天天画，还画了工友的肖像。每天两个小时政治学习的时间，他一直在画自己感兴趣的东西。

1975 年，毛旭辉开始正统地学习画画。工友给他介绍了一个在川美进修过的、在杂技团工作的杨老师。毛旭辉经常带着作品过去请教。这应该算是毛旭辉的第一个老师。杨老师的境遇不佳，住在昆明岔街嘈杂的民房中，人很沉闷，不爱说话，喜欢俄罗斯巡回画派，他用水彩临摹苏里科夫的《女贵族莫洛卓娃》，让毛旭辉十分钦佩。毛旭辉每次去都要给这个杨老师当模特，摆一些很工人阶级的动作，相当于付学画的学费。这样学了一阵子，毛旭辉在画画方面有点上路了。杨老师带毛旭辉第一次去画风景写生是在筇竹寺，毛旭辉对着一张小纸画了一天。杨老师还让他临摹希施金的《森林远方》，由此他开始学习色彩。面对一个沉闷的、心情时常不太好的老师，毛旭辉每次是又想去又怕去，他实在不知道要怎样才能让老师快乐起来。

叶永青五岁就给《小朋友》杂志投过稿。那时在政治运动中被下放到外地的父母无暇照顾上幼儿园的他，看他整天郁郁寡欢地在地上画动物和士兵，只好买了美术本和蜡笔给他，并且把他画的几张画投到了《小朋友》杂志。没想到杂志很快就给他寄来了一堆图书、杂志和画片。这是极其珍贵的礼物，除了给父母老师和自己带来愉悦之外，这份鼓励，更造就了日后的一个优秀艺术家。

叶永青的小学和中学学习基本是伴随着“文革”的各种运动进行的。历经了“文攻武卫”“停课闹革命”“复课闹革命”一系列荒唐闹剧之后，叶永青意识到在课堂上只能学习《人民日报》社论和毛泽东诗词，于是开始寻找一切能够找到的书籍来阅读。当时大部分书籍都属于“禁书”，他只有躲在家里昏暗的白炽灯下面，如饥似渴地阅读。他所读的书籍大部分是文学艺术类，这使他那颗文艺的心更难平静下来，另外，把昆明城市一分为二的盘龙江两岸的美丽风景时时也让他产生画画的冲动。

17 岁那年，叶永青起步正式学习画画，好不容易找到的一位老师却告诉他 17 岁学画太晚了。遭受打击的叶永青无奈中带着《给初学者的几封信》和自制的画夹、绘画颜料在八大河边摇曳的桉树下开始自学美术。

1971 年，远在吉林的东北人潘德海正在读中学一年级，他参加市里文化馆每个假期都办的美术学习班，那年恰好由一个刚分到四平文化馆的鲁迅美术学院毕业生耿为明来办这个学习班。潘德海从小喜欢临摹小人书，画过《白毛女》和《交通站的故事》。在这个暑假美术学习班上，他第一次画了石膏像，并开始学习如何画素描。这种学院派的教学路子后来让他顺利走进美术学院。

1958 年，张晓刚出生在昆明，“文革”以前，他们一家都生活在昆明。直至 1960 年，中共西南局再次成立，全家随即迁往成都。张晓刚的父亲并没有随着工作的调动仕途一路走好，相反在“文革”期间，张父遭受了强烈的冲击。张晓刚的父亲张敬早年是中共地下党安排在西南联大领导学运的学生领袖，身份暴露之后转移到云南乡下的武装组织“边纵”打游击。这一段特殊的经历不幸成为他历次运动中难以交待清楚的“污点”。张晓刚的母亲在经历了无数次的调查和批斗后，最终没有抵御住从身体到内心的折磨，精神失常。张晓刚的父亲忍受着这一切打击，带着四个儿子和患病的妻子顽强地生活着。从那个时候开始，家里的气氛异常压抑，父亲从工作单位回来后经常一言不发，只是一根接一根地抽着纸烟。

1973 年底，张晓刚一家随父母又从成都迁回昆明。张晓刚是一个学习能力很强的孩子，在当时学校教学不太正常的情况下，他的各科成绩还是比较优异的，只是在学校性格相对内向。据他的发小张辉描述，在成都，从幼儿园到小学，张晓刚一直是被欺负的对象。所以，从读小学时候画八路军打日本兵的连环画开始，画画一直是张晓刚课余的最大爱好，他很享受沉浸在自己画画世界里的那份快乐。回到昆明以后，时值“文革”后期，学校上课都是安排“学工，学农，学军”，真正读书的时间并不很多，张晓刚有了充裕的时间画画，以满足自己的兴趣爱好。转学到昆明二十三中学以后，张晓刚认识了一个叫王立鹏的同学。王借给他哈定的《怎样画素描》等一些艺术教材，从此，张晓刚开始接触到苏派艺术，知道了列宾，知道了苏里科夫。于是对照着画册临摹和照着教材步骤写生，成为那个时候张晓刚学习画画的主要方法。他也到处借一些“文革”之前出版的关于艺术的书籍，包括契斯恰科夫体系的一些教材，当时很难买到，只有用手抄的方法抄录下来学习。

在邻近当年“国立艺专”旧址的晋宁县有一个劳改农场，唐志冈的军人父亲在“文革”中受到冲击，妈妈受到牵连被下放到劳改农场做管教干部，这里时常有一些画家画风景。少年唐志冈就经常在劳改农场外面看一个叫王保明的画家画风景。那时的唐志冈是一个“偷鸡摸狗”的淘气包，他有时会从农场偷一些苹果给王保明吃，王保明就给唐志冈一些画画的颜料，让他回去涂涂抹抹。这算是唐志冈最早的艺术启蒙教育了。唐志冈从小就喜欢画画，临摹的能力很强。小时候唐志冈调皮捣蛋，他的妈妈十分头疼，只能拿着他的“作品”去向同事、朋友和邻居交待——“其实唐志冈也是有他优秀的一面的”，以此弥补他的缺点。这个举动反而鼓励了唐志冈在他的童年和少年时期坚持画画，最后画画成了他不可或缺的习惯。

昆明“外光派”——1970年

在昆明这个小城中的艺术家和艺术青年们，借鉴“文革”前出版的俄罗斯“巡回画派”画册上的技巧，再参考从“印象派”残旧画册中获得的部分感触进行对景写生，呈现出的画面效果既不同于专业美术院校的苏派体系，也和西方现代主义作品风格相距甚远，反而形成一种具有浓郁地方特色的艺术形式，影响了那个时期在昆明几乎所有的艺术青年。2003年，毛旭辉在云南大学组织了一个学术课题研究，研究那个时期昆明艺术的状况，给那个时期的风景画创作群体定义了一个名称——外光派。

外光派中没有一个人是科班出身的，但他们画的风景却是科班学习过的人不会画出来的一种风格。他们面对美丽熟悉的风景，真实地研究阳光和景物之间的关系。其实在当时那样一种政治气氛下，画画也是回避着不愿面对现实的一种状态。外光派不擅长主题创作，所以他们的画进不了当时的主题展览，而且科班出身的画家对他们的画颇有微词。但在毛旭辉和曾晓峰的经历中，这些艺术家对他们艺术学习期间的影响很大，令他们由此开始认识绘画。

西方绘画在20世纪初进入中国。云南的艺术家在学习西画的道路上跟其他地区的艺术家有着同样的问题，即对画面的把控和意境的理解其实还是来自根深蒂固的中国书画传统。所以著名美术史家苏立文先生站在西方学者的角度看待20世纪初的中国艺术家时，认为那些艺术家的画没有透视和光影变化，是不真实的，但是艺术家可能会回答说，“这些技术手段对于真正的艺术是微不足道的，艺术是艺术家情感和个性的一种表现，是对于经验世界的一种普遍化的观点”。这个时代的昆明外光派艺术家，虽然使用西画的材料进行学习和创作，其实内心是满满的中国情怀。他们的画面是一种主观的、有想象的画面，而并非简单的描摹真实。在艺术创作中，他们始终坚持情感和个性的表现，体会和享受创作的过程。

昆明南屏街，由于20世纪初受越南传来的法国文化和1940年代美国驻军带来的美国文化的影响，这条街道有着浓郁的殖民色彩，建筑形式大都偏向西式，开设有百货公司、钟表店和书店，还曾经有飞虎队的俱乐部，人行道上是异常茂盛的法国梧桐，这里曾是昆明旧时的商业中心，是昆明的“香榭丽舍”大街。宝善街与南屏街平行，也是旧时的商业中心区，所有建筑都是两层楼上门板的商业铺面。毛旭辉在百货公司工作的单身宿舍就在这条街道的中段。

每天，毛旭辉像一个标准的工人，拿着饭盒走过一排排老式房子上班下班。突然有一天，透过二楼一扇镶嵌着老式玻璃的窗户，他看到一张张风景写生，这令他十分兴奋。于是，每天再路过这扇窗户，他都要隔着玻璃看里面墙上的画。后来他听说画这些画的人在苗圃、海埂，于是十分渴望能够混进这个画得不错的人的"窝子"。

传说"窝子"里有一个叫苏新宏的才子。一天，朋友老滇说要介绍毛旭辉认识他，毛旭辉激动得晚上都没有睡好。第二天，他们骑着单车，穿过金汁河，跨过环城路，来到荒凉的火车北站，来到车站的大煤堆后面的工棚。苏新宏当时是个在煤建公司卸煤的装卸工人，住在一个有几十个工人住的工棚里。老滇带着毛旭辉顺着金属高低床之间的狭窄空间走到混杂着汗味和劣质烟草味道的工棚的最里面，钉在工棚墙壁上的那些色彩异常灿烂的油画震撼得毛旭辉有些头晕。由此毛与苏相识，开始了他们半生亦师亦友，纠纠结结的友谊。

之后的每个周六和周日，毛旭辉就和苏新宏一起去苗圃、海埂画画写生。一来二往，毛旭辉后来又认识了裴氏兄弟。毛这才发现，自己天天隔着玻璃看到的那些让他钦佩的画的作者原来就是大家称为老裴的裴文琨。1975 年，苏新宏通过自己的努力调进了长春百货公司，成为与毛旭辉在同一个商业系统工作的同事。

以画会友是那个时代的一种社交方式。毛旭辉觉得老裴简直就像大师一样，是最像艺术家的人。老裴一头长发，戴着眼镜，和气、瘦高，偶尔会穿一件蓝色或者灰绿色的高领毛衣，特别帅。认识老裴以后，毛旭辉就可以不用再隔着玻璃窗看画了，他经常站在老裴背后花几个小时看他画完一幅写生。老裴经常不在家，但只要对老裴永远在踏缝纫机的妈妈说一声是来看画的，就会被允许进屋，还可以在一个大箱子里乱翻找画。

1970年的昆明，城市规模与20世纪40年代末期相比较变化不大。除了中苏蜜月期修建了带有苏联社会主义风格的所谓"十大建筑"外，

1976 年，苏新宏在画室

苏新宏 《顺光的庚家花园》 油画 1975 年

蒋高仪 《篆塘的秋天》 油画 1976 年

城市建筑和自然环境几乎没有受到任何破坏。阳光在同一个时间依旧会透过婆娑的树叶投到斑驳的黄墙上。生活在这个城市的艺术家总能找到他们想象中的风景和情调。20 世纪 40 年代末及 50 年代出生的人，对西方艺术的向往和学习，基本上都是受画册和苏联电影的影响。他们把这个城市中散落的红瓦黄墙绿窗的洋房，去作充满异国情调的绘画构图，从洒落在西坝苗圃、滇池岸边的绚丽阳光中，去体会俄罗斯巡回画派的色彩之美。

昆明西华园苗圃以及滇池边上的海埂是那时几乎所有昆明画风景的艺术家写生、交流的地方，也是一个普及美术的大课堂。肖嘉禾、沙璘、裴文琨、裴文璐、蒋高仪、陈崇平、甘家伟、苏新宏、曾晓峰和姚建华等人都是当时这批艺术家中的代表人物。在昆明画画的人习惯春天画圆通山的樱花海棠，夏天画苗圃的景致，秋天画云大校园的银杏落叶，冬天画翠湖雪景。在高原昆明，这些景物的颜色与低海拔地方不一样，色彩显得很不真实，非常不容易画，而外光派却有自己的一套处理技法。毛旭辉刚开始画不好的色彩，在外光派艺术家的指点下可以立刻准确地表现出阳光变化的感觉。

“文革”过半，政治气氛依然紧张，昆明外光派艺术家用画风景的办法，在一定程度上消解了这种紧张的政治气氛，并在当时起到了普及艺术的作用。因为他们在昆明的大街小巷、在公园画画、交流，用直观的行为告诉昆明人——这就是油画！他们自己做油画箱、油画刀、油画纸，把昆明人都看得见的对象描绘在 30 或 50 厘米见方的纸上。当时，海埂和苗圃是画家们交流也是 PK 的地方，这在毛旭辉的记忆中非常美好。当外面的世界还在写大字报、刷标语搞革命的时候，这里却在画美丽的风景，找颜色的关系——这是当时云南美术生态的写照：别的地方的画家可能都去画宣传画了，而昆明画家却在思考着如何把风景画好。有时外光派画家也会去画街头的宣传画，那是因为革命委员会很大方，从那里可以蹭到免费的颜料，但大家心里明白，只有自己喜欢画的那些才可能跟艺术有关系。

裴文琨 《逆光的海埂》 油画 1977 年

自从认识外光派画家以后，毛旭辉就不再找杨老师了，“背叛”了沉闷的杨老师。每个星期天，毛旭辉都去画风景，也学会了做画箱、画纸，常常与外光派画家一起写生。在苗圃，裴氏兄弟等占据面对风景的第一排，苏新宏在第二排，毛旭辉跟在苏新宏后面，在第三排，还有很多学画的青少年则簇拥在周围。当时在后面站着的人群中，有一个文弱且有点忧郁的少年，他就是叶永青，和他结伴的则是一个脸上永远洋溢着友善笑容的少年刘涌。

毛旭辉在上大学之前，风景就画得有一定水准了。上大学后，他画石膏像、画人体、画结构，非常理性地去认识对象，而之前那些外光派画家则告诉他，可以在身边的日常事物里找到意义，找到价值，什么都可以画，画画是一种乐趣。这是毛旭辉最初的美术教育，既有技法方面的训练，也有更为重要的艺术认识方面的修炼，艺术创作开始萌芽。

学艺术——1970 年

相对于感性地学习艺术的毛旭辉来说，张晓刚的艺术学习之路就显得比较理性。张晓刚的父亲在西南联大读书期间，结识了一个从广西来的同为热血青年的艺术家林聆。林聆后来加入了中国人民解放军，成为一名军旅画家，创作了很多在全国都比较有影响的艺术作品，并在 1958 年前往北京参与了中国人民军事博物馆的视觉设计工作。

1975 年春节，因为看到张晓刚完全沉迷在美术学习中，父亲就答应带张晓刚去找老朋友林聆，让林老师给指点指点。在林聆家，林聆把张晓刚带来的习作一一看完，提出很多中肯的意见。当张父与林聆开始叙旧，张晓刚则打开如同照相机镜头一样的眼睛把林聆家中墙上的画、房间里的一切陈设全部摄入脑海。从林聆家离开，张晓刚脑袋里每天都在想如何能拜林聆为师。终于，1975 年夏天一个阳光灿烂的下午，张晓刚鼓足勇气敲开了林聆的家门。林聆刚从午睡中醒来，张晓刚单刀直入："我要拜您为师学画画。"林聆说："那我要好好看看你的画。"张晓刚二话不说，骑上自行车风驰电掣般地穿过半个城市，拿来了自己的习作。也许是张晓刚的执著，也许是张晓刚习作中有林聆喜欢的那一份朴素，林聆欣然收下了这个学生。林聆想不到自己不经意中的一个决定，却为日后的中国当代美术启蒙了一个重要的艺术家。

从此，张晓刚跟随林聆学习绘画。林聆在家里置放一些静物，带张晓刚一起画素描，练习画色彩。所以，三十多年后，张晓刚对林聆家中的一景一物的印象依然清晰如昨。2009 年，在云南省博物馆张晓刚为林聆举办的回顾展上，为纪念恩师，张晓刚特别用油画临摹了老师的一幅水彩旧作，向林聆致敬。

虽然在毛旭辉和叶永青的记忆中，张晓刚并不在苗圃的那群人中，但其实张晓刚在拜师林聆之前就经常一个人去苗圃，只是不敢在苗圃写生。拜林聆为师后，天气晴朗的时候，林聆也会带张晓刚去苗圃画风景。林聆对张晓刚的绘画基础训练非常严格，甚至有些古板。在这段时间里，张晓刚渐渐与昆明当地的艺术青年熟络起来，认识了当时在艺术青年中比较活跃的陈一云，通过陈一云，张晓刚又认识了艺术圈子中的才情青年夏维和杨一江。随着和这些有同样爱好的朋友交往，他也认识了在苗圃画风景的外光派画家——才子苏新宏。

年轻的张晓刚很快就被外光派画家们在画面上用油画刀表现出淋漓笔触的帅气方法征服了。于是，在他的习作中也开始出现类似的表现手法。但林聆很严厉地阻止了他的这种倾向，让他继续进行严格、刻板的类似欧洲传统美术教育模式的训练。因此，那个时候的张晓刚是昆明美术圈子里的一个另类，他的画面和所有画友及其他人都不太一样。大家对他的画法不以为然，觉得老套，张晓刚也常常怀疑自己，不知这条路到底对不对。直到多年后，在四川美院碰到当时去云南招他的招生老师黄唯一时，黄告诉张晓刚之所以招他是因为他的素描和色彩都画得不错。至此跟林聆所学的这一切终于有了答案。

在本书所叙述的几名艺术家中，唐志冈是最早有“老师”的。唐志冈的母亲有段时间在劳改农场工作，有一个老右派劳改犯很擅长毛泽东油画像，画得几乎和照片一样。唐志冈由于之前对画画特别感兴趣，又有风景画家王保明的一些启蒙，看到这个老劳改犯画得那么好，不由对他心生崇拜，天天逃学去看老右派画画，整个小学直至高中都是这样度过。会画画的劳改犯成了唐志冈最初的老师。再后来，唐志冈也成了晋宁县中学生中比较突出的学生画家，风云一时。在参加晋宁县文化馆举办的一届美术培训班的时候，他认识了张晓刚、陈一云和杨一江。因为父亲是部队的高级干部，唐志冈参军后得到了一个比较清闲的电影放映员的工作，这充分满足了他可以有大把空闲时间画画的愿望。

从云南腾冲结束三年知识青年插队生活回到昆明的曾晓峰，被分配到昆明玻璃厂当了一名工人。单调重复的劳动让他感到人生的无奈。一个偶然的机会，他去上海出差，看到一个艺术家伫立在黄昏的街头正在写生，一种难以名状的东西搅动了他内心深处已沉睡多年的情感。他被这个定格的画面所感动，冥冥当中他觉得自己似乎找到了一直在寻找的一个方向。他买了很多画具、画材，还在旧书店里买到一本苏联人写的绘画教材，开始了自学绘画的道路。

玻璃厂持续三年一直在“抓革命，促生产”的宗旨中进行建设，曾晓峰需要做的工作就是发工资的时候领工资和开会。三年的时间里，曾晓峰选择自学的方式来进行艺术学习。他一方面严格照苏联教材从画火柴盒画到了石膏像，另一方面虚心于亦师亦友的高中炎、李世雄为他点评习作。他在画石膏像的时候，用照相机拍下照片，对照着自己的素描看各种刻画关系，琢磨出一套自己的学习方法。那段时间，他画遍了左邻右舍一百多个家庭的头像，也画遍了昆明周边的美丽风景。慢慢地，曾晓峰也成为了昆明画画圈子里有影响、可交流的一个人物。

1974 年，曾晓峰在昆明海埂写生

20世纪70年代昆明还有另外一支画家队伍，就是当时活跃在昆明第一中学的美术小组，其中的代表人物是叶永青、刘涌。他们两人遍访了云南当时的专业美术工作者，给当时活跃在《工农兵画报》《解放军画报》上的著名画家如汤小铭、王怀庆写过信，如同今天追星的粉丝。那时，叶永青和刘涌经常在云南省农展馆看馆里的美工沈急白画宣传画，俩人均表示想拜沈老师学画。沈急白则对他们说："我画得不算好，不如我带你们去拜一个画得好的老师。"一天晚上，沈急白带着叶永青、刘涌两个少年，敲开了姚钟华家的屋门。姚先生很谦和地把他们请进屋，对他们的画作提出了很多中肯的意见，并且对他们说到了外面的世界、外面的人。这不仅仅是一种师生之间的说教，更像一种同行之间的交流。两个少年离开姚宅后兴高采烈："我们终于也有师傅了！"从此以后，他们几乎每周都会去拜访姚钟华。少年陈恒则因为亲戚关系，近水楼台，从小就受教于姚先生。

曾浩和李季的父辈同是云南大学的教授。他们是昆明一中美术小组里年龄一般大的两个小弟弟，李季的父亲与袁晓岑是云南大学的校友，所以李季还曾经有过一段跟袁先生学艺的经历。在美术小组里，他们大部分时间都是追随着叶永青、刘涌等人，大哥们画什么，他们也凑在旁边跟着学，跟着画。

上山下乡——1975年

1968年12月，毛泽东发出了"知识青年到农村去，接受贫下中农的再教育"的号召。从1969年1月开始至1979年底，昆明共有78570名知识青年下乡务农，接受再教育。至1972年，云南农垦系统在中缅、中老边境接受了来自省外的知青十多万人。作家钟阿城、王小波和导演陈凯歌当年就是散落在西双版纳、德宏的下乡知青。

1975年夏天，张晓刚高中应届毕业，同所有青年一样，响应毛

文化革命期间，昆明知识青年赴边疆插队

泽东号召，去“广阔天地，大有作为”，来到晋宁县二街公社插队落户，开始了他两年多的农民生活。也是在那个时候，他认识了曾经同处苗圃而互不相识的青年画友叶永青和毛旭辉。每天，张晓刚像普通农民一样，日出而作，日落而归，除了耕作就只想睡觉，甚少的时间可以画上几笔，最快乐的事情就是耕作回来，可以吃上一公斤的米饭。腌菜炒洋芋片是每天仅有的菜，一直到今天，这个菜也是张晓刚一到云南餐厅必点的一道怀旧之菜。尽管生活艰苦，但热爱美术的星星之火在张晓刚的心中依然没有熄灭。休息的日子，张晓刚会画画村头小景；画画的心，坚定而执著。这种生活对张晓刚后来的艺术创作态度产生了持久而深入的影响。

他那时画画，有一笔颜色画漂亮了，就会自我感觉良好，陶醉一整天，非常忘我，也忘记了农村的繁重劳动。后来张晓刚在反思这个问题时说：“实际上我们这一代人为什么要学画画？动力在哪里？我觉得第一肯定是喜欢画画，完全是一种比较痴迷的状态；第二因为当时是一个读书无用的时代，没有大学，没有前途，对文化的感受是，文化是没用的一个事情。那么在这样一个时代，在当知青当农民的时候，最现实的一个理想就是只要能把我调进城里去当工人，那就是我现实中最大的理想。但是有什么动力在支撑，还要继续去学画画呢？其实是一种对现实的超越，你想超越这个环境，一画画便会很忘我，会觉得生活还是有意义的，不然的话自己会觉得生活真的很无聊。”

在那样的一个环境中学习艺术，张晓刚一下子就和周围的环境脱节了。他成了知青户里另外一类人，别人看他的眼光都变了，认为他是一个有手艺的人——那个时代，有一点手艺会让人自豪，令人特别自信。高中时，张晓刚看了林聆借给他的一本《西洋绘画简史》，因为内容深奥，看完那本书，他整个人的状态是晕乎乎的，觉得书里的一切和现实相距甚远，自己所追寻的艺术理想完全就是梦幻。这忽然让他觉得生活很庸俗很无意义，只有在书里面，他想象的那个世界里面，一切才很美好。这也是冥冥之中一个巨大的动

1976 年，张晓刚和在晋宁插队的知青们
前排：肖嘉禾（右一）、刘涌（右二）、彭曙明（右三）
后排：杨一江（左一）、张晓刚（左二）、武跃明（左四）

力，是张晓刚在学习艺术创作的萌芽期重要的一环。他认为自己后来坚持画画全靠这种动力，这是一个异常抽象的东西，但很诱惑人，很吸引人，与现实的关系若即若离，像梦一样。

1976年，张晓刚下乡的第二年，县里组织农民画创作培训班。他和陈一云、杨一江、夏维等人被抽调到培训班。终于可以和一些志同道合的朋友一起画画，他异常兴奋。虽然名义上是画革命委员会需要的创作，但是私下他们都在交流绘画技法。理性的杨一江借来肖嘉禾的速写本，和张晓刚一起躲在蚊帐里偷师学艺，研究线条如何处理，结构如何转折。

有一天，农业学大寨工作队的带队干部毛旭辉来培训班挑选助手，去画县城百货公司的橱窗。因为与夏维已经很熟悉，毛旭辉一到驻地就和大家打起了篮球，又抽烟又说笑，完全是朋友的样子，没有一丝带队干部的架子。张晓刚就是在这样的情况下，认识了这个一生的战友。但最后毛旭辉挑选的助手却是夏维、陈一云和彭曙明，日后大红大紫的张晓刚当时并没有进入毛旭辉的视线，因为毛旭辉觉得那会儿的张晓刚内向、极不自信。

在离云南几千里之外的东北吉林四平，潘德海高中毕业，按照政策也下乡当了知青。他插队的地方比较靠近内蒙，全是沙漠，属于半牧区，牧业比较发达但也很穷。放羊、放牛，做一天工只挣十分，十分就是几毛钱，起早贪黑，又累又辛苦。潘德海经常凌晨3点多就得起床下地干活，早上6点钟，再回来吃早饭，吃完早饭继续去地里干活，午饭后一直干到晚上。潘德海在农村呆了三年，县里经常办美术创作班，还有全省性美展。因为潘德海会画画，所以经常有机会去参加美术学习班或者地区的学习班，与很多人集中一起搞创作。公社上也经常需要搞宣传，画些宣传画，写写美术字，所以潘德海真正在农村干活的时间并不多。当劳动不那么累的时候，潘德海就会去画速写，画农村的场景和劳作的人物，这也是他最喜欢做的事情。

“文革”时期的美术创作学习班

“文革”创作学习班——1975 年

“文革”后期，紧张的政治气氛略有舒缓。随着纪念毛泽东《在延安文艺座谈会上的讲话》发表 30 周年活动的开展，全国各地、各行业开始有意识地组织一些美术作品展览，组织一些美术学习班、创作学习班进行集中学习和创作，从而完成好政治任务。已经身为文化干部和专业画家双重身份的姚钟华担负起了很多展览的创作组织工作。这段时期，他本来希望把远在西双版纳的钟阿城、丁品等建设兵团的知识青年抽调到昆明创作学习班，但狭隘的领导认为他老是找一些北京籍的人，有拉山头之嫌疑，于是这群北京青年没有能够来到培训班。而在西双版纳黎明农场的上海知识青年杨黄莉被姚钟华抽调到创作学习班，成为当时比较活跃的知识青年画家。

1975 年底，叶永青他们参加了昆明市五华区文化馆陈崇平老师的训练班，但是，身份却是指导教师肖嘉禾的助教。肖嘉禾是当时公认速写画得最好的画家，他教课很认真，白天画色彩，晚上画头像。

1976 年，昆明重机厂组织了一个纪念“文革”10 周年的美术创作学习班，叶永青、刘涌作为出色的中学生代表参加了这个学习班。沙磷、陈一云、杨一江和肖嘉禾都集中在这个学习班，学习班负责学生作业的老师是樊一波。同样的学习班后来在昆明震庄宾馆又办了一次，曾浩、李季和李志昆也以天才少年面目脱颖而出，进入了这个学习班。当时进入这类学习班那就是进入了昆明的美术“江湖”。曾浩在这个时候创作了“英雄出少年”的版画作品《送给姐姐的礼物》，而参加这个学习班的工人画家马祥生，那会儿已经名噪一时。

那个时候，昆明很小，城市中心区大概也就是直径五公里左右，有三块所谓的“公共艺术中心”，一是城东的一块“工业学大庆”的宣传画牌，类似现在的大型商业广告牌；二是在城西的一块“农业学大寨”的宣传画牌；第三处是城中心检阅台上面的毛泽东巨幅画像宣传牌。只有被这个城市认可的高手，才可以在这三个地方展示自已的才能。画宣传牌其实更像一个秀场，画的时候，下面会聚

曾浩 《送给姐姐的礼物》 54.8cm × 44.1cm 木板水印 1976 年

集很多人观摩。

叶永青和刘涌通过中学美术小组和文化馆美术训练班的洗礼，终于混到了画宣传画的架子前面，画宣传画背景里插秧的农民，他们觉得自己已经完全成功了！因为工作结束，他们能拿到一桶调色用的核桃油回家给父母炒菜，还得到很多剩余的油画颜料，最重要的是他们得到了“江湖”的认可。

叶永青高中毕业后，他的妈妈巧妙地将他留在了昆明，虽然躲过了下乡却没有找到一个正式的工作，所以他只好做个待业青年。两年之间，他做过各种临时工，建筑工人、饲养员，还一度当过乡村中学的代课老师，也在农场当过看守。工余，他一直坚持画速写和风景写生，也就是在那段时间，他学会了借酒消愁。

叶永青的朋友夏维也在晋宁当知青。有一天，叶永青和刘涌闲着没事儿溜去找夏维玩，正巧毛旭辉被抽调过来画宣传画，于是很佩服毛旭辉的夏维就带着叶永青和刘涌结识了正在脚手架上画“抓革命促生产”宣传画的毛旭辉。在我写作本书的过程中，我曾邀约夏维做过一次采访。2014 年的春天，夏维因病英年早逝，以至于来不及做他人生最后的采访，令人凝噎怆然。

如同每一个这个年龄的人都会碰到的问题一样，年轻人的爱情也开始萌芽。有一天，苏新宏带来一个跟昆明女孩特别不一样的“白”“胖”“高”的北方女孩，叫甫立亚，大家都被她迷住了。她长长的辫子，说着特别有韵味的军队大院普通话，让小伙子们很痴迷。她经常被要求做模特让大家画头像。

丁绍光、尚丁、孙向阳画过她，苏新宏、毛旭辉等人也都画过她。画画的时候，毛旭辉弹着吉他唱着歌，大家画着画聊着天很快乐。直到有一天，甫立亚发现画画的人越来越少，只剩下苏新宏。苏新宏面对面向她表白，她才意识到其他小伙子都被老苏打发走了。革命家庭的传统教育让甫立亚面对这种事情手足无措，她婉言拒绝了苏新宏。

一个黄昏，毛旭辉回到宿舍，发现黑暗中坐着苏新宏，单相思失恋后的苏新宏沮丧地对毛旭辉说：“小甫这个人不好，女人太坏了！”而小甫，就是甫立亚，

在这些画画的“窝子”里，甫立亚留意到一个经常坐在地上画画的小姑娘很专注，画画得又快又好。这个姑娘就是张夏平，后来成为叶永青大学后半阶段的女朋友。

当时，张夏平正在西山脚下的云南省文艺学校学习舞蹈，因为腿受伤，改学没有太多兴趣的小提琴。由于受文艺学校里一个叫郝忻中的艺术家的影响，张夏平开始痴迷画画。她经常蹭到舞美班画画，在昆明各景点画风景，在街头画速写。因此张夏平 1978 年分配到昆明市歌舞团的时候，干的工作正是配合一个老师傅负责团里的舞美工作。

相对于外光派画家的业余性和年轻一代学画青年的局限性，以姚钟华为代表的专业美术工作者们，在社会政治生活所提倡的社会主义主题性创作中，把边疆文艺糅合在其中，进行一种较为特别的既符合时代政治要求又掺杂了一些个人趣味的主题创作。在 1972 年《纪念毛泽东在延安文艺座谈会上的讲话》的全国美术作品展览上和后来的一些全国性展览上，姚钟华的《北京的声音》、孙景波的《阿细新歌》、张雾勋的《烧姜汤》、陈雄勋的《红日高照团结寨》、李秀的《毕业归来》、尚丁的《连续作战》、沙磷的《第一炉钢》、杨作霖的《话丰收》、梅肖青的《踏遍高原千里雪》、孙向阳的《战地记者》都在当时中国美术界极具影响力，在今天，也是中国“红色经典”艺术的代表性作品。

1971 年，朝鲜人孙国娟进入了云南省京剧团的样板戏学习班。孙国娟的父亲曾是“美龄号”的副驾驶。抗战胜利后，因为不满意蒋介石的内战政策，他与正驾驶美国人杰克一起，辞职去了“中航”公司，一家人由此留在了昆明生活。

受当时宣传的影响，看着朝鲜影片《摘苹果的时候》，憧憬着

姚钟华 《北京的声音》 油画 1972 年

尚丁 《连续作战》 油画 1974 年

祖国的美好生活，孙国娟的两个哥哥回到了朝鲜，从此几十年没再能回到中国。孙国娟在样板戏学习班对唱戏没什么兴趣，有兴趣的事情反倒是去看舞美画舞台布景，于是就找到军代表希望能换个工作。但是实在没有什么工作让她做，她就无所事事地在京剧团混着，最终以《沙家浜》折子戏里一个龙套角色结束了她的舞台生涯。1975年，像童工一样的孙国娟调到了云南省图书馆工作。

时间推移到此，我对昆明这个小城温和淡然的性格感到庆幸，因为在那个人人都疯狂的时代，所有的艺术形式都被统一在“红、光、亮”的形势下，而热爱艺术的昆明青年却还可以拥有适合艺术生长的土壤和气候。

考大学——1977年

1976年10月，随着“文革”的结束，中国在思想意识形态领域及社会经济发展方面都开始有了翻天覆地的变化。1977年，邓小平提出恢复高等学校招生考试。一石激起千层浪，社会各阶层的适龄青年都开始捡起书本，复习功课，准备参加高考。张晓刚也马上意识到，这是一个可以靠自己的努力改变命运的机会。他和知青点的其他知识青年一样，投入到文化课的复习当中。由于对绘画水平不自信，张晓刚一开始准备的是文理科院校的考试。但在复习过程中，他发现很多很多数理方面的知识不是临时抱抱佛脚就可以过关的，而且绘画还是他脑袋里始终挥之不去的一个情结，因此在最后关头，张晓刚还是选择了报考艺术院校，开始学习画从来没有画过的石膏像。

1977年12月25日，1977级的全国高考结束。这是“文革”以后第一次高校招生考试，各行各业可谓众星云集。由于“文革”的原因，公开考试和正常教学几乎都被取消，积累下来的众多各年龄阶段的

1977 年恢复高考，叶永青（左上站立者）在考场中

优秀人才几乎都参加了这次具有深远历史意义的考试。昆明美术圈所有适合招生条件的年轻人都参加了文革结束后的第一次高考。有少数民族血统的杨一江顺利地考入北京的中央民族学院艺术系，毛旭辉、武俊毫无悬念地考入昆明师范学院艺术系，即后来的云南艺术学院。之前老师辈的苏新宏、樊一波等也和自己的学生成为了同窗，这是1977级大学生的一个特殊现象。

潘德海参加1977级招生考试，去晚了，考场里人满为患，他坐在后面根本看不到要画什么，只能看到前面考生的后背。无奈之下，潘德海只能来年再考，趁此时间他又把文化课好好补习了一下。

叶永青在绘画成绩合格的情况下去参加体检。体检时，医生测试嗅觉，他嗅到的是医生手上的“友谊”牌雪花膏的味道；看色谱时，他很“内行”地分析色谱上的色彩调子，而被定为色弱。体检通不过，他没有被录取。刘涌则因为父亲的政治问题，也被拒之门外。在准备文化课考试期间，他们常常跑到云南省图书馆的阅览室复习功课，因为那里非常安静，而且可以借阅到一些复习资料，还有一个主要原因是在图书馆可以看到一个漂亮的姑娘，那个姑娘就是孙国娟。

最具戏剧性的是张晓刚。高考录取工作已经结束了，他还是没有收到任何录取的消息。村里考上大学的知青户都把剩下不用的锅碗瓢盆送给他，鼓励他继续努力，继续在广阔天地再大有作为一年。

同样境遇的陈一云却并不甘心，去省城打听，结果发现原来他们画蛇添足地参加了非艺术类科目的考试，其中数学等科目的成绩影响了他俩的录取。经过改正，张晓刚、陈一云顺利地被昆明师范学院录取了。

但一个月后，张晓刚还是没有收到录取通知书。老师林聆知道这个事情后，让张晓刚去找他的老朋友王憨生（王是负责招生的老师，曾经创作过著名的版画作品《闻一多》），看看能不能申请让张晓

1978 年，孙国娟身着朝鲜服装留影

刚走读。王憨生听说张晓刚是来自晋宁的知青，就告诉他，资料已被四川美术学院提走了，让他去省招生办问问。张晓刚半信半疑地离开昆明师范学院，心想又被打发了。他来到五华山上的省招生办公室，办公室的工作人员在一起嘀嘀咕咕，让他第二天下午再来。

第二天下午，工作人员从厚重的老式保险柜中拿出一张皱巴巴的纸："这是你的录取通知书，早就到了，被我们搞忘记了！"张晓刚的大学之路在失之交臂的最后时刻被自己的执著拽了回来。那个年轻的工作人员从保险柜里拿出录取通知书的画面，永远定格在他的人生记忆中。张晓刚的大脑瞬间空白一片，他忍不住说了句："你们工作是怎么做的？"招办的人只有不停地说对不起对不起，告诉他一个月之内报到都是可以的。招办给他开了个证明，证明张晓刚是因为他们工作失误而耽误了办理入学手续的时间，请学校尽快调动户口和粮食关系。当时离开学只有四天。

即使时间很紧张，张晓刚还是第一时间去告诉恩师林聆这个好消息。他骑着自行车，从招生办所在的五华山上冲下来一路狂奔，激动地又一次敲开了林聆家的大门。正在午休的林聆看到四川美院的录取通知书也是很不相信，他实在太高兴了，第一次拍了拍张晓刚的肩膀，说："不错！很好！"然后和张晓刚一起回家去见张晓刚的父亲。张晓刚的父亲对这件事情的第一反应却是：去外省读书太贵了！但他内心应该是很高兴的。那天张晓刚的父亲留林聆喝酒，说了一晚上的话，直到很晚才送林聆走。

第二天，张晓刚回到晋宁办手续，公社的人故意刁难他，少一根绳子都不给他签字。知青们就帮他，少什么就去偷什么回来给他补上，无非是扁担锄头之类的农具。用了三天时间，张晓刚才把所有的手续办完。张晓刚终于成为"文革"之后第一个被四川美术学院油画系录取的云南籍学生。

离开昆明之前，张晓刚和几个踌躇满志的艺术青年在昆明艺术剧院旁边的饭馆里一起吃了一顿饭。炒菜的师傅叫潘彬，是昆明美术江湖上的一位老画家，一位神秘的艺术家，也曾经是他们心目中

1978 年，张晓刚等人在昆明合影
后排左二起：叶永青、毛旭辉、刘涌
前排左起：迟程、张晓刚

1978 年，张晓刚（左）和毛旭辉（右二）在云南艺术学院教室

1979 年，李季（左）与曾浩（右）在重庆四川美术学院附中

的潘大师。潘大师一边炒菜一边打量着这群春风得意的少年。写到这一幕，我想起几年前造访高尔夫球圣地苏格兰的圣安德鲁斯，街上随便一个小店的剃头师傅都是打七八十杆的高手，这是小镇生活很正常的一部分，与消费和竞赛无关。那个年代在昆明这个小城，艺术仿佛也就是一种生活方式，艺术家存在寻常之间，跟生存名利并无关系。吃完饭，大家还去照相馆照了一张日后觉得很经典的相片。

半年以后，1978级的高考又开始了，叶永青、刘涌还有在军队服役的唐志冈在同一个考场。叶永青因为紧张，一直不停地擦手心里的汗，可不时还要提醒刘涌几句，呵斥刘涌为什么不把石膏像的底座画完整。

考文化课的时候，叶永青和唐志冈分坐在同一张课桌前，叶永青总是把做完的卷子挡住，唐志冈试图偷看几眼，却始终没有看到。那一年，唐志冈文化课没有达标，失去了唯一一次军人参加地方高考的机会。等唐志冈进入解放军艺术学院学习，已经是很多年后的事情了。

1978年，叶永青、马祥生、肖立亚、赵建国、黄洁淳、杨鹏和沈德坤等云南艺术学子以优异的成绩考取了四川美术学院，刘涌和唐志冈落榜了。刘涌第二年才又考进了四川美术学院国画系。昆明一中美术培训班的小兄弟曾浩、李季却在高中毕业的情况下，又报考了四川美术学院附中。因为那几年蓄积了大量的人才准备考大学，他们觉得考附中要容易一些。于是，他们两人也在1979年和刘涌同一个时间来到重庆黄桷坪求学。杨黄莉、陈恒、马云、李建东等少数民族青年陆续进入了中央民族学院学习，毛杰、贺乐平也考入中央工艺美术学院。远在东北的潘德海也在恢复高考后的第二年考入了东北师范大学艺术系。从那个时候起到20世纪80年代初，昆明美术圈子的艺术青年们都陆续进入到各所艺术院校中接受系统的艺术教育，这为日后云南的艺术创作和艺术教育蓄积了一大批专业人才。

1978 年，张晓刚（右一）与四川美术学院的同班同学合影

上大学——1978 年

虽然是所谓 1977 级大学生，但因为大学停办很久，招生工作结束时已经是 1978 年的年初了，所以 1977 级的学生统一推迟了半年入学，直到 1978 年 2 月才正式上课。1978 年的春天，学校终于开学了，满怀兴奋的毛旭辉面对的是一个瘫痪的学校，当时甚至连间像样的教室都没有。毛旭辉是在大礼堂的隔层里面画出了他生平第一张素描——石膏维纳斯。一天傍晚，从食堂打完饭走在操场上的毛旭辉，忽然听到学校的高音喇叭里流出了舒伯特的小夜曲，那一刻他的泪水夺眶而出，整个人几乎凝固了。他有些不敢相信，这样的音乐可以公开广播，世界仿佛改天换地了一样。

一进入四川美术学院，张晓刚就被同班同学的“功夫”震住了，学了一段时间之后他竟萌发了退学的想法，他觉得与班上同学的差距很大，他们的素描画得实在太好了。

张晓刚非常不适应学校的教学方法，包括画素描和油画，但色彩课、构图课却是他最喜欢的。画速写、搞创作是张晓刚唯一能够找回自信的地方，但一到素描他就头疼。直到今天他还保留着当时画的素描《大卫》，老师评的分数是 69 分，这还是因为老师照顾他的情绪才没有给打不及格，而其他人最低分都是 85 分。最初两年，他的学习成绩一直不稳定，整个学习的过程对他来讲几乎是一种折磨。

张晓刚到重庆上学后，叶永青和张晓刚开始通信，张晓刚向他描述了身边的同学，他说：“完蛋了！我们班这些同学画得太好了，像何多苓、程丛林、高小华。好到什么程度？我觉得比我们临摹的公共艺术人物形象书上面的那些画还好…… ”张晓刚的这些话更加坚定了叶永青报考四川美术学院的决心。

在这一年的高考前，叶永青每晚都失眠，不知道是焦虑前途，还是被初恋的爱情所烦恼。待他考上四川美术学院后，从昆明到重庆的火车需要在贵阳中转，他发现火车上的人一开始都是轻声细语，但是离昆明越远，车厢里的分贝则越来越高，等到了贵阳就全是大声说话的声音，进入四川后，整个车厢充满了各种各样的尖叫。从云南到四川，叶永青失眠了四十多个小时，惶恐不安地开始了此生从心灵和艺术上出走云南的历程。到达四川美院的时候已是深夜，走在四川美院的校园，周围是郁郁葱葱的树，夜晚有种朦胧的感觉，那一晚叶永青终于不再失眠，睡得很香。

那时候，整个四川美院的学生还很少，1977级只有几十人，和1978级加起来一共才一百多人。在叶永青的心目中，画得最好的作品都在印刷品上。一到学校，他一下子被一个来自成都的同学给震住了，那个同学画的头像看得叶永青当时一股冷汗从头冲到脚，因为实在画得太好了，完全和印刷品上面的一样。

叶永青渐渐发现四川话是一种非常激进的语言，有一种进攻性，不像云南这种慢吞吞的语言，时刻让叶永青觉得云南是一个边地。这个发现给他很强烈的一种提示，提示自己来自另外一个地方。当马一平老师和叶永青聊天，说有一些云南学生说话都有一种奇怪的味道，但是在他身上没有感觉到。

这让叶永青内心深处有种很强烈的不舒服感，同时另外一种情绪被激发了出来，他感觉自己内心似乎有什么东西被激活了，是那种沉睡好多年又被激活的感觉。他当时下定决心，一定要尽快融入到现在的环境中去。

在四川美院的十多个云南同学一起开了个会，大家都说四川的同学太厉害了，他们看不起云南人，说云南是边疆。马祥生、赵建国等同学认为说云南话会被人家笑，所以大家应该讲普通话，大家要团结起来。而叶永青的第一反应是，他才不说普通话，他一定要学会说成都话。因为当时学校里画得好的人都是成都人。成都人是当时川美很大的一个群体。一个星期以后，叶永青就开始说成都话了。至到今天，叶永青说话的口音还是一种涵盖云、贵、川三省的特殊的西南口音。

叶永青在读大学期间，从一个害羞不爱说话的少年逐渐变成口齿伶俐的人。他不接受四川同学对云南学生的偏见，同时又为云南同学一些不合时宜的想法觉得忐忑，他暗下决心一定要改变这种状况。后来，叶永青变成了同学都不敢惹的人，因为他成了一个嘴上绝不饶人的“嘴子”。

在四川美院上的第一堂课是画石膏，叶永青只拿了一只5B的铅笔，而其他所有的同学每个人都带了一排整整齐齐型号齐全的铅笔：1B、2B、3B、4B、5B、6B，然后各种刷擦、纸巾、油画笔。他立刻被惊住了。那些人都经过考前训练程序，具有严谨的技法技能，而他们这些来自云南的学生就好像原始人一般。

叶永青后来想明白了，云南的老师大都是艺术家，喜欢在学习过程中谈艺术，在教育上关心的问题则更多是形式主义的东西，没有人谈方法，像怎么用铅笔，应该买什么纸，所以他们云南同学碰到这种专业的场合，一下子就被击跨了，原来所有的绘画步骤和方法全部都被否定了。

每次作业，原来在云南画画的习惯还是不断地浮现出来，它不可能在短时间被完全抛弃，叶永青就像骑在两个头的马上，一下偏向这边，一下偏向那边，脑中一直有两种不同的参照，只有到晚上去茶馆画速写时，自己才会获得一点儿自信。叶永青的速写画得有章法，很生动，只要是有关构图的作业他都完成得很好。

因为境况相同，叶永青和张晓刚走得比较近，同学们一直把他们俩叫做“云南两怪”，因为他们速写画得好，素描却画得特别差。别的同学画面干净又透明，而且层层推进，越画越深入，越画越丰富，越画越扎实，而他们的画面却擦得乱七八糟，那时候他们真是有点绝望了。身在1977级“大师班”里的张晓刚很是压抑，想退学的念头一直没有断，叶永青倒是慢慢地画了出来。第二个学期画到最后一张作业的时候，叶永青已经拿到全班的最高分了。

因为学生少，所以两个年级的学生都是串来串去地互相观摩作

1979 年，叶永青与四川美术学院同学在重庆
左起：模特儿、叶永青、马祥生、陈卫闽、赵建国

1979 年，意气风发的张晓刚、叶永青和刘涌（左起）在昆明

业。叶永青觉得每次看到何多苓、高小华他们的作业，都觉得自己离他们太遥远了，他们在云南没看过身边有哪个画家能把人物想表现得多好就能表现得多好。叶永青还发现了一个有趣的现象，那时候四川美院教师的名气和影响力大多出不了省，老师的画甚至都比不上学生，但师生关系却非常好。叶永青觉得那些老师是真的佩服画得比自己好的学生，他们以学生为荣。

叶永青和张晓刚像两个传教士一般，每到假期回云南都会带上川美的好作品，杨一江也从中央民族学院带作品回云南进行交流。大家形成一种默契，建立起一个私下的交流网络。因为没有媒体和印刷品，那时候艺术传播多是依赖于艺术家之间的真实交往，很多还是口传的版本，如某某人画得怎么好，某某又有什么绝活，中央美院有哪些人，浙江美院有哪些人，这些都逐渐地变成对彼此的影响。马云后来回忆起学生时代回到昆明，在艺术学院朋友的寝室里，第一次看到叶永青人体习作时的那种感动，到今天依然让他记忆犹新。

上大学以后，毛旭辉和张晓刚也开始通信了。开始的时候是各自介绍自己学校的情况，彼此在画什么石膏像，是大卫还是伏尔泰，继而他俩约定，大学的第一个假期一起去画画。

在毛旭辉和张晓刚的交往中，他们也互相传达着各自学校的讯息。张晓刚将云南画画的感觉带到了川美，又把川美的艺术氛围带到毛旭辉这里。第二个学期开学，张晓刚带了毛旭辉的作品回校，后来他告诉毛旭辉，周春芽喜欢毛的作品。张晓刚也从川美带回过周春芽、程丛林等同学的作业，毛旭辉就贴在宿舍里给大家看。但是这样的交流结果却导致张晓刚带着云南特点的绘画方法在川美显得很怪异，毛旭辉从张晓刚那里吸收的川美的绘画学习经验在云南也显得格格不入。

到田野去，到战场去——1978 年

1978 年，吴冠中来云南采风，到石林、丽江写生，创作了一批非常精彩的重要作品，回到昆明后，又在云南图书馆举办了关于艺术创作中的形式美的讲座，对当时中国的艺术创作领域产生了深刻的影响。吴冠中后来在 1979 年 6 月第五期的《美术》杂志上发表了题为《绘画的形式美》的文章，引起了中国美术界关于形式与内容的大讨论。

对于吴冠中这样早年接受西方艺术教育的艺术家来说，重要的不是用一种写实艺术去批判另一种写实艺术。今天来看，当年吴冠中提出“形式”和“抽象”的重要性，并不在意视觉上的趣味，重点也不是要与谁讨论形式主义美学的问题，在当时的政治环境下，他其实是在争取艺术家从事艺术创作的基本权力，他在隐晦地讨论艺术家是否可以按照自己的风格进行创作。如果可以，任何形式的艺术都应该是合理合法的，并且应该是被允许的。

即便吴冠中提出那么尖锐的理论，但落实在画面上，艺术语言还是寓情于山水之间。云南艺术家们得天独厚地被吴冠中的思想影响了，大部分人开始尝试形式主义的创作方法，而部分艺术家则读懂了吴冠中隐藏在形式主义讨论背后的真实意图。

1978 年，袁运生在云南省博物馆举办个人画展，展出了从西双版纳写生回来创作的部分作品，并出版了《云南白描写生集》，引起中国美术界的很大反响，大有重开边疆“新”文艺之风的势头。

受吴冠中、袁运生等当时一些比较活跃的艺术家创作风格的影响，整个云南艺术学院的学生大都喜欢唯美的形式主义，要画得漂亮，勾线、填色很是流行。

而毛旭辉则更喜欢四川美院关注社会的伤痕绘画创作，那种悲剧性的气质特别吸引他，他觉得那才是艺术，而且是大艺术。对于同学中唯美的形式主义绘画，毛旭辉始终觉得有小品的感觉。艺术

1978 年，大学一年级的张晓刚等人在丽江写生
左起：张晓刚、陈晓燕、张崇明、毛旭辉

创作无法切入对社会的关注与反思，让他无法满足。

当然云南艺术学院也有让毛旭辉欣赏的老师。丁绍光曾给毛旭辉上过一个月课，毛旭辉这样形容他：猫王式长头发，红色喇叭裤，紧身的港式衬衫，脸上都是含苞欲炸的青春痘，非常的有魅力。他给学生讲毕加索，讲艺术创作，讲变形技巧，语言充满煽动力。但毛旭辉却不喜欢他的作品。

大学的第一个假期，1978年8月，毛旭辉约张晓刚去丽江画画。张晓刚囊中羞涩，但每月拿着二级工工资的毛旭辉却表示钱不是问题，他有着可以养活一家子人的工资。当时为了节约资金，两个人就在汽车总站找可以免费搭乘的车辆："我们是艺术学院的学生，想去丽江画画，能不能带我们过去。"终于有个开解放牌卡车拉木料的司机同意了。不过这个司机是个大烟枪，把毛旭辉买的一整条烟在路上全部抽完了，而且车子老是抛锚，还得毛旭辉去摇手柄启动。加上路上要管司机吃饭，事后一算，花的钱足够坐长途车了，但是这样的经历还是很难得的。多年以后，毛旭辉和张晓刚观看美国经典公路片《德克萨斯州的巴黎》时，他们同样感叹自己曾经在滇西北的这段公路经历。

丽江有毛旭辉的同班同学，假期毛旭辉和张晓刚住在同学家，去同学妈妈单位的食堂就着豆腐乳和菜汤吃一咬就散的馒头。他们每天都去丽江的山上找俄罗斯的色彩，一画到山就想着这是列维坦墓地的上空，非常浪漫主义。大学的第一年，色彩还都是画苏派风格，毛旭辉从张晓刚那里知道"调子要退得过去"。在云南，因为紫外线强烈，一切都特别明亮清晰，他于是怀疑自己的绘画感觉有问题，整天努力使画面达到"退得过去"的效果，从色彩、透视关系上去达到这个标准。但是在云南，写生对象和俄罗斯巡回画派创作语境完全不是一回事情，他们每天都在努力地画，想解决这些绘画的基本技法问题。从丽江回昆明搭车时，毛旭辉和张晓刚遇上了一个特别好的司机，一路上他们可以随时停下来画速写，并且既不要请吃饭也不要抽烟。从这次丽江之行开始，他们无数次结伴去了云南很多地方，去了中国很多地方，去了世界很多地方。

1953 年，艺术家黄永玉为给撒尼族叙事长诗《阿诗玛》创作一组木刻插图，来到云南路南县和糯黑村相邻的额冲衣村生活了两个多月。谈及当年刀耕火种的撒尼人的生活情景，黄老先生后来回忆时说“那是一生难忘的美丽段落”。1956 年，黄永玉创作出了脍炙人口的《阿诗玛》木刻组画。我以为，黄永玉应该是到路南撒尼人聚居区采风的第一个艺术家。后来很多艺术家，包括画家、文学家、音乐家纷纷到路南采风创作。电影《阿诗玛》的很多外景拍摄就取自糯黑村和额冲衣村。这一片属圭山地区。路南县隶属于昆明市，距离昆明市区 100 公里，整个地区基本被喀斯特地形所覆盖，尤以世界遗产公园石林享誉天下，故 1998 年 10 月路南县改名为石林县。

1979 年元旦，拍摄于 1963 年的电影《阿诗玛》历经坎坷终于在全国正式上映，观众无不为主演者杨丽坤的美貌和她塑造的阿诗玛惊叹。当时的艺术青年们在感叹阿诗玛的美丽的同时，也被阿诗玛生活的撒尼山村所吸引。听说老师辈的姚钟华、丁绍光等很多艺术家经常去那里画画，于是，1979 年的暑假，毛旭辉、张晓刚、叶永青、杨一江、陈一云、刘薇和金玲第一次造访圭山糯黑村——位于云南路南县的撒尼族山村。他们没有想到的是，这不仅仅是一次惯例的下乡写生，这个朴素的小山村后来竟然成为了他们之中一些人一生的艺术创作源泉，成为了他们心中的“巴比松”。

散落在喀斯特地形中的撒尼山村，有着中世纪时期一般的石块农舍和细高歪斜的烟叶烤房，竟有几分像欧洲乡村的教堂。户与户之间铺着世世代代脚步抛光的石板小径，村子周围是喀斯特地貌的黑石头山峦。弥漫在山头和农舍之间的是红得像染料一般的泥土，

2015年，圭山糯黑村（肖全 摄）

生长在红土地上的植物在这幅画面中营造出各式优美的线条。每天清晨，家家户户的羊群在领头羊铃声的带领下沿着石板小径到山上觅草。夜幕降临，微醺的汉子则把自己心仪的女人拖到夜色中，女子们半推半就，石板路上有拖拉着的鞋子与石板的摩擦声。除了村头的高音喇叭偶尔传来几声村委会的通知，这个村子里的一切都几乎和这个时代无关，也和外面的世界无关。撒尼人是彝族的一个分支，撒尼男人生性刚烈，热爱斗牛。撒尼女人黑俏俊美，喜欢刺绣、歌舞。他们的生活有着与汉族截然不同的韵味。

毛旭辉一行人把铺盖行李打成背包，拿着学校开的介绍信，从昆明坐四五个小时的长途车到路南县文化馆，请县文化馆给他们开一个条儿，带着这张纸条第二天搭卡车到海邑公社，再在烈日下走五六公里山路到达糯黑村。

他们来到糯黑村的时候，正值傍晚。圭山夏天的傍晚是最美的时刻，天空色彩异常丰富，红土红得像是要流下的血一般，村头的核桃树影影绰绰，剪影般美丽的黑树枝飞舞着，身着阿诗玛服装的撒尼少女带着牧归的羊群翩然而至，羊脖上系的铃铛声飘向远方。他们被眼前这个优美的山村深深吸引了。

毛旭辉在前面带路，拿着介绍信去找大队长，请他们为来这里体验生活的艺术校院的大学生们安排食宿。那时村子太穷，负担不了这么多人，于是大队长就把他们几个人分配到三个小队里的人家吃饭，睡觉就在村子的仓库里。叶永青和张晓刚睡在一个大箱子上。村里人收工收得很晚，等到做完饭已经是晚上八九点钟了。糯黑村很穷，几乎没有灯，那些场景跟凡·高《吃土豆的人》那幅画几乎一样，大家吃的也大都是土豆和有一点米的苞谷饭，基本没有肉，但是有苞谷酒。老乡们都很善良，对他们说："我们这里卫生也不有得，吃的也不有得，只有酒么到是多多呢！"于是，他们也就像撒尼人一样，白天跟随出工的撒尼人上山画画，夜晚的时候，就围坐在火塘旁边，就着火塘里的烤土豆喝苞谷酒，向老乡们讲一讲毛主席不在的事情，摆一摆华国锋当了主席的情况。然后一直到全体喝醉，再一帮人手里捏着石头，打着电筒回仓库睡觉。因为村子里很多狗，看见外来的人就咬，这些外来的学生走路的时候，书包里都要装几块石头用来撵狗。

住在仓库的第一天晚上，有一种声音一直没有间断，那就是每个人用指甲挠皮肤的声音，因为跳蚤实在太多了。陈一云后来提前回昆明了，据说就是被跳蚤叮跑的。叶永青说他的膝盖上被咬了49个包。解决的唯一办法就是买敌敌畏浇在铺盖的下面。就这样，他们在最原生态的地方，住在充满剧毒农药气味的仓库里，开始了一半亚当夏娃，一半化学农药的乡村艺术体验。

早上的糯黑很有生气，大家在圭山的大地上开始风景写生。由于是第一次采风，大家都没有什么经验，也没有什么想法，只是依旧在找着巡回画派的调子，当然不是那么遂意了。 杨一江在中央民族学院学到无光影非苏派的画结构的画法，毛旭辉他们完全看不懂，觉得不可思议。大家私下议论认为杨一江很牛。在离开圭山的时候，大家不约而同好像红军战士，悄悄把身上的几块钱和几斤粮票放在老乡家的水缸上，如果当面给，这些淳朴的老乡是坚决不会要的。初次到圭山，让他们觉得在这里寻找到了一份对土地对生命的感动，这份感动指引着他们在以后的艺术生涯中又无数次地回到圭山。

1979年，唐志冈正准备1979级的高考，2月17日，对越自卫反击战爆发，他的大学梦因此破灭了。唐志冈所在部队参战，驻扎在开远，前线部队打到一个地方后，身为宣传干事的他就去部队营地放映《英雄儿女》。他一直跟着作战部队去到越南。

即便是战争的间隙，唐志冈还是坚持画了很多战地速写。1979年3月5日，战争结束，中国军队班师回国。

那时，我在昆明火车南站旁边的中学读初中，看见大量的部队从这里出发，又看见很多伤兵从越南运回到昆明的43医院治疗。每个星期，我们学校都要组织学生去医院慰问伤员，听战斗英雄作报告，还要写以《新时代最可爱的人》为题的作文，当时并没有想到在这些“最可爱”的人当中，居然会有老唐这个多年后的老友。

1979年，唐志冈（中间戴坦克手帽子）在中越战争前线

第二章

20 世纪 80 年代初期的艺术创作

1980 年，“申社”画会主要成员合影
左起：姚钟华、蒋铁峰、何能、董锡汉、朗森、何德光、丁绍光等

创作的春天——1980 年

1978 年，首届全国科学大会在北京举行，全国上下欢呼："科学的春天到来啦！"科学的春天到来，意味着中国文化知识阶层对"文革"彻底结束的渴望和对知识文化新空气的期盼。1978 年 3 月，"法国 19 世纪农村风景画展览"在中国美术馆开幕，这是"文革"后西方艺术展览首次进入中国。1978 年 5 月 26 日，日本画家"东山魁夷绘画展览"在北京劳动人民文化宫开幕，《美术》杂志发表了对 1976 年创刊词的批判文章。从 1978 年到 1979 年，随着王式廓、董希文遗作展的举办，中国美术界变得热闹起来。

1979 年 2 月，北京 37 名油画家自发组织在中山公园举办"不设审查制度"的民间油画展《迎春油画展》。刘海粟、吴作人等老中青画家参展，江丰为展览撰写了前言。展览主要以人物、风景和静物为主，是"文革"之后北京的第一个非政治主题的公开展览。与此同时，在上海，"12 人画展"在黄浦区少年宫举行，这是 1949 年以来在中国公开举办的第一次现代风格的画展。

1979 年 4 月，中国美术家协会在中国美术馆举办了"吴冠中绘画作品展"，这是吴冠中归国后第一次个人画展。展览后，吴冠中在《美术》杂志第五期发表题为《绘画的形式美》的文章，引起了中国美术界各方面的争论。同年 8 月，《连环画报》第 8 期发表了连环画《枫》，引起全国上下各阶层的强烈反响，开启了持续几年的伤痕美术之风。同年，江丰被任命为中央美术学院院长并当选中国美协主席。任伯年、吴昌硕、陈师曾、齐白石、黄宾虹、刘海粟、傅抱石、石鲁等艺术大师作品的展览也重新回到艺术殿堂。

相对于1978年首届全国科学大会后人们对科学春天到来的理解，1979年的中国美术界更像一个艺术创作的春天！艺术家如同其他知识分子一样，通过对“文革”的反思，掀起了十年动乱之后的一个创作高潮。其中有两个事件尤为重要。1979年9月26日，首都机场壁画落成，艺术家袁运生取材于云南的作品《泼水节——生命的赞歌》因出现了沐浴的裸体傣家女形象而引起社会各界的关注和争论。与此同时，9月27日“星星美展”在中国美术馆外东侧小公园露天开幕，这个展览后来也成为了中国当代艺术发展的里程碑式的展览。

1979年，由于首都机场壁画的影响以及全国文代会的召开，美术创作的环境开始宽松了。已经调入云南省美术摄影创作办公室的专业画家姚钟华接到了由云南省委常委直接领导的北京人民大会堂云南厅的艺术品创作工作。在张仃、华君武、黄永玉等权威艺术家的支持下，最后决定由姚钟华画《玉龙金川》，蒋铁峰画《石林春晓》，丁绍光画《版纳晨曦》，袁晓岑画《孔雀》，王晋元画《热带花鸟》，李忠翔画《西山滇池》，贾国中画《大理三塔》，用这些作品对人民大会堂的云南厅进行装饰。画作完成以后，得到了当时的中央领导人邓小平、华国锋、李先念的赞赏。

云南的山山水水都留下过姚钟华写生创作的足迹。在创作《玉龙金川》的过程中，他又重回澜沧江峡谷，到玉龙雪山白山黑水收集整理创作素材；在绘画过程中，李可染、吴作人还亲临现场指导。处于创作盛年的姚钟华，创作出了高370厘米、宽950厘米气势恢宏的巨幅风景油画，并发表在《美术》等杂志上，还被收入《中国现代美术全集》之壁画卷。可惜，1995年人民大会堂云南厅改造，此画被拆除，堆放在云南省驻京办事处的地下车库里，后因车库漏水糟烂了。一件经典之作就这样彻底地消失了。

姚钟华《玉龙金川》 油画 1979 年

那段时间发生了一个小插曲。中央美术学院希望在全国范围内调回两个优秀的艺术家毕业生，于是董希文工作室的毕业生朱乃正和姚钟华所在单位就接到了中央美术学院的商调函。朱乃正顺利地回到北京，姚钟华的直接领导、当时的云南文化局长高德麟给国家文化部写了一封控诉信，控诉中央美术学院到云南挖边疆少数民族艺术创作的墙角，江丰只能作罢。姚钟华则失去了一次到一个更能展现自己艺术才能平台的机会。当他知道整件事情的来龙去脉时，已经尘埃落定。姚钟华是一个孝子，父亲年事已高，他也很难割舍，所以也就没有再刻意而为之了。

在北京创作《玉龙金川》期间的一天，作家阿城邀请姚钟华去观看在中国美术馆外面小广场上举办的“星星美展”，他被这些画家的执著深深感动了。那段时间，美术界团体十分活跃，油画研究会、四月影会等团体如雨后春笋纷纷成立起来，学术气氛异常浓郁。姚钟华十分敏锐地注意着美术界的创作动向。那时，昆明美术界的创作、交流气氛很好，美术界同好希望成立一个自己的画会。1980 年初，姚钟华从北京回到昆明后，朋友们找到他，共同商量成立画会的具体事宜。姚钟华提议是年正值农历庚申猴年，取金猴奋起之意，画会命名为“申社”，选举了姚钟华、丁绍光、王晋元、刘绍荟、蒋铁峰为常务理事。姚钟华主持常务工作，王瑞章负责联络工作。1980 年夏天，“申社首届画展”在云南省博物馆举办。

展会期间，一走进云南省博物馆东大厅，就能看见“申社”的宣言：“‘申社’是 20 世纪 80 年代之始夏历庚申——猴年诞生的。金猴——追求真理、忠诚、智慧、勇敢、活泼的化身，人民的理想的化身，我们用它来作为‘申社’的象征。在曲折艰辛的道路上，只有具备它的精神、品质，才能担当历史赋予我们一代人的重任。我们深知，没有理论上的突破，就没有实践上的崭新创作；没有不计得失的大胆探索、实践，一切都是空话。艺术的本性就是创造，没有创造，艺术就是死亡。风格的品质即人格，锤炼走进艺术的心灵，是作画之本——为了这，我们要学习，要思考，要切磋，要实践。”

“申社首届画展”参展画家 23 人，作品 120 件。吴作人先生题写了社名，郎森刻了一方印章。展出的作品内容、画种、风格是多元化的，既有姚钟华等艺术家的油画作品，也有王晋元、郎森的传统花鸟。丁绍光参展的是留在姚钟华处的白描作品，孙景波参展的是速写，而姚钟华、蒋铁峰、何能、裴文琨、刘绍荟等艺术家的高丽纸重彩画则是这次展览的一大亮点。

云南高丽纸重彩画，被姚钟华戏称为粉墨画，源于1972年纪念“讲话”发表 35 周年。“红”“光”“亮”美术风暴结束后，周恩来总理指示重新布置中国历史博物馆，将涉外宾馆的语录牌置换为风景、山水、花鸟画，这就是后来俗称的“宾馆画创作”。大部分著名艺术家都被暂时解放，投入到创作活动中来。黄永玉在这个时期用高丽纸创作了一批风格新颖独特的作品，采取正反两面刻画，并在画后衬黑色，画面斑斑驳驳，效果十分神奇。北京一些画家如袁运甫、刘秉江也用这种方法画了不少作品。追根溯源，用这种画法最早的是林风眠。

1973 年，正在北京为中国历史博物馆创作《黄河》及《郑和航海》的姚钟华学习了这种方法，也尝试用这种材料进行创作。1979 年，香港导演张铮来云南拍摄一部关于云南风情的纪录片，领导安排姚钟华组织几个人画一组“泼水节的故事”供拍摄之用。为了统一面貌，姚钟华提议用高丽纸彩墨材料进行创作。他约来了蒋铁峰、何能、刘绍荟、贾国中一起讨论。由于大家都没有接触过这种材料，姚钟华还给大家做了示范。每人画三幅，完成以后连接起来有 15 米之长，蔚为壮观。虽然每个人艺术风格不一，但此画还是一套格调相对统一的好画。可惜这幅作品后来被导演张铮私自卷走，再无下落。

“申社”画展上，蒋铁峰创作的极具装饰风格的重彩画色彩艳丽，线条流畅，人物形象婀娜多姿，个人风格十分突出，令人耳目一新，吸引了一大批追随者。后来很多艺术家包括丁绍光就在此基础上，衍变出了所谓“云南画派”的重彩画作品。

时隔多年，由于“云南画派”的高丽纸重彩画作品在美国商业市场上取得了相当一段时间的成功，很多画家纷纷效仿，画起了“变形”“勾线”“填色”的粉墨重彩画，并且以“云南画派”自居，所以有很多论述把申社理解为“云南画派”的前身，我个人认为这是一种曲解。在申社第一次画展上，参展的作品也不算当时比较热门的“形式美”的作品，如姚钟华的作品有苦涩的思考，裴文琨的作品充满了爱情的感伤，而王晋元展出的则是传统的中国画作品。“申社”画展的作品是云南美术多样性和探索性厚积薄发的集中表现，参加“申社”的艺术家大部分为省外艺术院校分配到昆明的毕业生和社会上比较有影响的业余画家。这些艺术家长期以来一直备受云南本土势力培养起来的、控制着云南美术江湖的那些艺术家的压制，所以这个展览从作品形式和内容以及展览的组织方式上来看，都具有一定的反叛意识。

申社展览的学术价值其实后来在美术界评价甚高，我记得栗宪庭1993年来昆明时，谈及云南美术在中国美术史中的影响，他曾经高度评价了“申社”对中国当代美术所做出的贡献。美国著名美术批评家科珠恩女士专门赴昆明访问“申社”，在她的专著《1949年-1986年的新中国美术》里有很详尽的论述，美国著名艺术史家苏立文教授也在其专著《20世纪中国艺术与艺术家》中对“申社”有专门记述。

“申社”是中国改革开放后第一批艺术创作团体，对后来的“85美术运动”中各艺术群体的形成具有一定的启示作用，也是云南美术史上当代艺术发展的先行者。今天回望那个时代下的“申社”画展，其社会影响和学术价值是具有深远意义的。在当时逐步开放的大环境中，“申社”的那种具有平涂和装饰变形倾向的绘画以及通过少数民族生活题材所传达出来的梦幻与想象的美学风格，在依然延续“文革”时期的革命现实主义主题创作风格的画坛上引起关注，尤其联系到袁运生的首都机场壁画风格的争论，引发了一场全国性的热烈讨论，这也是“文革”之后，云南美术第一次成为全国关注的焦点。

1981 年 8 月，“云南十人画展”在北京中国美术馆举办。这是 1981 年中国美术界最重要的展览之一。参加这个展览的画家在“申社”基础上扩展，保留了姚钟华、蒋铁峰、王晋元、何能、刘绍荟、贾国中，增加了刘自鸣、夭永茂、张建中、李忠翔。这是当时云南文化局领导的安排，因为这样有利于云南美术界的团结，也可以适当淡化“申社”的团体影响。“云南十人画展”当时在全国引起了强烈的反响。全国各地美术同行对云南刮目相看。《美术》杂志用了相当大的篇幅报道，而且封面刊登了王晋元的一幅作品。参加画展的十个人代表了当时云南的中青年美术创作群体，他们在中国现代美术发展中做出了自己的贡献，也是云南当代美术史上很浓重的一笔。

在“申社”画展上，裴文琨一幅名为《苏醒》的作品中那份萌动和忧郁感伤的情绪深深打动了一个年轻女诗人的心，她就是王坤红。他俩因为这个展览结缘，也因此开始了 12 年的爱情跌宕之旅。

王坤红早年痴迷音乐，一直在做着音乐家和歌唱家的梦。碰到老裴和他的作品，她觉得似乎是拿到了一把通向爱情和艺术世界的钥匙。在那个艺术和爱情几乎是文青们的宗教的岁月里，王坤红义无反顾地爱上了老裴，尽管相识半年之后她就发现老裴精神上出现问题了。但弗洛伊德和荣格的书让她认为疯狂与天才其实只在一线之间，她毅然决然地选择嫁给了老裴。直到老裴几进几出精神病院，她才不得不接受这个现实。虽然不能相濡以沫，她还是经常看望照料老裴，陪伴这个孤独的天才画家直至 1992 年走完人生之路。

当张晓刚、毛旭辉、叶永青们还在学校苦练基本功的时候，曾

曾晓峰 《在高山之巅》 油画 1980 年

晓峰已经利用创作连环画之余，创作出了描绘云南石林地貌及人文图景的《在高山之巅》。这幅作品从内容到形式都与当时主导的延续“文革”的现实主义创作方法格格不入，用装饰性的笔触描绘了一个大气磅礴的云南奇异风景。红土地上的撒尼放牧女与奇石异云天人合一。这幅画除了彰显艺术家的浪漫气质，更加积极的意义在于对当时“左倾”现实主义创作套路的一种勇敢挑战。

“象牙塔”上下求索——1980 年

1980 年 2 月 10 日，“中华人民共和国成立 30 周年美术作品展”即“第五届全国美展”在北京举行。张晓刚的同学程丛林的油画作品《1968 年 X 月 X 日雪》、高小华的油画作品《为什么》、王亥的油画作品《春》获得了二等奖。在中央美术学院读研究生的陈丹青画出了追本溯源、向心目中的欧洲油画致敬的《西藏组画》，引起了美术界和各美术院校同行的关注。

身处“大师班”的张晓刚在无法学下去以及要不要退学的念头中纠结了两年，到第三年的时候，由于国家改革开放大形势的影响，最主要的是图书馆和出版物的开放，加上学校学习氛围也有所改变，他豁然开朗，在给毛旭辉的信中说他解决了那个思想包袱。

1979年改革开放后，学校的图书馆对学生开放了，大家可以接触到西方美术，可以看到很多西方艺术家的印刷品，如：凡・高、塞尚、高更等等。虽然还没有完全解禁，但在艺术院校里已经有机会读到一些书，它们包括各种翻译的著作，还可以订阅到《世界美术》《世界文学》和《外国文艺》。浙江美院开始出版《美术译丛》。一些文学杂志也会在边边角角的地方放一些现代艺术、现代文学和诗歌的介绍。

四川美院进口了一套画册——日本出版的《世界美术全集》，

1980 年，张晓刚等人在四川美术学院宿舍
左起：陈虹、秦明、周春芽、张晓刚

这是当时中国进口的两套画册之一，另一套可能放在了南京艺术学院。这是学生们第一次看到印刷精良的西方艺术画册，尽管只是一个普及版本，需要借阅的人太多了，每个班级要提前申请，翻阅之前要洗手，每个人恨不得把书上所有的东西都背下来，然后靠记忆复写。与现在几乎任何书本资料都能唾手可得的学习环境相比，那个年代学习真是太不容易了。最后学校为了给学生更多一些方便，就将画册放入两张桌子那么大的玻璃展柜中，每天翻一篇，同学们就每天拿着画笔和色彩去把那一页印刷的作品临摹下来，叶永青和张晓刚也是这样天天隔着玻璃柜子临摹。

张晓刚在学校中的生活好像钟表一样规律：早上 6 点多钟起床跑步，跑完步画一张风景，然后吃早餐、上课；中午接着画一张风景，去上下午的课程，下课去图书馆临摹一张玻璃柜中的画册；晚饭后，与同学坐在一起互相画素描，做文化课作业，再画一张素描，然后睡觉。大学三年级开始，一些曾经成绩不太好的学生往往会有明显的进步，而进大学前就是高手的人却没有特别的进步，张晓刚在解决了思想问题后，艺术创作思路自由起来，绘画专业课程也有了明显的进步。他的才华也开始被同学们接受了。

1980 年的四川美院在张晓刚记忆中是真正的象牙塔，学生饱含求知的激情和欲望，整个学校充满了学术的氛围，张晓刚说仿佛看到苏格拉底时代学术辩论的激烈和庄严。而学生的个性也被激发出来，师生之间的辩论时有发生，很多美术史的知识都是在辩论中学习到的。画得比老师还好的学生会坚持自己的想法画自己的画，在那个时代交替的年代中，每一天都感觉会产生新的思想。

在全国八大美术院校的联展上，张晓刚和叶永青合作画了一套连环画参展。甫立亚第一次注意到这两个人，因为他们画得很生动，尤其是傣族人物形象上的女孩衣服后面的粉红色乳头，刻画得栩栩如生，她甚至觉得有几分色情。

这一年，吴冠中、石鲁到四川美院办讲座和展览，引发了美院师生艺术修养和创作思想上的震动。“星星画会”的马德升、黄锐到四川美院办讲座的时候，有点万人空巷的效果，对在川美读二年级的叶永青更是有着直接的影响。黄锐和马德升在川美的大礼堂里进行了一次颇具煽动力的演讲，他们提出“毕加索是我们的榜样，在艺术上我们要学习毕加索”。整个大礼堂里不仅坐无虚席还站满了人，窗台上站着人，窗外的树上也有人。叶永青觉得当时的马德升像一个革命家一样，煽动着听众，黄锐则比较冷静。两个人配合在一起有着很大的气场，他们将那些具有启发性的观念传达给那些对未知新事物充满了渴望的学生。他们带来了一股现代主义旋风。大家被马德升、黄锐极具煽动性的言论感染得热血沸腾。程丛林 1980 年画的《1978 年夏夜—身旁，我感到民族在渴望》就是当时最好的写照。整个四川美院 1977、1978 级的学生都被他作为创作素材放进了这幅画里。因此今天我们可以透过这幅画看到求学时期的张晓刚、叶永青、甫立亚、马祥生等人的学子形象。

1980 年好像是华彩乐章之前的序曲，是紧凑的快板，既匆忙又愉快，又好像是疾风骤雨前的微风，是波澜壮阔开始前的潮涌。这些在艺术学院上学的年轻人并不知道前方等待着自己的是什么，有期望又有茫然。1980 年是繁忙的一年，他们年轻，他们要学习和感受，所以他们去了圭山，去了阿坝，去了新疆……还从南往北几乎纵贯了整个中国。

在学校里，程丛林一直是张晓刚亦师亦友的兄长和同学，他对待艺术的态度和生活学习方式深深地影响了张晓刚。那时，程丛林已经是很有名的“伤痕美术”代表画家，和当时全国各地的同行有很多交流，他强烈建议张晓刚应该多出去走走看看，“行千里路，读万卷书”。于是，在 1980 年初，张晓刚回昆明度寒假时就与毛旭辉商量组织一趟游学，去“游历”一番，去见识一下其他的美术院校，拜访一些他们仰慕的艺术家，看看不一样的外面的世界。出发前，大家进行了分工，毛旭辉负责总管，包括财务和行动计划等等；刘涌负责摄影；张晓刚负责去联络要拜访的人，遇到什么突发事情也由张晓刚负责公关，因为带着眼镜的他容易博得陌生人的好感。这对内向腼腆的张晓刚真是一次“改造”。

大学二年级时，毛旭辉与贺立德恋爱了。1980年的暑假，毛旭辉、贺立德和同学武俊来到重庆跟张晓刚、叶永青、刘涌会合。他们计划的线路是：从重庆出发，乘船沿长江而下，过宜昌、武汉，经南京、苏杭到上海，再北上到北京，最后回到昆明。那时的中国文艺界已经开始呈现百花齐放的气象了，毛旭辉他们不仅计划拜访老一辈艺术家，也有不少青年艺术家是他们想要认识的，他们想象着这是一次“周游列国，上下求索”的旅程。

到了上海，他们直接赶去油画雕塑院拜访陈逸飞。到油雕院门口时下起蒙蒙细雨，他们看见从院里走来一个穿着白衬衫、文质彬彬、推着自行车的人，他就是陈逸飞。张晓刚赶紧冲过去说：“我们是美术学院的学生，想来拜访您，看看您的作品。”陈逸飞亲切地招呼张晓刚他们到屋檐下避雨。令大家遗憾的是，陈逸飞明天就要去美国了，他的所有作品都已经打包好，所以不能展示出来。这让他们觉得陈逸飞太成功了，但只能目送着陈逸飞的背影消失在上海油雕院的门口。当时谁也没有想到，很多年以后，陈逸飞从美国回来，那几个多年前拜访他的青年学生已经成为非常有影响力的艺术家。陈逸飞过世前，曾去北京费家村张晓刚工作室拜访。张晓刚回忆起当年上海的那一幕，陈逸飞却完全记不起来了。

认识颜文樑是因为毛旭辉有个考上了北京广播学院的中学同学刘铁君。他曾经从还没有对外开放的图书馆书库偷了很多画册给毛旭辉，其中有一本就是颜文樑先生的。在上海，他们拜访八十多岁的颜文樑先生时，毛旭辉看到了画册上的原画——颜先生在欧洲的写生。老先生一张一张翻给他们看，大家很是激动。那个时候，毛旭辉觉得那就是非常正宗的欧洲油画作品，而在此之前大家看到的欧洲风格的油画都是印刷品。拜访颜老先生的收获很大。先生还充满

1980 年，张晓刚等人在北京长城
左起：毛旭辉、武俊、贺立德、张晓刚、叶永青、刘涌

童趣地指给大家看他刚画完的蔬菜瓜果上面的小虫子。在上海，他们还拜访了俞晓夫和俞云阶这些他们学生时代心目中的大艺术家。

从上海到杭州，他们找到了昆明军区的画家尚丁，他当时正在浙江美院读研究生。尚丁热情地接待了这些老乡们，请他们在炎炎夏日吃了一个终生难忘的西瓜。遗憾的是，当时浙美放假，几乎所有的人都走了，只由尚丁带着他们看了教室中展示的学生作品。大家印象深刻的是那些素描完全用线来造型，不重视光影，与他们在学校中所学到的完全不一样。而那个时期艺术学习的问题很简单，学习苏派就是强调光影，学习东欧流派就是讲究无光影而强调结构，没有哪个更好，只是看谁比谁更强，影响力更大。离开杭州的时候，毛旭辉认为中国学校位置最好的就是浙江美院，因为它在西湖边，颇有人文和历史情怀。

旅行的最后一站是北京，毛旭辉在云艺的老师朗森带着他们去拜访了袁运生先生。袁先生长发披肩，有大师气质，很有风度。他当时正在画着变形人体的盘子，还从床底下翻出了一百多个画好的盘子，让这一行艺术青年大开眼界。另一个很有名气的青年画家陈丹青去了西藏，他们看到了孙景波拿来的陈丹青参加美展的落选作品。大家觉得陈画得非常好，底气很足。

在中央美院，一行人看了美院收藏的小尺寸的欧洲油画，在当时能看到国外油画的真迹十分难得。他们还观摩了在中国美术馆举办的“同代人油画展”，王怀庆等艺术家的作品让他们耳目一新，马德升给他们留下了最深的印象。毛旭辉认为虽然马德升完全不曾在云南生活过，但能感觉到在他的身上有着昆明艺术家的特质——坦诚、热情。马德升慷慨激昂，很有激情，画的北京四合院既抽象又中国。但马德升的形式主义与云南风情式的形式主义是不一样的，显然马德生的作品更欧化一些。马德升说话很激烈，他的木刻让毛旭辉觉得他是个很了不起的人物。虽然整趟旅行中并没有看到什么成型的完整展览，不过这样的旅行对于这群上下求索的艺术青年是相当必要的，他们觉得自己是虔诚的学生，并没有想到艺术创作那

1980 年，张晓刚在甘肃敦煌

么远的事情。旅行看到的、听到的都是宝贵的学习经历，他们得到了学校教育不能给予的刺激和艺术思想的启迪。

离开北京之前，买好回昆明的火车票，他们用剩下的钱去吃了北京烤鸭。这是这次旅行最奢侈的一顿饭。因为年轻，这些经历充满了乐趣和回味。这次长长的旅行结束，算下来每个人平均花了95元，每人一天吃住加起来不超过1块5，多出的部分是毛旭辉贴补的。为了省钱，他们住过5毛钱一晚上的澡堂，还睡过过道，大通铺算是好的了。担任这次旅行摄影师的刘涌拍了六个胶卷，等回到昆明冲洗出来，发现照相机漏光，只留下了两张可以看的“经典”照片。

“上下求索”的旅行经历在这些艺术青年的成长过程里起到了潜移默化的作用。旅行回来后，随着知识及绘画技艺的提高，解禁了的文学、诗歌和西方艺术理论帮助张晓刚冲开了传统观念的桎梏，看向外面的窗户逐渐地打开。张晓刚不再拘泥于苏派的传统美术学习，他发现其实艺术创作的道路并不只有一条，于是之前纠结的种种问题都消失了，甚至让他苦恼的色彩和素描反而也都有了进步，他从那时起开始成了班上成绩较好的学生。同学之间专业上的激烈竞争让张晓刚慢慢领悟到他自己的一些特点，虽然他的写实功夫不如同学，但是速写和色彩都是不错的，他逐渐对一些课程和画法失去了兴趣，并开始用线条尝试画米开朗琪罗的《奴隶》。那段时间，他用学到的表现主义方法画了好多自画像。这一年是张晓刚艺术及世界观的一个重要转折点。

这一年，张晓刚也开始了他的初恋，女友是四川美术学院的同学。艺术院校的学生谈恋爱司空见惯，虽然张晓刚的恋爱轰轰烈烈，但最后也是一场没有结果的“苦恋”。秋天开学后，学校有一段时间的下乡生活体验课，于是张晓刚就独自一人去了一躺圭山，住了大约二十天，似乎只有在糯黑这个最接近上天的地方才能为他的郁闷寻找出口。这次圭山之行，张晓刚留下了一张油画，画面上一个撒尼族女人坐在那儿，怀里抱着个孩子，身后睡着一条狗。这次，

1981 年是中国全民读书的年份

他并没有画太多的画，更多的时间是在思考。

年底的时候，学校组织学生去敦煌临摹莫高窟的壁画。第一次面对中国古代壁画，张晓刚被深深折服了。他临摹了很多张，从敦煌壁画飘逸的神韵和浑厚沉着的色彩中吸收了丰沛的中国传统艺术的养分。敦煌之行结束的时候，张晓刚和同学杨千、雷虹、陈宏混上了开往新疆的火车，去了吐鲁番，游历了交河故城，高昌古城。在新疆，张晓刚看到了似曾相识的俄罗斯的绘画调子，不过此时他已不再需要了。1980 年，他开始感兴趣现代主义艺术。

全民读书——1981 年

1981 年是中国全民读书的年份。书好像是那个时期的一种时髦商品，只要出版社有新书出版或者再版“文革”以前的书籍，新华书店门口一定会排起长龙。新华书店的经理是一个很重要的职位，因为如果认识经理，就能够保证每次都买到好书。在昆明，我记得有一个图书交易集市在小西门，一到周末很多人就骑自行车来到这里，交换或买卖图书，非常热闹，这是一个民间自发的市场。在农展馆，官方一年一度举办的“春城书市”同样是人山人海。

张晓刚、毛旭辉、叶永青他们如饥似渴地阅读互相之间介绍交流来的著作。其中有本很奇怪的书，据说是 20 世纪 70 年代奉高层之命翻译的一本内部读物，苏联作家爱伦堡所著的《人·岁月·生活》。这是一本改变他们人生观和艺术观的及时之作。这本传记记述了爱伦堡在巴黎生活时与毕加索、莫迪利阿尼、莱热、里维拉、阿·托尔斯泰、马雅可夫斯基和苏丁等艺术家的交往故事，真实地再现了两次大战前后欧洲艺术家的真实生活和艺术创作，记录了很多艺术家的悲剧故事，并就艺术观念问题进行了讨论。爱伦堡认为现代艺术真诚，现代艺术家是有灵魂的人。毛旭辉深深地迷上了这本书，一天到晚都在读，并且还摘录，写读后感。毛旭辉曾这样写到：

“他用亲切的笔调记述了那些往事并对艺术家的作品作了评价和思索，那些名字排列起来已是现代艺术史中最辉煌的部分了：莫迪利阿尼、毕加索、马雅可夫斯基（1893—1930）、郁特里罗（1883—1955）、里维拉、马列维奇（1878—1935）、阿·托尔斯泰（1883—1945）、帕斯捷尔纳克（1890—1960）、茨维塔耶娃（1892—1941）…… 20世纪初在巴黎过着冒险生活的欧洲艺术家几乎都涉及到了。它使我大开眼界，看到光怪陆离的现代艺术是如何呈现在那个时代发生的各种事物和艺术家个体生存的境况之中。书中另外引人兴趣的是对苏联十月革命成功后文学艺术界的情况的叙述和分析。革命的成功只是建立了工人政权，但并没有解决好意识形态的问题。艺术被改变成宣传品，真正有才华的艺术家受到排斥，甚至迫害……”

书中提到的艺术家的很多作品只有文字叙述，毛旭辉是看不到画的，越看不到，就越有一种紧迫感，身边几乎没有可以一起讨论艺术的人，只有靠通信和在四川美院的张晓刚进行交流。

叶永青谈到当时读《人·岁月·生活》的感想时说：“仿佛一盏盏耀眼的才华之灯照亮过我，影响过我，使我感动，也使我恍惚……”叶永青准确地叙述了那个时期他的心路历程。

如果一个人读到一本好书，就会马上推荐给另外一个人读。除了画画以外，他们其他时间就是在读各种能够找到的书籍。如叶永青所言，当时老师和学生在学术思想上是同在一条起跑线上，而且，学生因为年轻还要更为敏感一些。也正是因为读书的原因，他们逐渐形成了自己的世界观和艺术观，开始从关心基础习作转到关心创作问题。

从1979年开始，高小华、程丛林已经在搞创作，以创作带动教学，并且成为了“伤痕美术”的代表人物，所以他们这个班从进学校伊始就有一个风气，但凡看电影时，大家就在画构图，一场电影看完，已经画了一堆构图草图。张晓刚还练就了一套色彩训练“武功”，就是默写看到的好的色彩作品，到这个时候，所有的这些练习渐渐派上用场了。

通常上午课间休息的时间，张晓刚、叶永青、马祥生他们会去学校大门口的邮箱取信。有一天，他们发现曾浩、李季等几个附中学生背着行李往学校外面走。他们觉得不太对头，就堵住曾浩一行询问。曾浩他们谎称下乡去写生，却被这群老大哥即刻识破，将他们赶回附中。原来他们这些附中生进到学校后，因为年轻气盛，对学校教学和老师的素质水平较为失望，遂起退学念头。当过搬运工的王亥现身说法，让他们珍惜学习机会；附中领导也晓之以情，动之以理地与他们沟通。最后这几个有些社会经验的大哥，还是平息了小兄弟们的这场“退学风波”。

三年级的时候，毛旭辉开始“堕落”了，他一改大学头两年奋发向上阳光青年的状态，变成了一个蓄着长发、衣服乱糟糟的艺术家样子，不仅仅是外貌的变化，他开始思考什么才是艺术家真正关心的。学校依然安排画人体的长期作业——把眼前看到的真实地描绘下来，但这种技法上的练习已经远远满足不了他的艺术学习了，现实情况和他读的经典著作经常冲突，他的思想非常混乱，周遭的环境也在变化。因为改革开放，不管学生还是老师都将重心放到了以前不关心的实际问题上去，毛旭辉感到愤怒，他觉得学校里没有人谈论艺术，那些人只关心很现实的问题，诸如如何分配各种资源，如何获得实际利益，艺术没有让他们产生飞跃，反而使他们越来越实际，越来越功利。艺术不再是神圣的，不再是精神上的，在那些人眼中，艺术不过是谋生方式的一种，仿佛整个世界只能和张晓刚在通信中讨论艺术。

在北京学习艺术的昆明学子杨一江、陈恒、马云、毛杰、李建东、贺乐平、丁宏等与在北京中央民族歌舞团的艺术家杨丽萍一起，成立了一个“云南同乡会”，希望远在北京的云南人能够加强了解，促进艺术交流。

1981 年，张晓刚、叶永青、张夏平（左起）
在四川美院教室

这一年的夏天，叶永青、张晓刚、刘涌暑假回到昆明去找在歌舞团工作的文艺女青年张夏平玩。张夏平拿出自己的画作给他们看，大家一致觉得她画得非常有感觉。初次见面，张夏平就对叶永青一见钟情，尽管自己还有一个搞音乐的男朋友，但还是开始了对叶永青的猛烈进攻。倒是生性有几分羞怯的叶永青，这个时候只有躲避之力了。叶永青赶紧说自己要去曾经代过课的地方画写生，张夏平就凭着他简单的描述追了过去。她坐班车到一个叫安宁的地方，又步行了好久，越走越荒凉，两边都是比人高的野草，完全没有可能找到叶永青。天色已晚，她就寄宿在一个守山老人的窝棚里。第二天起来，也没有什么可以酬谢老人的，她只有跳一段舞给老人家看，接着又匆匆上路了。回到昆明后，她觉得已经完成了这个寻找，就没有立即去找叶永青，而是趴在桌子上一气呵成写成了两万字的《夏天的童话》，叙述了这个寻找过程和所见，更多的是她的所想。一周以后，张夏平再见到叶永青时，把自己写的东西给叶永青看，叶永青看完后一把把张夏平抱了起来，他接受了张夏平的爱情。

毕业创作——1982 年

进入毕业创作阶段的毛旭辉依然是带着几分迷茫的，他怀着一种矛盾的心情来到西双版纳。在 20 世纪 80 年代初，从昆明到西双版纳要坐差不多三天的车。毛旭辉带着从袁运生和丁绍光作品里得到的西双版纳的美好印象一个人来到了景洪，希望能找到高更的感觉。西双版纳确实很美，如同高更的大溪地，充满了原始的壮丽。他迅速陶醉在这种景色之中，却又觉得无力表现。他觉得停留片刻撷取美丽风景的做法并不能创作有灵魂的作品，如果不在那里生活，不把肉体和灵魂都栖息在那儿，那创作的作品所能表现的也不过是只影片羽，那种所谓的采风和体验生活的方式是永远画不出高更那样伟大的作品的。不过也不是毫无收获，毛旭辉去了勐腊、勐海、小勐仑、南诺山以及仍有 20 世纪 60 年代风情的橄榄坝为他的毕业创作收集素材。

1982 年，叶永青在西双版纳原始森林为毕业创作采风

通过毕业创作，毛旭辉发觉学院的学习与自己的创作之间存在着很大的问题。例如，他确实喜欢程丛林的作品，但却不喜欢现实主义的表现方式。在学习后印象派的时候，他觉得自己理解了很多问题，塞尚画几个苹果、画维克多山也能成为大师，并不是一定要构思宏大的社会题材。毛旭辉从学院教授的俄罗斯绘画体系中彻底解脱出来，开始倾向于现代主义的主观绘画创作。在毕业分配这样的关键时刻，毛旭辉沉浸在对现代主义感性的认识阶段，这样蒙昧不清的状态导致了他的变化，从外表到心理以及作品的变化。

在自我欣赏和外界潮流的矛盾中，毛旭辉没法专心进行创作，这使得毛旭辉的毕业作品很失败，大部分都只是没有实现的草稿，最后他在很矛盾的心情中毕业了。毛旭辉计划的毕业作品是长度为六米的《澜沧江边》，但是当时他想不出长度六米的画框要怎么做，市场上最长的木条也就是二米四。最终，毛旭辉很勉强地画了一幅正正方方的画，内容只是草稿的一个局部，已经失去了最初的形式感。心不在焉的毛旭辉还画了几幅用线勾的云南少数民族的人像。这样的表现导致原本留校当教师希望颇大的毛旭辉出局了，毛旭辉说这也许就是命运的安排。

同一年，叶永青也去了西双版纳，同样是为毕业创作而去。叶永青在思茅等待去西双版纳的边防证时，通过苏新宏认识了艺术家贺昆和郑旭。第一次在西双版纳体验生活，叶永青就特别地喜欢。他一个人到各处的傣族寨子里漫游，西双版纳特有的亚热带风光和动植物、质朴的民风民俗、散落在每个村寨庙宇的民间艺术都在激发着他的奇思妙想。由于受到西方现代艺术的影响，西双版纳的人文环境与他当时的创作心态很吻合，他强烈地意识到在西双版纳仿佛有一根红绳将他和自然拉在一起对话，他的心灵得到了陶冶净化，从而能安静地思考未来的事业和道路。叶永青离开西双版纳时画了很多速写，此后的十年中，他还先后去了七次。当时他甚至动了念头，毕业后找不到工作，干脆就到西双版纳去当一个边陲艺术家。

叶永青的毕业创作是西双版纳一套组画，这套组画当时在四川美院颇有些争议。当时江丰把四川美院当做一种向全国推广的模式，尤其是在1980年的第二届青年美展之后，学校开始设置了门派和“规矩”，用现实主义的方式创作都没有问题，但一直反对形式主义和现代主义的作品，排斥形式主义和有现代主义倾向的创作。1981年，四川美院毕业创作的教学开始趋于教条，老师对叶永青的毕业创作《西双版纳组画》有两种意见，一些比较保守一点的老师很不喜欢叶永青毕业创作中人物形象的夸张变形，而当时的院长叶毓山和马一平老师却很欣赏叶永青的毕业创作。

同样的情况也发生在张晓刚的身上。张晓刚毕业比叶永青早半年，他和周春芽毕业创作的题材是四川的阿坝藏区。张晓刚和周春芽拿着学校开的美院学生体验生活的介绍信买了两张长途汽车票去了红原县，找到了家在红原的同学钟长青，又去县文化馆报了到，住在县招待所里。从县城到附近的村庄最近的路程大约十多公里，这时川美工艺系的一位林老师正在附近一个公社采风，他们两人决定过去。

7月的阿坝草原还有很多残雪没有融化，气温很低，张晓刚和周春芽搭了一辆拉水泥的卡车，走了大半天。他俩坐在车棚上，不仅被风吹透了冻透了，而且因为是辆运水泥的车，两人几乎变成了水泥雕塑。天黑时分，他们终于到了那个偏远的公社。公社里只有一个接待站，只有一个房间，房间里只有三张床。他俩进门的时候，屋里点着油灯，暗淡的灯光下，一张床上正躺着一个人。在张晓刚的记忆中，那人的身材仿佛像凡·高一样。听见有人进门，那人弓着身起来，正是林老师，不过看上去仿佛劳改犯一般。之后的两个星期，他们就在那个公社附近体验生活。

既然是体验生活，张晓刚和周春芽学骑马，学着喝羊奶，公社里的一个小伙子陪着他们到处看，那个小伙子还找来炸药放到瓶子里，到大河里去炸鱼，收获的鱼大家一起煮着吃。周春芽曾饶有兴致地到河里捞鱼，结果因此生病，没有吃上自己捞的鱼。这样过了几天，当地人又推荐了据说是画画的好地方，于是两人又有了新去处。

体验生活就是这样，当地人都会给你推荐下一个目的地。交通工具是搭顺风车、拖拉机、马车或者卡车，不过还得看运气。到了红原几天后，他们又辗转到了若尔盖。若尔盖的风景与之前的几个地方比起来，更野性一些。在这样的景物面前，张晓刚被深深地震撼了。天圆地方的草原上，从远处牧场来的藏民穿着厚厚的皮袄，骑着超大尺寸的马匹缓缓走来，不太像人，更像一只大鸟。这只灰色的“大鸟”和还没有发芽的草原构成了一幅张晓刚心中的图画。张晓刚有时就坐在草原的缓坡上看一整天，感受着阿坝草原的气魄，笔记本上留下了厚厚一叠随感心得。在若尔盖停留了半个多月，又回到红原住了一个星期，这一次体验生活历时一个半月，张晓刚花完了所有的钱，身体也熬到了极限，几乎要垮掉，体重只有 53 公斤。这时候的他要是被另一个刚刚闯到这片草原上的艺术学院的学生看到，肯定会想：这人才是凡·高，是那种肉体几近枯干，尚且行动和活着的一具灵魂。

同行的周春芽半个月后因为要照顾即将生产的妻子，在拍完草原暮色中“深刻”的张晓刚后就离开了。剩下的一个多月里，张晓刚一个人留在阿坝，像藏族人一样生活，和他们吃一样的饭菜，一个多月里唯一的蔬菜就是青辣椒，每天吃青辣椒，吃得天天拉肚子，就这样别无选择地坚持着；像凡·高一样地画画，仿佛凡·高的光芒照在他的头上。在藏区，张晓刚一共画了三百多张速写，十多张油画，拍了六个胶卷，几乎没有休息的时间。张晓刚每天到草原等待那些从遥远的山坡上走来的人。远远看着只有一点点，走很远的路过去，画完了，换个地方再画。从早上太阳出来画到太阳从远处的小山丘落下，一整天，他除了睡觉，就是画画。

那段时间依然是叶永青和张晓刚走得最近，因为他们都有一颗饱受折磨的心和一股按捺不住的创作劲头，这让他们显现出一种独特的艺术家气质。

1981年夏，张晓刚与周春芽一同去阿坝草原写生，这是周春芽拍摄的张晓刚的“深刻照”

从阿坝回到学校，张晓刚进入了毕业创作阶段。在阿坝收集的创作素材让张晓刚觉得一定可以创作出一批满意的作品。可是事与愿违，他以阿坝藏区为毕业创作题材的草图被学校老师集体否定了。因为四川美院当时现实主义的创作模式已经开花结果，老师们都希望毕业班的学生按照这个要求进行创作。那时，张晓刚已经深深地“中毒”于现代主义艺术，他的这批草图有受到凡·高影响的痕迹。但是，在当时的四川美院，如果草图通不过，就不发毕业创作用的画布、画框和颜料。张晓刚坚持自己的主张，一定要把心中想要画的这批画画出来。他用自己仅剩的一点钱买来像厚牛皮纸一样的纸张，刷上牛皮胶，使纸张不吸油，然后在上面开始画他心中的阿坝。

同学们和个别老师都觉得他的这批作品才华横溢。马一平老师好心劝说张晓刚先画一张学校需要的现实主义的作品通过毕业创作，其他的再画他自己想画的探索性作品。年轻气盛的张晓刚毅然决然地拒绝了，他认为这样做太过于虚伪．他自己的艺术就是他想要画的这些东西。他坚决不肯妥协，继续他的创作《阿坝组画》。

张晓刚的毕业创作一共画了九张，画到第五张的时候，《美术》杂志的编辑栗宪庭和夏航来四川美院看明星班的创作，为杂志组稿。栗宪庭问罗中立和程丛林有没有什么新人新作可看，他们说有一个“凡·高”，很不错。栗宪庭和夏航去看了张晓刚的创作，没有说什么就走了。当天晚上，张晓刚被请去吃了一顿叶毓山院长请客的晚餐，席间夏航问了张晓刚很多创作的问题。回去后，张晓刚听说栗宪庭在美院的创作研讨会上说：他听说张晓刚的创作草案没有通过，但是张晓刚是他们这次来重庆看到的一个很有才华的新人，很值得关注。在那个年代，《美术》杂志是全中国唯一权威的艺术媒体，只要你的作品上了《美术》杂志，那就意味着成功了；如果还登在杂志中重要的地方，并且还有人专门写文章来报道你，那就是巨大的成功。学校在得知《美术》杂志编辑肯定了张晓刚的毕业创作后，马上通知张晓刚去领毕业创作所需的各种材料。张晓刚从进入四川美院学习开始到毕业创作一路突围，终于看到了一线曙光。

1981 年，张晓刚在四川美院画室，背后是正在创作的毕业作品《天上的云》

1981 年，张晓刚毕业前夕与同学在重庆黄桷坪
左起：叶永青、雷虹、张晓刚、谢军、曾浩、何毅、唐雯、赵建国、马祥生

毛旭辉在昆明看到张晓刚这批毕业创作的图片后，异常兴奋，写信给张晓刚："你的毕业创作比陈丹青画得好，陈丹青的画无非是真实，真实到你能闻到酥油味道，但这并不伟大，而你的画很有力量，让我激动。"

与叶永青同班的马祥生是他们当中的一个另类。马祥生的毕业创作异常顺利，他画出了一组颇具才情的反映回族人民生活的组画。这组创作不仅得到了学校老师的肯定，时为《美术》杂志编辑的栗宪庭更对其青睐有加，在杂志上给予大篇幅的报道。但本来作为留校大热门人选的他却因为一些民族政策等原因，最终无奈回到了云南艺术学院任教。

回到起点——1982年

1982年，"文革"之后的天之骄子1977级大学生毕业了，几乎所有这一届的毕业生都成为各个单位争相抢夺的人才，完全没有后来分配难、就业难的顾虑。当然，也难免出现几个特例。张晓刚、毛旭辉不幸成为特例中的两例。

这是毛旭辉、张晓刚很灰暗的一年。在同学和老师都认为毛旭辉肯定可以留校的时候，毛旭辉却被分回到原单位——百货公司。当时有很多人通过大学真的改变了命运，有的老知青通过四年的读书留校当了老师，还有苏新宏，过去是装卸煤炭的工人，也如愿留校当了老师。总之，命运使毛旭辉走上了一条艺术的不归路——冒险的现代艺术之路，所以他回到原来的单位后，抽烟喝酒变成一个"颓废的人"。与此同时，他也开始在各种著作中寻找人性到底是什么。他在笔记里写到：

"我们能不能面对发生在自己身上的冲动和骚乱？如果我能够面对，我就成为真正意义上的人；如果不能面对，那我就是一个伪善的、扯淡的人，和我大多数同学一样。"

得知自己被“打回原籍”后，毛旭辉十分沮丧，紧接着她的女朋友贺立德也被告知分配回云南曲靖。毛旭辉拉上贺立德专门跑到院长家里，希望学校考虑他们这种恋爱关系，通融通融，能否将贺立德留在昆明。但是院长礼貌的接待让他体会到的只是冷漠的结果。毛旭辉把贺立德送回了曲靖工作。从曲靖回昆明的火车上，邻座一个倒卖邮票的中年人觉得他像一个想不开要去轻生的年轻人，一路上又是发香烟给他抽，又是开导他。

回去上班的第一天，毛旭辉瘫坐在楼梯间里，沮丧之极，他恐惧自己永远也走不出去了。他失望的是上大学做了四年的画家梦破灭了，以为生活将要重新开始的时候却又回到了原点。那时叶永青去过一次毛旭辉的家，在董家湾百货公司的楼上，穿过很多条走廊才能到。毛旭辉那时刚刚毕业状态很不好，和贺立德因为工作原因分居着，他画的画也感觉特别孤独，整个人在叶永青的眼里很是惨淡。

毕业后的压抑让毛旭辉认识到自己的路才刚刚开始，创作是个非常非常严肃的事情，不仅仅是语言问题，还有世界观和价值观，于是他开始读大量的书。

1982 年，也是张晓刚冰火两重天的一年。年初《美术》杂志 1 月号在封二发表了张晓刚的作品《暴雨将至》，杂志中还有一篇评论文章《看画点滴》，文中写了张晓刚和罗中立。罗中立当时已经是成功的艺术家，而张晓刚作为一个新人被如此隆重地推出，一下就出名了，这个报道帮助张晓刚顺利地通过了毕业创作。一夜之间，大江南北的艺术同行都知道了张晓刚这个名字。潘德海后来回忆学生时代在《美术》杂志上看到张晓刚的作品时，完全觉得这是一个高高在上的成功艺术家，离自己很远很远。一时间，全国各地“粉丝”信件雪片一般地飞来，让张晓刚应接不暇，初次享受到了一丝成功的滋味。

但生活是很现实的，这样一个“明星艺术家”找工作却成了一

张晓刚的毕业创作 《暴雨将至》 纸上油画 78.5cm × 110cm 1981年

个大问题。张晓刚毕业后一心想留在四川，特别想留在四川美院任教，因为四川美院在那时是全国美术界的焦点，是艺术创作和学术交流的先锋之地。张晓刚虽然是知青考上的大学，但在班级里年纪是偏小的，对一些现实事情的考虑显然欠缺，也完全没有社会经验。张晓刚想，若按毕业成绩排，怎么都应该轮得到他的。等到发现自己不在留校名单里，他才去向老师提出留校申请，但为时已晚。老师说："那些留校的毕业生很早就提出申请了，现在已经晚了，而且大家一直以为你想回到云南去呢。"张晓刚于是提出只要留在四川，无论分配到什么地方都行，学校回答他，你是为云南培养的，就得回到云南去。这种说法符合当时的具体情况，另一方面可能张晓刚毕业创作的学术倾向也并不被学校领导所赞同。就这样，1982 年 2 月毕业后，张晓刚还是被发回原籍云南等待分配。

回到昆明后情况也并不乐观，一方面因为他是知青考上的大学，不像毛旭辉那样有原单位可以接收；另一方面云南的大学毕业生分配都是个问题，怎么会接受外地大学的毕业生。他陷入一个两难的境地，去也去不得，留也留不下来。同病相怜的毛旭辉觉得张晓刚对前途更加忧心忡忡，自己已经安定在这个城市了，而张晓刚却还不知道要漂到哪里，有名气却没前途，没钱也没女人，甚至与父母亲也都没法沟通。回到昆明的一天，张晓刚来找毛旭辉，说：今天是我的生日。毛旭辉提议喝酒。两人买了一瓶小青酒和炒蚕豆，无处可去就只有去了张晓刚家，在他的卧室里喝酒，并且肆无忌惮地高声讨论艺术、人生。张晓刚的父亲也在家，但破天荒地什么都没有说，只是背着手走来走去。

回到百货公司，毛旭辉从财务改做了美工。为了尽快将贺立德调回昆明，结束分居生活，毕业后他们立刻办理了结婚登记手续。但毛旭辉的蜜月不是和自己的爱人共度的，却是和张晓刚一起度过的。结婚有 13 天的婚假，毛旭辉想那干脆去画画吧，于是约了张晓刚去圭山写生。那几年，毛旭辉看了很多书，他有很多问题——关于艺术、

1982 年，张晓刚在圭山糯黑山村

关于生命都需要去证明，他一直和张晓刚讨论、切磋。多年的来往、通信使得毛旭辉和张晓刚成为好友，他们彼此更了解对方。再次去圭山，毛旭辉找到了创作的感觉，张晓刚的心情也开始好转。在此之前，张晓刚经过毕业创作已经有了一种语言状态，这个语言状态也影响了毛旭辉，使他一下有了一种特别的感觉，可以很主观地画画，即使在写生中也可以很主观地处理画面。这种不用如实地描绘对象，而是通过深刻的观察、理解对象后再用自己的方式表现出来的方法，让他觉得一下子轻松起来了。这次圭山之行，对毛旭辉来说非常重要，他画了许多速写，奠定了毛旭辉毕业后创作的重要方向，产生的想法构成了后来的《圭山组画》。

圭山还是一如既往的艰苦。当时是初春，还非常冷，毛旭辉和张晓刚住在一个学校的大教室里，只有一个用桌子和板凳搭起来放行李铺盖的“床”，另一个人只能睡地板。每天他们都和借宿的小学校里的老师混在一起，等老师们做饭吃，然后五六个男人坐一圈，轮流抽一个水烟筒。老师抽完后去上课，毛旭辉、张晓刚抽完去画画。晚上，大家围着火堆边喝酒边吃烧洋芋。那一次圭山之行带回来厚厚的速写本中的资料，毛旭辉直到现在都还取之不尽用之不竭。他们白天画风景，晚上没有任何娱乐活动，披着被子接着画，画到画不动为止。其实，夜晚的乡村是很热闹的，撒尼青年的调情很精彩，他们用手电筒的光去照射某个姑娘，撒尼族姑娘也会回应。于是，“阿诗玛”和“阿黑哥”每天晚上都在巷道里啪啪啪地追来跑去，而他们只能搞艺术，撒尼族的姑娘只敢想，不敢碰。这样在圭山画了二十来天。

从圭山回到昆明，毛旭辉得知3月底北京中国美术馆将举办美籍犹太石油大亨阿曼德·哈默（Armand Hammer）藏画展的消息后，着实着急了几天。这个展览对当时的艺术青年太重要了，学习了那么多年美术，从来没有看过西方大师的原作，毛旭辉决定要去看这个展览。国营单位是不会提供去参观画展的方便的，更不要奢望会报销来回路费，请假被批准的可能性都非常小。毛旭辉硬着头皮去和满脸麻子的经理商量，说：现在在北京有个很重要的展览，展览中国好不容易请来的美国收藏家的藏品，是个很重要的活动，我是否可以参观？毕竟毛旭辉是个分配回来的大学生，也算是个人才，经理想了想对毛旭辉说：“小毛，你来我们这里工作，这种活动我们不可能提供什么条件，但是可以给你几天假，不扣你工资。”1982年4月，毛旭辉和妻子到了北京。第一次看西方大师的绘画原作，毛旭辉悲喜交集，悲的是自己学画多年，学油画专业四年却从来没见过西方画家的原作，只见过印刷品；喜的是终于能见到他熟悉的伦勃朗、米勒大师的原作了。

那天的中国美术馆里面是人山人海，毛旭辉站在美术馆门口有一刻都不敢进去，倒不是因为人多，是因为脑子有点乱，要等平静一些，带着那种朝圣的感觉进去参观。

美术馆中的每一张画儿前面都围着里三层外三层的人，尤其是伦勃朗的《朱诺》前围了太多的人，就像今天卢浮宫里围着《蒙娜丽莎》的人群。转了几圈，毛旭辉慢慢平静下来，在他带着的速写本上记录对每张画的感觉。毛旭辉在后来的回忆中说最喜欢的是科罗的画，还有许多画家的作品，他理解不了，因为从来不曾接触过那些技术和理论。让毛旭辉惊叹的是古斯塔夫·莫罗画的《莎乐美》，象征主义的东西，画得十分细腻；相对来说，科罗、伦勃朗则比较容易接受。对于大师的原作，毛旭辉的第一印象是非常朴素，完全能感觉到画中人的气息。

在毛旭辉看了那么多西方艺术家的原作后，印象最深的是莫迪利阿尼的《女仆》，它对那个时期的毛旭辉有着决定性的影响，后来毛旭辉画贺立德的那几张画就可以感觉到是在回忆着《女仆》完成的。

看完哈默展览后，听说民族宫也有展览，大家就又跑过去看。这个展览是“德意志联邦共和国表现主义绘画展览”，那时候的毛旭辉根本就不知道什么是德国表现主义。进去后，展厅里面人山人海，

毛旭辉 《穿黑毛衣的女子肖像》 纸板油画 78cm × 55cm 1982 年

姚钟华 《啊！土地》 油画 1981年

完全不同于哈默藏画展安安静静的样子。让毛旭辉吃惊的是那些画儿都非常粗糙，但却让他感到强烈的冲击力。他看了很激动，觉着自己就是属于这种类型，所有的展览作品都不属于中国当时艺术院校学术体系所提倡的风格样式，但是却很感染人，他们画的都是日常人的思想，非常情绪化。毛旭辉后来形容自己在那一刻仿佛一下子被什么给打开了，他突然明白其实他也可以这样画，可以淋漓尽致地表现他的情绪、他的生活和他的烦恼。这次行程解决了毛旭辉之前心里存着的很多问题，回到昆明后，毛旭辉开始尝试用新的方法画他自己想画的画。

曾在北京读书的马云、陈恒对这几个展览也印象颇深，因为身居北京的缘故，有很多重要展览他们可以随时观摩，不像毛旭辉那么激动。倒是来年 5 月的“毕加索绘画原作展”让他们热血沸腾了一回。最让他们觉得难以忘怀的是 9 月份在中国美术馆举办的“赵无极绘画展”，他们看到一个跟自己同宗同祖、在西方生活的艺术家肆意挥洒，抽象画面的背后，却是化不开的浓浓的中国文化情结。这种精神性的提示，至今影响着这两个艺术家。

1982 年，是姚钟华心情比较舒畅的一年，作为改革开放之后的专业艺术家，无论是在创作的条件还是创作方式的自由方面都是前所未有的。这一年也是姚钟华创作的高峰时期，这段时间他创作了代表作品《啊，土地！》，奔放有力的线条和酣畅淋漓的色彩是其创作思想和状态的最好写照。这幅画成为年度最有影响的作品，得到了社会各界的关注。1985 年，中国农历牛年的生肖邮票就是选用姚钟华的作品。中国第一套生肖邮票都是选用著名艺术家的作品来设计，如黄永玉画的猴，张仃画的鸡……姚钟华当年的重要地位由此可见一斑。

寻找工作——1982 年

张晓刚还在一如既往地找工作。在昆明，只要与美术沾一点儿边的单位张晓刚都去试过。毛旭辉带着张晓刚抱着他的名画《暴雨将至》去给云南艺术学院的相关领导老师看，看完后的人只是一言不发。文化局创作室进不去，群众艺术馆进不去，文艺学校进不去，所有文化系统的都进不去，那就到中学，中学也没有指标，最后集体单位昆明彩印厂也联系了，还是未果。

招生办负责分配的那个人就住张晓刚家的隔壁，张晓刚天天去找他。有一天，招生办的人说要不把你分到边疆，指着云南省地图问张晓刚，你想去哪里？张晓刚指着西双版纳最边境的地方说："就把我分到那儿去，国家不要我，我就到国外去。"一句话把这个干部吓得半死。

当张晓刚在昆明每天找工作的时候，同样留校不成的何多苓也每天在成都联系工作。但何多苓名气大，找工作只是为了选一个好单位，而张晓刚就惨了，在昆明既没有名气，又不认识人。那时候国家规定，分配不下去的人，由国家统一分配；如果不服从统一分配，那就只能当黑户。

找工作期间，张晓刚的嫂子介绍他去建筑工地干活。于是他当了一个月建筑工人，挣到三十多块钱。有了这笔钱，张晓刚又回四川美院要求重新分配，但这回学校彻底拒绝了他，因为他已经被统一分回云南了，学校没有权力再把他要回来。最后张晓刚说只要能够留在四川，随便把他安在哪儿，他只要有一个地方呆着就行，那怕是阿坝。

就在学校彻底拒绝了张晓刚后，他遇到了川美的一个老校友——渡口市的文联主席。她看过张晓刚的作品，问张晓刚愿不愿意到渡口市。渡口市就是现在的攀枝花市，在四川省和云南省交界处，是一个三线城市，当时大兴工业，全国各地都抽调人口到那儿去建工厂。

渡口市文联主席许诺张晓刚进渡口画院当专职画家。这听起来十分有诱惑力，张晓刚决定去渡口市看看后再做决定。从四川回云南的火车要经过攀枝花，张晓刚下了火车转乘汽车，再走一段路才到达这个在峡谷里的城市。整座城没有一棵树，一边是工厂区，另外一边是生活区。走进生活区的一家饭馆，一片黑云般的苍蝇飞来飞去。文联主席带着张晓刚看了画院，当时院里已经有四个画家，大家各有一间大画室和一间住房。画院的旁边是歌舞团。文联主席对张晓刚说，以后你的媳妇可以从歌舞团里找。张晓刚对这座工业小城失望，他实在不喜欢这个连一个认识的人都没有的城市，这个画院让他颇为踌躇。张晓刚回到昆明，在不得不成为黑户的前一个星期，神奇般地有个单位愿意接收他，这样张晓刚自然就不用去渡口了，不然我们真不知道会有一个什么样的张晓刚。

最后在昆明找到工作单位也是个很偶然的事儿。从渡口回到昆明后，毛旭辉带张晓刚去歌舞团看一个老同学。老同学听说张晓刚找不到接收单位很吃惊，问张晓刚要不要来市歌舞团，并且很热心地去找到团长姚来训，指着张晓刚说：这是个很有才华的大学生，没有单位接收，你要不要？还拿出1982年1月的《美术》杂志给姚来训看上面刊登的张晓刚的画。姚来训很是看重张晓刚，他去文化局里坐了四天，说单位需要人，一定要分给他一个学美术的大学生。文化局担心其中有什么走后门的事情，要求歌舞团不可以点名要人，分到谁就是谁。那个时候，整个云南省未分配的大学生只剩张晓刚一个人，所以随后的事情发展得无比顺畅，一天内就办完从省里到市里到单位的所有手续。张晓刚后来总结，他几乎事事都慢人一拍，但最后一刻总是遇到贵人，所以什么重要事情都没有错过。

张晓刚成了昆明市歌舞团的美工，画舞台布景和道具，为了感谢姚来训的知遇之恩，张晓刚还额外负责设计演出服装，不仅画图样，还亲自跑服装厂，买糖讨好制作服装的中年妇女，让她们把衣服做好一点儿。因此，他设计的服装还拿过奖。

到歌舞团报道后，团里分给他一间宿舍。丁绍光赴美之前也蜗居于此，因为丁的夫人也曾在歌舞团工作。张晓刚的这间宿舍在昆明市歌舞团单身宿舍二楼走道的最里边。一楼是女厕所，他就住在

1982 年，张晓刚（左）与周春芽（右）在成都

女厕所楼上。门口是这层楼的自来水龙头，每个人用水都要到他门口接。后来，我们和他开玩笑说这个地方风水好，下面有肥料滋养，门口有水有财，你的成功是有道理的。那时经常看见一个七八岁的小女孩穿着大人的拖鞋，来门口接水倒水，每次总是很好奇地向张晓刚屋里张望，她是歌舞团编导马远敏老师的女儿何佳佳。二十几年后，何佳佳成了张晓刚的第二任妻子。

同样是1977级毕业的大学生孙式范，因为上大学之前就在昆明市歌舞团工作，从景德镇陶瓷学院毕业后，也辗转回到了昆明市歌舞团，跟之前在歌舞团工作的叶永青的女友张夏平成为了同事。只是这两个专业人员的到来，让半路出家搞舞美工作的张夏平渐渐被边缘化了。由于几个好玩的人都聚集在这个单位，张晓刚的宿舍就成了昆明艺术家朋友们的一个据点，张晓刚开始了他一生当中最重要的第二个四年。

尽管有了接收单位，但是张晓刚觉得自己在昆明属于边缘人，生活在中国主流文化的边缘，他每天想的就是怎么能回到四川美院，因为川美给他留下了太深刻的印象。那个年代，四川美院是当时全国美术的中心，学校里有那么多艺术界的明星，四年级的课堂上，经常有各地来“朝拜”的人们围观学生们作画。突然离开了那个环境，到了昆明这个明显封闭的城市，反差强烈，颇有一种脱节的感觉。在昆明歌舞团报到那天，张晓刚暗暗在心里给自己定了一个期限：五年之后一定要离开昆明。后来他在第四年的时候回到了四川美院任教，比计划提前了一年。

1982年，程丛林给了张晓刚一个参加英国BBC举办的“世界绘画比赛”的讯息，张晓刚准备了五张作品，寄出时海关要求登记物品价值，最高限额是100元人民币，折合20英镑。英国的主办方把这个数额当作报价。比赛结束后，五张作品全卖了，英国方面先后寄来了两张20英镑的支票，张晓刚猜测应该是他们认为每张画都是

20 英镑的价格。等三个月后才能取出钱。200 元相当于张晓刚那时几个月的工资，关键是这让他很有成就感。这也是张晓刚平生第一次卖出作品。

随着大家都相对稳定下来，毛旭辉、张晓刚和叶永青有越来越多的时间用来阅读，但凡是有“现代”字样的书全部都买。著名学者张旭东认为：“那个时候，‘现代’在相当程度上是作为‘落后’的对立面被想象出来的，这个全新、未来指向的东西，就叫做‘现代’。在经济、技术层面是‘现代化’，在制度、经验层面叫做‘现代性’，在想象、表达层面就是‘现代主义’、‘现代意识’或‘现代派’。”它们确实是在填充着传统教育和现实思考的矛盾而形成的一个灰色空间，这也是那时临时解决文化思想界的一种困惑的方法。因为现代主义对这一代艺术家来讲，具有一种完全不同的审美可能性，同传统教育给他们的一切审美经验有着空前激烈的冲突。

他们过着理想中的艺术家的生活，创作、阅读、思考、讨论就是生活的全部。张晓刚的工资有 56 元，他一个人一个月 15 元的生活费，加上其他支出一共需要 25 元，他可以每个月都存下 20 元。每次存够 100 元的时候，张晓刚就背上包出门了。在昆明工作的四年时间里，他保持着每年去一次北京、去两次成都的频率，他要和外面的世界始终保持密切的联系，他说他生怕死在一个文化的边缘之地，一个没有艺术气息的地方。

1982 年，东北人潘德海做了他人生中最重大的一个决定——到云南去。潘德海从东北师范大学美术系毕业，他把分配志愿报到了云南，原因很简单，他从画册上看云南，想象这里应该是一个美丽富饶的地方。对师范大学毕业生来说，既定出路是教中学，潘德海想中学美术老师也就是个职业，而他的理想是画画，工作是必需的，但不是最重要的，最重要的是画画。他想象云南可能是一个画画的好地方。

潘德海 8 月份毕业，8 月末就拿着安排工作的通知书来到了昆明。

1982 年，潘德海大学毕业后主动要求分配到昆明

那是他这辈子第一次坐那么长时间的火车，两天三夜，先到北京换车，再到四川换另一趟火车到云南。那时候，一个刚毕业的大学生没钱买卧铺票，有座位之前还得站很长的一段路。潘德海那一路大多数时间是站在过道上。时间过得特别慢长，两个晚上都不能睡觉，要睡也是睡在座位下面。不过这样漫长的旅程让潘德海很有兴趣，因为这一路经过许多个省份，会看到很多不一样的东西，这让他并不觉得疲劳，加上那会儿真的是年轻，完全没感觉有什么不妥，反而看着一切都是新事物，一切都很有劲头，一切都很有希望。

潘德海到了昆明立刻拖着行李拿着通知书去云南省地矿局子弟中学报到去了。潘德海看到一切都是新鲜的，他觉得昆明是另外一个世界，又新鲜又美好。他看到的一切都跟以前不一样，语言听不懂，但是毫不影响他的行动；食物也很有意思，米线饵丝腌菜什么的很好吃；很多种行道树在东北没有见过，很好看，甚至连阳光也觉得很特别；还有二层高的低矮的木板房，街边食肆锅里冒着气，满街打扮、长相跟自己不一样的人，都是潘德海以前没见过的。潘德海觉得自己实在没来错地方，昆明是个充满生机的地方。最重要的是他的风湿性关节炎，在东北时病情最严重的时候走路都很困难，一直靠药物维持，来昆明之后也莫名其妙地好了。总之，潘德海觉得昆明是来对了。学校分给潘德海一间小小的砖砌的平房。房间里没有窗户，潘德海就在墙上画了一扇窗，窗外有蓝天白云，就这样心满意足地住了下来。

毛旭辉的母亲是数学老师，和潘德海在同一个学校，她告诉毛旭辉，学校里来了个画画的东北人，也留着长发。而毛旭辉经常在潘德海敞开的门前经过，潘德海也对这个留长发、总是穿着大毛衣背着少数民族包的毛旭辉有些印象。直到有一天，毛旭辉带着自己的作品突然进了潘德海的小房间，潘德海也从床底下翻出从东北带来的自己的画给毛旭辉看，两人就颇有些惺惺相惜了。他们讨论艺术问题，谈论着对凡·高、塞尚的看法。当天，毛旭辉带着潘德海去了张晓刚在市歌舞团的住处，那里有很多人，大家喝酒、聊天。

那时候大家都喜欢喝酒，吃得很简单，还抽大量的烟。从那时开始，潘德海正式认识了昆明的一些画家，认识了张晓刚。很多年以后，张晓刚回忆1982年中重要的事情，一是毕业分配，二是认识了潘德海。彼此之间觉得是同类，因此几个人经常在一起交流艺术。

1982年4月，张晓刚、潘德海、叶永青也分别去北京看了哈默的收藏展。这个展览对当时的青年艺术家影响极为重大，它让很多从未见过欧洲油画原作的年轻人第一次近距离地接触到了大师的作品。与毛旭辉不一样，张晓刚觉得这个展览比德国表现主义展览对他的影响更大。他第一次面对着他热爱的大师伦勃朗、凡·高、高更的作品，觉得自己完全被伦勃朗的光影迷住了。而凡·高的作品完全不像文艺作品里演绎得那样疯狂，凡·高在疯人院里画的画，都是极有方法的，第一遍怎么画，第二遍怎么画，始终很有讲究。1982年的这些展览给这些艺术青年打开了面向西方文化的一个窗口。

留驻黄桷坪——1982年

叶永青是这些人中唯一一个留校的，但在那之前他一直打算毕业后回云南。1977级和1978级因为历史原因，两个年级毕业时间只相差半年，当1977级还没有分配完的时候，1978级也开始毕业分配了。叶永青的同学有些去了西藏，有些去了甘孜、阿坝，有些去了凉山，还有的同学被分去了各种小县城。现实很残酷，张晓刚用自己的亲身经历劝告叶永青：找工作要趁早。但叶永青没把这个提醒当回事，他想再怎么不行，也可以去西双版纳当个小艺术家。不过即使有这样的想法，叶永青也还是试着回云南联系工作。他拿着自己的作品去找过云南画院和云南艺术学院，没有任何熟人的关系，都是自己直接找上门去。云南画院的一个领导接待叶永青时，提出的建议是：你要去画几张像陈丹青那样的画拿两个奖。叶永青觉得十分可笑，干脆对找工作的事情放手了。

1978级的分配延后了一个月，所有的毕业生都闲呆在学校里。大家都是上不沾天，下不着地，觉得前途一片迷茫，每天在一起喝酒、闲聊、痛哭流涕，来发泄对离别、对未来的不确定性的情感。已经考上研究生的龙泉是最早告诉叶永青他被留校的消息，因为龙泉的父亲是当时四川美院的书记，但叶永青并不十分相信，直到校方宣布，叶永青仍觉得出乎意料。他是真的想回云南，不仅父母和很多朋友在昆明，当时的女友张夏平也在昆明。而黄桷坪当时正在改造，街上到处都是污泥浊水，唯一让叶永青感到欣慰的是学校有一块足球场，他还可以继续踢足球，那时候他身体好，一天要踢早中晚三场足球。叶永青留校当老师的消息传出，他再回到昆明的时候，感觉所有朋友看他的眼神都有点复杂，包括张晓刚。不过叶永青可以理解他们的想法和心情。

这一年四川美院迎来了作为全国美术中心艺术创作上的最后一次高潮。1月份，第二次“四川美术学院油画作品展”在北京中国美术馆举办，这是江丰一手促成的。当时，身为中国美术家协会主席、中央美术学院院长的江丰想把四川美院的经验在全国推广。1977级和1978级油画系一共有五个人留校，除了1978级的叶永青，还有1977级的罗中立、程丛林、秦明和高小华。其中，江丰最欣赏的是罗中立，还专为他做了一个小型观摩会。江丰还将全国高校美术创作会议都安排在四川美院召开，让全国都来讨论四川美院现象，并与1977级的同学合影留念，这就是四川美院最鼎盛的时候。接着罗中立去比利时留学，高小华调到中央美院，程丛林和秦明去中央美院进修，秦明所担任的油画系秘书的工作就全部落在了叶永青的头上。

四川美院那时有着各种各样的展览——四川油画展览、四川小油画展、四川中青年油画展。四川美院把所有本院的乡土绘画批发到全国各地去展览。包装、运输、登记、做表格全都是叶永青在做，这就是现在所说的展览执行。之前同学们创作的油画作品被命名为四川画派，原来那种艺术革命的气质已经变成了一种制约艺术发展的模式，最终变成了枷锁。大家谈及1977级、1978级，言必乡土，言必写实，言必艺术反映现实生活等，川美的整个环境变得僵化。叶永青带班上课后，教的第一个班是1981级，所有的学生都是乖娃娃，完全按照1977级、1978级的模式画画，而他的作品却是和所处的环境格格不入。叶永青无论生活还是艺术上都觉得非常孤独，从那时起，他开始疯狂地喝酒，变得有点儿像酒鬼，他感到一下子又回到在昆明考大学之前的那种焦虑和无助的状态中。他看到了被尊崇的恰恰是他很厌恶的艺术类型，却又不得不每天这样教授学生，他痛苦又孤独，就像在四川美院里的一颗即将熄灭的星星之火。

反倒是每次回到昆明，他不仅可以见到心意相通的朋友张晓刚、毛旭辉，还发现昆明聚集了从全国各地回来的毕业生，有的毕业于中央工艺美术学院和中央民族学院，他们每个人都还没有尘埃落定，没有被社会修改，每个人都野心勃勃地怀有梦想。他们经常聚集在昆明的几个据点，一个是张晓刚在歌舞团的宿舍，另一个是云南艺术学院的杨黄莉和苏江华的家。

叶永青回到昆明后和张晓刚去找毛旭辉，毛旭辉带着他们俩去看艺术家潘德海。在大毛父母家的楼下面，从一间小平房里钻出来一个满头乱蓬蓬头发像贝多芬一样的人，他就是东北来的潘德海。他的房间里黑咕隆咚的，到处堆着画，没有窗子。潘德海翻出画给他们看，那些作品明显就不是西南画家的风格，全部是灰调子，画面笔触相当狂野。其中有一两张是他去了一趟土林后画的，画面呈现出一些很原始的状态和一些莫名其妙的形状。看着潘德海的作品，叶永青找到了和自己类似的东西，他有一种感觉，觉得像是有一块大石头被搬开后，很多虫子往外面爬的蠢蠢欲动的感觉。他立刻认定潘德海是一个同类，和毛旭辉、张晓刚一样，他也把潘德海引为知己。

那时候，叶永青觉得昆明是个神奇的地方，仿佛每一次回昆明就会遇到像潘德海这样不知道从哪个地方蹦出来的人，带给你一些刺激和变化。这次回昆明，叶永青还去了趟圭山，在那里住了一个月左右，画了很多画，就是后来的《圭山风景》系列。

1982 年，甫立亚在圭山糯黑村

1983 年，叶永青在圭山糯黑村

回到重庆，初为人师的叶永青除了上课，还经常接触几个云南老乡。1979级的刘涌正在上四年级，他和叶永青天天混在一起。有一段时间，刘涌每天喊上叶永青去找跟叶永青同级也留校的云南女生甫立亚。刘涌喜欢上了甫立亚，他告诉叶永青他想和甫立亚好。跟着刘涌去找甫立亚的次数逐渐多了，叶永青被甫立亚和她的室友所带来的那种温暖所吸引——她们时常会给叶永青和刘涌煮面吃。叶永青很享受这种来自女性的温情，渐渐的，叶永青对甫立亚心生爱慕。甫立亚对叶永青产生好感其实源于快毕业时的一次校运会。叶永青那时是四川美院足球队的主力，球场上的表现就吸引过甫立亚的眼球，但最让甫立亚倾心的是跳高项目比赛，当时甫立亚前男友一冲到杆前就碰杆，而叶永青用了一个背越姿势轻松地越过横杆。就是这一跳，叶永青从此在甫立亚的心里被预存了一个位置。但是，当时叶永青和甫立亚各有自己的感情生活。甫立亚在昆明的男朋友黄洁淳去重庆看她，甫立亚会把他安排到叶永青的宿舍去住；而叶永青的女朋友张夏平到了重庆，则会住在甫立亚的宿舍。

过了一段时间，厮守在黄桷坪的叶永青和甫立亚开始互有感觉。刘涌突然对叶永青摊牌：你不能跟甫立亚好，是我要跟甫立亚好。叶永青也慌了，遇到这样的事情谁能不慌张呢，何况是面对自己亲密无间的哭泣的发小刘涌。不过感情的事情很复杂，也没办法改变。叶永青当时和昆明的女友张夏平身处两个城市，两人大部分的交往是靠通信，每封信都写得酣畅淋漓。后来，马祥生每次回忆起学生时代的轶事，总是要提到偷看并且朗诵叶永青的情书这个片段。所有的朋友都说叶永青的文笔之所以优美，全是当时给张夏平写情书练就的。

虽然每一封情书都写得荡气回肠，连诗带画少则七八页，多则一二十页，但是每次见面，叶永青和张夏平又总是有一种隔阂的感觉。叶永青逐渐发现他们的爱情好像只有在信纸上才更为融洽。于是叶永青向张夏平坦白了和甫立亚的这一段感情。张夏平找到了寒假回昆明的甫立亚，告诉甫立亚，叶永青爱上了她，十分痛苦，经常喝醉。她希望甫立亚和叶永青好。甫立亚很诧异为什么张夏平要对她讲这些。这让她觉得自己不和叶永青好不对，和叶永青好好像也不对。虽然纠结，但是两个人毕竟互有情愫，这段恋情很快就正式开始了。

结束了和叶永青的感情后，张夏平一度觉得自己可以承受得起爱情失败的打击，但是身体的敏感和脆弱还是让她承受不了这样的结果。1983 年，精神处于崩溃边缘的张夏平远走北京，去中国音乐学院进修。在中国音乐学院学习的这段时间，学校将进修课程改为大专课程，所以她要在有限的时间里完成很多必修课程。繁重紧张的学习和感情挫折的双重压力诱发了张夏平的抑郁症，继而又转为躁郁症。以致在这段学习中，她曾经几度休学养病。

1982 年 9 月份，我认识了在我所就读的昆明铁路第三中学学习后考入昆明医学院的甫京京。甫京京是甫立亚的妹妹，喜欢打篮球，很阳光的一个女孩，把我当弟弟一样照顾，我和她一直姐弟相称。她经常带我到处去玩，看电影。我也经常放学就跑到昆明医学院找她玩，蹭她的饭吃。因为经常在一起，据说还断了她不少条谈恋爱的生路。因为很多对她心仪的男同学看到我经常和她在一起，总以为我是她的男朋友就放弃了。她知道我喜欢美术，就介绍我向她姐姐当时的男朋友、在云南艺术学院当老师的黄洁淳学习画画。

1982 年 11 月的一天，我陪黄洁淳去云南人民出版社找人，路过书林街的时候，他说我带你去看一个艺术家。这是我平生第一次看到张晓刚的原作。记得那是一个有着湛蓝天空和安静暖阳的下午，我和黄洁淳从书林街金鸡塔旁边的一条小巷子来到昆明市歌舞团，沿着歌舞团宿舍幽暗的走廊走到底，走进了张晓刚的宿舍。掀开门口的帘子，我看到一张长满青春痘的忧郁的脸庞，头发很长，穿得邋邋遢遢，墙上是他的那一组《阿坝组画》。到今天我还记得第一眼看见这批作品的感觉，因为当时刚刚开始学习画画，老实说，张晓刚当时的《阿坝组画》我其实不是太看得懂，但是觉得和以往看的画不太一样，到今天我还记得有一种强烈的橄榄绿的调子。

除了画以外，好像空间全部被书占据。在窗子右侧，有一张尺寸不是很大的单人床。张晓刚给我的感觉除了忧郁的气质，就是他的穿着，一条脏脏的牛仔裤和我想象当中的艺术家形象是一致的。记不起那天说过什么，但是这种艺术家的气质和艺术家的生活已经打动了我少年的心。

我读的中学其实和张晓刚的宿舍只隔了一条盘龙江，我家就住在盘龙江的边上，所以我和张晓刚有很多生活的场所是共同的。那时，在我们生活的范围内，只有一个新华书店在塘子巷，我经常在逛书店的时候会碰到张晓刚。他对我们的第一次见面并没有记忆，所以尽管当时我很敬仰他，可他并没留意到我。每次他在买书的时候，我就会偷偷在旁边看他买的是什么书。我记得我用省下的早点钱买马尔克斯的《百年孤独》就是看他买了以后才赶紧买下的。他买书的时候很痛快，常常一买就是一书包，后来知道那是他发工资的日子。

有时候，我会去附近的滇池电影院看一场晚上10点左右的电影，也常常会看到张晓刚一个人去看电影。有一次我去看通宵场，5部电影联映，竟然发现他也一个人坐在电影院里。那时候觉得他很像从台湾跑回大陆的音乐家侯德健，很有艺术家的气质，我总是暗自在想，如果要能跟他学画画就好了。

1982年是张晓刚蓝色的忧郁时期，他总是独行侠一样行动，上午读书，下午画画，晚上如果没有安排，他就会去城郊，在昆明的夕阳下，在参天的桉树和河道之间游走。有时候，他会一天骑自行车冲两次滇池海埂，一个人独自遐想、思考。这一年是张晓刚的本命年，他觉得诸事不顺，基本没有什么心情创作，主要画了一些小的稿子和草图，很难进入佳境，也很少与人交往，知青时期戒掉的烟又开始抽上了。

1982年底，潘德海有机会陪同北京来的一个摄影师去云南元谋县土林拍片子。他一到土林就被震住了，大自然冲刷风化的土峦像一堆一堆的人挤在一起，满山满谷的大剑麻也成片成片一堆一堆地

潘德海《土林》油画　1982 年

挤在一起，就像人群一样。潘德海很自然地就用一种他之前从来没有使用过的抽象的手法描绘土林，没想到竟然那么贴切，而且还赋予画面一种艺术家对自然世界的主观理解。到今天我始终认为，潘德海的《土林》是众多描绘云南风光的艺术作品中的精品。1983年，我第一次在张晓刚的宿舍看到潘德海的《土林》，觉得这样画风景好像涂鸦，可是2011年底，再次在北京潘德海家中工作室的墙上看到《土林》时，我真正觉得有一种拨动心弦的荡漾。从那时起的两年中，潘德海画了很多土林系列的作品，同时开始画一批抽象的作品，好像突然对抽象表现主义特别有感觉，与他之前一直画具象的、写实的创作完全不同。土林系列是潘德海到云南后的第一批作品。

又上战场——1982年

1982年1月，在这些艺术青年们忙于创作和生活的时候，唐志冈又踏上了前往战场的征途。1979年的对越自卫反击战之后，中越之间的摩擦变成了一场旷日持久的拉锯战。云南文山州麻栗坡县的老山、者阴山一带变成了一个战场。

唐志冈来到文山州麻栗坡县的落水洞军指挥部。军部门口有一个杂货铺，老板娘是一个牺牲了的民兵排长的遗孀，组织照顾她，就让她在军部门口开了这个杂货铺。老板娘很漂亮，是“土杂西施”。唐志冈每天在这里画速写，一来二往和老板娘也熟络起来。有一天，杂货铺运来了一拖拉机白糖，老板娘肩扛白糖口袋路过唐志冈身边的时候，衬衣的按扣突然被震开，身体暴露了出来，唐志冈赶紧体贴地帮她扣好衣服，给她解了这个围。老板娘很感激唐志冈，晚上就约他来家里玩。孤寂的少妇对这个年轻英俊的军官很有意思，干柴烈火的两个青年男女就很难把持住自己了。带着对老板娘身体近似过桥米线味道的记忆，带着对生命的感悟，第二天唐志冈就上了战场。

当时的“两山”地区是战区，也是一个地雷区，全国各大军区

1982 年，唐志冈在中越战争前线战斗间隙写生

都来轮战。唐志冈作为《国防战士报》的特约记者前往前线去画一组在“猫耳洞”里的战士速写。这一次，唐志冈与战争真正零距离接触，体会到生和死就在一线之间的含义。在一次执行任务的时候，他们亲眼目睹一个战士踩中了地雷，腿被炸断了，呼天叫地，喊爹喊妈，另一个战士捧着炸掉的那一截露出白骨的腿，还追在后面找炸碎了的骨头。这一切和他印象中的战斗英雄完全不一样。他明白了英雄也有常人的七情六欲。此外，他也感到了战争的日常化。他来到迫击炮阵地上，发现没有一个穿军装的军人，倒是看到了一大群像外国人一样的大胡子、穿着红红蓝蓝的棉毛运动衫的男人在打牌，谁输了谁就去朝越南方向发射几枚炮弹。常常吃饭的时候就会来通知说这几天不能打牌了，因为越南人的炮弹打过来炸死了一个指导员，就像通知一个日常的事宜。唐志冈为了画在“猫耳洞”里的战士，和战士们一起呆在“猫耳洞”里很长时间。因为洞里空气潮湿，军装的裤子裆部很快就会朽烂，阴部也会溃烂，这被战士们叫做“烂裆病”。唐志冈也因为“烂裆”荣立了三等功。

1982年9月，从战场上下来，“战斗英雄”唐志冈去了南京艺术学院进修深造。南京艺术学院师承刘海粟的现代主义教育体系，与别的艺术院校的教学方法有相当大的不同。唐志冈也是在这个时候结识了当时大名鼎鼎的在读研究生丁方。南艺当时和四川美院一样，有同一套美术大师的系列画册，唐志冈也像当年的张晓刚、叶永青一样，每天去看，去临摹。唐志冈从一个“革命的现实主义”画家向一个现代主义艺术家的转变其实就是从南艺开始的。他被库尔贝以后的艺术家所深深折服，开始如饥似渴地学习马蒂斯，学习塞尚、凡·高，学习基里柯、毕加索，他对他之前着迷的那一套传统的学院画法顿感索然无味。因为那只是在表面教条地表现部队的生活，并不是他自己想要表现的军人真实的一面。

第三章

20 世纪 80 年代的生活

叶永青 《诗人散步》 油画 1983年

塞纳河　盘龙江——1983 年

塞纳河在米拉波桥下流逝
我们的爱情
还要记起吗
往日欢乐总是在痛苦之后来临

夜来临吧　听钟声响起
时光消逝了而我还在这里

我们就这样面对面
手握着手
在手臂搭起的桥下闪过
那无限倦慵的眼波

夜来临吧　听钟声响起
时光消逝了而我还在这里

爱情像这泓流水一样逝去
爱情逝去
生命多么缓滞
而希望又多么强烈

夜来临吧　听钟声响起
时光消逝了而我还在这里

消逝多少个日子多少个星期
过去了的日子
和爱情都已不复回来
塞纳河在米拉波桥下流逝

夜来临吧　听钟声响起
时光消逝了而我还在这里

法国诗人阿波利奈尔的一首《米拉波桥》是这群生活在昆明的艺术家时常吟诵的诗篇。流经自己身边的这条曾经的护城河——盘龙江两岸有着很多异国情调的建筑，因此他们把她称为“塞纳河”。想象之中的塞纳河只是他们艺术理想中的一个圣地，同时也是他们向往西方文化情结的一个精神寄放之处。他们就这样自由自在地任由自己的思想天马行空，在盘龙江边上抬着大碗米线，眼睛看着黄墙红瓦绿窗的法式建筑，心里已经恍然在巴黎塞纳河边徜徉。张晓刚的宿舍就在盘龙江边，自然就成为了“左岸”。

20 世纪 80 年代的中国翻译界做了很多事情，大量翻译自西方的文化译著出版发行。在昆明的张晓刚和毛旭辉如饥似渴地读书，看很多的外国文学和文艺理论书籍。那是一个异常活跃的时期，大家都在寻找新的价值观，那几年他们过得很充实，虽然物质匮乏，但他们却很自信，这种自信来自于读了海量的书籍，更新了自我的知识体系。知识结构的更新和对艺术创作的理解使毛旭辉、张晓刚他们产生了争取发言权的想法。当时他们的艺术和别人不同，普通大众并不能理解，他们不希望去讨好民众，而是希望去引导民众。他们的偶像都是后印象派、现代主义的艺术家，他们觉得那样搞才是艺术，其他的都太媚俗。

1983 年在昆明艺术家的记忆中，是寻求深刻的一年。当时的社会并没有给予他们任何实惠和有意义的东西，而他们追求的艺术方向实在是太过于超前了，不仅不被社会大众理解，而且被同行前辈

张晓刚 《自画像》 纸板油画 40cm × 30cm 1983年

1983 年，毛旭辉在昆明金碧百货商店宿舍

排斥。他们觉得自己实在是怀才不遇，空闲时经常聚在一起，无论在做什么，喝酒是必不可少的，因为梦想，因为爱情，也因为看了太多和痛苦有关的书。他们喜欢模仿艺术人生，也觉得异常空虚，空虚痛苦似乎就需要酒来浇灌，让它越来越盛，最后也许会结了果。这也许就是人成长过程中的一种心理反应。那时候他们看不起娱乐化的人，看不起那种肤浅的人，要深刻，要痛哭才过瘾。

1983 年是张晓刚过得最为疲劳的一年，他喝很多的酒，抽很多的烟。他的宿舍成了昆明的一个艺术据点。渐渐的，大家把这个地方当做一个公共的艺术中心，钥匙在门头上，朋友们都知道，他不在，就自己打开门进去。常见的情况是，张晓刚晚上回到自己的宿舍，已经坐了满满一屋子认识和不认识的人了，而且可能有两拨人已经走了，留下了几张借书的借条。他完全没有了自己的私生活。经常有很古怪的人半夜来找他，彻夜和他谈人生、谈痛苦、谈哲学；有些朋友失恋以后，半夜也会来敲门，说要住在他那儿，然后彻夜地谈自己失恋的过程。张晓刚原本的生活规律被整个儿打乱了。

也有很多有意思的人会来拜访他。有一天晚上，一个朋友带来了 1978 级北京电影学院毕业来自云南东川的张丰毅。他们坐在张晓刚拥挤的宿舍里，共同用一个搪瓷口缸喝着白酒，展望自己未来的艺术梦想。由于共同的年龄和处境，所以他们针砭时弊，抒发自己的艺术情怀。不久以后，张丰毅就以《骆驼祥子》开始蜚声影坛。那个时候，各地来的艺术家和文化人带来的各种信息和文化在这里交织，他们讨论艺术，畅谈文化理想。很多今天的文化名人都曾经造访过这个小小的据点，杨丽萍、张献、吴文光、肖钢等等都是当时的常客。如果当时你偶然闯进张晓刚的宿舍，烟雾腾腾的一堆人当中可能某一位就是今天艺术领域中的重要人物。

对张晓刚和毛旭辉来说，1983 年是个充满了酒精的年份，喝酒几乎是聚会的主要节目。年轻人不仅需要酒解决郁闷，还需要酒带来的兴奋。喝酒带来的激情，仿佛可以超越一切。

毛旭辉 《酒后漫步在护城河岸》 板上油画 67cm×62cm 1982年

单位的正常工作之余，毛旭辉也常常和张晓刚聚在一起喝酒，大多时候没下酒菜，通常就着一袋胡豆或者花生米，两个人边喝边聊，越聊越兴奋。常常有这样的情况，他们正喝着，就来了一个朋友，一看他们在喝酒就去买一包花生米和一瓶酒加入，可能喝了一会儿又来了一个朋友，于是又加入进来。人多了，就往地上铺两张报纸，大家围坐在地上，喝着酒，抽着烟。毛旭辉有时会弹着吉它唱些俄罗斯民歌和一些老歌，没有喝醉的人唱着歌用盆接着喝醉了的人高山流水的呕吐物，貌似很波西米亚的生活。他们有时也会听一些张晓刚用录音机自己编辑整理的音乐——利用在歌舞团的条件，张晓刚培养了一手编辑音乐的好功夫，直到今天还一直受用。

秋天的一个晚上，毛旭辉去找张晓刚喝酒。喝完一瓶白酒，两人都有点喝高了，决定去“塞纳河”边走一走。两人互相搀扶着歪歪倒倒地一路走着，路上的行人频频回头看着两个醉汉。他们互相倾述着对现实中的种种不满，一边说着一路沿盘龙江的岸边走着。那时，盘龙江的岸边有很多的平房，已经酒醉的毛旭辉和张晓刚以为自己成了隐形人一般，别人看不见他们，而他们却可以像神一样去观察到别人的行为。他们从开着的窗户往里看，看那些房子里的人都在做什么。如果这个房间里的人在读书，那就不打搅他走开了；如果那个人他们看不顺眼，就一脚把门踢开，然后赶快跑，就这样一路捣着乱。那天晚上他们踢了很多家的门，奇怪的是竟没有人来管他们。两个人围着“塞纳河”走了一圈，酒也醒得差不多了，又在江边坐了一会儿，就各自回去了。毛旭辉曾经画过一幅画，是他想象着他和张晓刚在河岸边互相搀扶的背影在黑夜里，在昏昏的月光下。那幅画叫《酒后漫步在护城河岸》，仿佛把那些年的日日夜夜和他们的生活状态定格下来。

虽然过的是单身汉的自由生活，但这种自由在当时还是非常有局限性的。毛旭辉清楚地记得那时想到爱情、自由都觉得自己有种犯罪的感觉，时刻感觉到自己有很大的压力。他尽力在写作和阅读

1983 年，张晓刚在昆明朋友家中酒醉之后狂舞

当中去找到自由。他写笔记，写到要冲破桎梏，冲破现实，来为自己打气。当一个艺术家希望根据自己的感觉进行创作的时候，如果连自己基本的意识和权利都不能掌控，那是不可能再考虑关于艺术创作的问题的。毛旭辉认为，艺术家不可能过着一般人认为的官方画家的生活，有职业有地位，一边拥有很主流的生活，一边却去从事所谓的现代艺术。那种浓重的悲剧感一直伴随着毛旭辉，他意识到要从事当代艺术创作就意味着“要去过一种不被人理解，甚至是叛逆的生活，这是地下的、需要遮蔽的、叛逆的、潜伏状态的，必要的时候还要和社会发生冲突”。

在那样压抑却又心里异常明白的情况下，大家经常喝醉，用张晓刚的话说，仿佛是泡在酒桶里。大学时的毛旭辉既不喝酒也不抽烟，毕业后，寻找中的怅惘以及无从挣扎的空虚，让他找到了烟酒这种可帮助发泄的工具，而且张晓刚和毛旭辉的烟瘾酒瘾也在互相影响。那几年对毛旭辉来说也是非常重要的一个时期，每天都有很激烈的灵魂搏斗，他写了很多愤怒的文章，画了一系列很重要的作品。他总是在喝酒之后骂虚伪的社会，觉得应该像尼采书上写的那样要做一个强大的人，要做怒狮不做羊群，要领着平庸的人找到彼岸。那时候他们看尼采的东西觉得特别过瘾，觉得尼采也像他们一样是一个愤青，书中的每一句话都说出了他们的心声。

张晓刚、毛旭辉、潘德海这一群人那时自信甚至有点自负，在昆明看不起什么人。这一年中，他们几个人画了很多画，每次聚在一起喝酒都在讨论艰涩的问题，用愤怒的语言批判社会，批判人们平庸的意识。这个小团体的价值观是看这个人纯不纯粹，“纯粹”是很关键的词。毛旭辉把大家天天挂在嘴上的“苦涩、大气、永恒”这几个词总结为那时艺术人生的标准，达到这个标准的就是哥们儿，是信得过的人。那时候，全国的青年都开始活跃起来，南来北往的人很多，有些人莫名其妙地就来找张晓刚、毛旭辉他们，只要这个人能谈弗洛伊德，谈尼采，谈朦胧诗，那就是朋友，他们就会接待他，

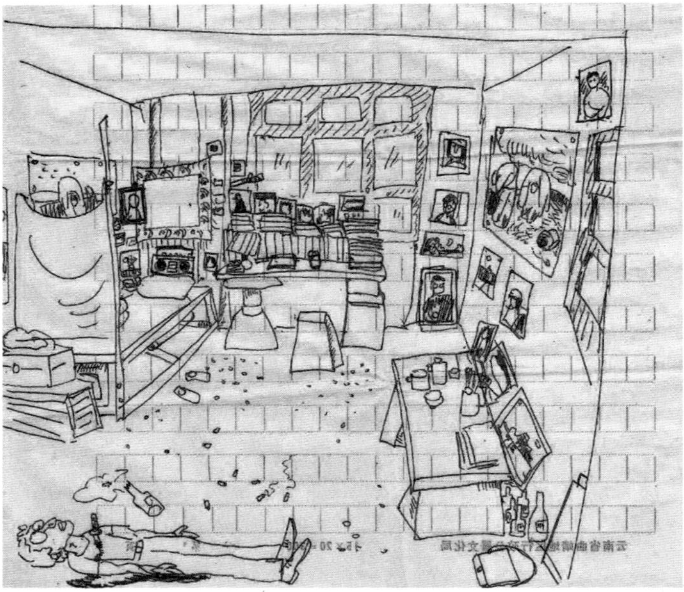

1983 年，张晓刚描绘自己在昆明市歌舞团的斗室

带着陌生的朋友到食堂吃饭，晚上再安排睡觉的地方。他们之间不用介绍，来到他们的“窝子”看当代艺术的过客，谈凡·高就是通行证。

我和张晓刚的交往就是在这样的情况下开始的。由于心生崇拜，我一直渴望跟张晓刚学习画画。我叔叔的一个朋友郑小平在昆明市歌舞团搞音响工作，和张晓刚既是同事又是邻居，介绍我去跟张晓刚学习。记得是1983年初秋的一个晚上，我随郑小平再次走进张晓刚的房间，满满一屋子人，有坐在凳子上的，有坐在床上的，烟雾腾腾。我就这样认真地拜张晓刚为师，学习画画。那天晚上人很多，只记得有一个坐在床上很瘦的高个子对我说：画画就是想画什么就画什么。这个人就是毛旭辉。每过一段时间，我就把自己画的习作拿去给张晓刚看，每次看完，他都会言简意赅地指出存在的问题。我至今记得，有一次他从地上捡起一块三合板在上面寥寥画了几笔，给我示意素描的黑、白、灰关系。我每次去找他，感觉他都很严肃，像一个生活态度认真的长辈，完全没有后来朋友之间的那种亲切感。

1983年，曾浩和李季从四川美院附中毕业，李季顺利地拿到了四川美院版画系本科的录取通知，而曾浩只拿到了一纸办理离校手续的通知。曾浩一直以为是自己成绩没有达到要求，后来才有一个老师告诉他，并不是因为成绩的原因，是因为附中有好多老师都对他有看法。曾浩回到昆明，开始骑着自行车到处找工作，通过父亲的关系，他得到了一个中学美术教师的工作。然而冥冥之中造化弄人，很多年以后，曾浩从中国美术最高学府中央美术学院毕业，经过艰难辗转来到广州美术学院任教，后来也是因为人事原因，竟然在20世纪90年代末被学校除名，理由是曾浩的艺术不适合广州美院的教学。

1983年，姚钟华在不经意间做了一件影响了一代云南艺术青年的大事。那一年，姚钟华帮助中国展览公司的一位官员在昆明举办了一个书法展览，而他希望以一个高质量、高水准的外国美术作品展览在昆明举办作为回馈，该官员于是把当年比较重要的巡回展——“挪威蒙克画展”在北京中国美术馆的展览结束后，巡回到了昆明。

我当时在读高中三年级，记得是在一个初冬的阳光灿烂的下午，我和一个同学逃课去看这个展览。当时一个中学生的美术史知识还不足以看懂这种展览，走进云南省博物馆之后，只是觉得和我们以往接受的美术教育大不一样。在面对蒙克作品的时候，有一种特别强烈的感觉，一种很情绪和病态的感觉始终跟随着你，我第一次觉得不是画美的东西，也可以让人刻骨铭心。那种最初的印象一直到后来始终挥之不去。

毛旭辉在北京看完德国表现主义展览之后，一直处在一种亢奋的状态中，蒙克的画展更是让他有一种找到了组织的感觉。他几乎每天都去云南省博物馆看展览上的五十多张油画和版画作品。蒙克的那种以家庭、生活、爱情为主题，带有一种病态的敏感的艺术感觉，让毛旭辉更坚定了以自身生活为中心，展现个人情绪，体现自己内心真实世界的艺术创作方向。所以，这个展览是对毛旭辉的艺术有决定性影响的一个展览。

对张晓刚来讲，这个展览并没有像毛旭辉受到的影响那么大，因为在学校的时候看到的世界美术全集让他对蒙克已经很熟悉了。也许是因为展览中最好的作品没有来，看蒙克的这些原作，只是要验证一些原作上语言无法说清楚的东西，但是张晓刚仍旧每天都去看，去了很多次，他感觉这是一个同类人来昆明做的展览。潘德海也是每天流连在博物馆里的一个。远在重庆的叶永青专程赶来拜谒这个曾经在画册里就很熟悉的大师的作品。时至今日，蒙克画展的影响还深深铭刻在成长于那个年代的艺术青年的心上。1983 年底，唐志冈从南京进修回来赶到云南省博物馆的时候，展览刚刚结束，蒙克的作品与他擦肩而过，只看到了组织者姚钟华站在博物馆高高的台阶上指挥撤展。

酒精岁月——1983 年

20 世纪 80 年代，随着西方文化艺术思想及展览逐渐进入中国，艺术家通过学习开始明确了自己前进的方向，摸索到自由创作的方法，逐渐形成了自己的艺术创作语言。毛旭辉也觉得自己的思想开始解放，他彻底摆脱了曾被他怀疑的学院主义价值观。整个 1983 年，毛旭辉的情绪状态都比较激昂，他看书写日记、随笔，还写诗，他的艺术创作生涯全面开始。他认定艺术家的创作都可以从自己的日常生活开始，"你是什么样的，你的感受是怎样的，你的作品就是什么样的。所有的人性也是从自身的体验中找答案"。在那个年代谈人性是很关键的，因为在 20 世纪 80 年代以前的中国，人们从不谈个人、人性，只谈集体。那时候所谓艺术来源于生活，是来源于你所体验到的他人的生活，艺术家经过一段时间的观察，就认为可以表现对他人生活的心得。而毛旭辉不以为然，他觉得自己的创作方式是从他自己的生活开始，从起床刷牙开始，从自己的情绪里、从在自己身上发生的一切开始去创作作品。在明确的意识中，他已经在为将来的作品做准备。

总是长时间处在这样的状态中，个人生活肯定会有变化，毛旭辉开始审视他的家庭生活，他思索他的家庭生活的价值在哪里。他开始面对一个最尖锐的问题，要做艺术，就会真实地改变生活，就要抛弃世俗的生活。整整一年，毛旭辉都在做作品，他尝试用表现主义的手法创作一些精神层面的作品。那一年因为婚姻，他的生活中终于也有了一点甜蜜。在那个拘谨、压抑、克制的年代里，婚姻是两性关系的唯一出路。但是婚姻生活也带来了冲突，不光是两个独立的个体要互相适应，最主要的是艺术家的生活方式注定了是异于常人的，是一定会和传统的家庭生活发生冲突的。

毛旭辉 《走在夜晚的东风东路》 纸本油画 1982年

1983 年是骚动的，莫名的骚动，有如那种暴风雨即将来临前的宁静。毛旭辉就像是破茧之前的蛹，觉得所谓现代艺术就是新的生活方式的一种表达，你不可能过着一种很保守的生活再奢谈现代性。他的整个内心世界里是渴望生活发生一些改变的，他身体力行地寻找一种更理想的生活方式，但是理想究竟是什么样的，那时候谁都没有经历过，只是觉得自己的生活是有问题的。他感到不满足，无论是单位里的工作，还是八小时外和创作无关的生活。总之，毛旭辉看到自己的个人生活虽然恬静温暖，但那是一种脱离艺术家思想的生活，他觉得在得到家庭生活的同时，又把自己的思想全面否定了。在那个婚姻情感相对保守的年代，有想法也只能是想想，也只限于在和朋友喝醉的状态中絮叨一下，他觉得自己很是压抑。

毛旭辉之所以毕业后立刻就结婚，一方面是感情的因素，另一方面他对贺立德的家庭在“文革”中的遭遇很是同情，他希望能把妻子尽快从曲靖调回到昆明。但调动一个人的户口和工作没有那么容易。1983 年大部分时间，毛旭辉夫妇还是处在两地分居的状态，直到年底贺立德调回昆明之前，毛旭辉仍旧是过着单身汉的生活。后来因为毛旭辉同宿舍的室友也不是经常回来住，他就将百货公司分配给他在董家湾的集体宿舍霸占了下来，还把他所有的行李堆到空着的床上，算是制造了一个私人的空间和画室。那儿不仅是他的婚房、临时的家，他还在这间小小的画室里完成了很多反映当时生活状态和压抑心情的作品：《夜晚的护城河边》《董家湾的路灯》以及《走在夜晚的东风东路》。这间画室在董家湾的百货公司楼上，每天早上六七点就有人来上班，他永远都觉得有一个老头儿在下面冷冷地注视着他，每次朋友来也要悄悄地绕过这个像老特务一样的老头儿。在那儿，毛旭辉生活了好多年，他画办公室外的景物，画公司对面的冠生园，他还画喝醉了之后看到的人，他觉得那是他灵魂游离后所看到的自己和他的朋友们。

由于毛旭辉工作的百货公司离张晓刚上班的市歌舞团都紧邻盘

1983年，叶永青在重庆家中

龙江，距离很近，二人往来更加密切了。张晓刚时常在上班时间出来买书顺路就去找毛旭辉，有时候毛旭辉也会去歌舞团找张晓刚一起吃午饭。国营单位的上班时间是每天早上 8 点至下午 5 点半，上下班的点儿是必须在单位露面的，其他时间想出去就打个招呼找个由头，外出办事什么的就可以走人。毛旭辉通常在办公室里画画，朋友来了就在办公室里聊天。潘德海和张晓刚是常客，话题总是关于最近买到什么书，然后翻开各自的军用书包，掏出萨特或是尼采，或是《亲爱的迪奥》《渴望生活》《马背上的水手》。那些年，谁也没有明确的目标，也不知道是在准备什么，但大家都在逐渐改变，在成长。毛旭辉很庆幸自己不是一个人，在昆明还有几个朋友可以“相依为命”。家人是不能理解这些变化的，毛旭辉的父母看到他大学毕业之后变成一个长头发穿牛仔裤脏兮兮的人，画也好像越画越差了，不再是美丽的风景和人物，都是些变形的图像，他们不仅看不懂，给他们也是不要的。毛旭辉二哥的孩子要学画，当然是跟他这个叔叔学，学了几天，赶紧换了老师。亲戚们说毛旭辉的画很丑，但他以此为骄傲，他很厌恶在画面上展现所谓美的东西。这是那一代人除了青春反叛之外多出的一种社会反叛。

1983 年，是毛旭辉思想、个人情感、艺术观方面的一个转折时期，他明确了必须从自身的生命状态出发去搞艺术，这就是他们这一代艺术家的态度。他们作品的真实性超越了过去中国画坛那种描述性的真实，简单说超越了传统那种表面描摹的真实性。

这一年，叶永青开始带他的第二个班，他一面停留在艺术家的生活中，另一面又要为人师表。他回到四川美院后，越发觉得没有能够交流的朋友，他也开始喝酒。夜幕降临，喝酒的时刻到了，可他发现连一起喝酒的人都没有。四川美院周围有很多防空洞，那是铁路巡道工下班后喝酒的地方，酒是最便宜的老白干，叶永青坐在防空洞酒馆里，身边都是喧哗的工人。叶永青觉得生活真是没有希望，

叶永青 《牧羊村的撒妮姐妹》 布面油画 184.5cm × 126cm 1984年

精神也绝望之极，不知道该怎么办，很是苦闷。为打发时间，他开始大量画画，因为受现代艺术流派的影响，画的作品也当然不是学校认可的类型。他最渴望的事情就是回到故乡云南，因为昆明有一帮和他心意相通的朋友，那是个逃避现实的地方，所以他画了很多关于西双版纳、圭山的画表达内心的苦闷和孤独。他想念昆明市中心的那条河——盘龙江，河两岸有他的许多战友，他想念这些住在“塞纳河”边的艺术家朋友。叶永青最喜欢阿波利奈尔的诗：“塞纳河在米拉波桥下扬波，我们的爱情值得追忆吗？” 当然这也和他那位住在这条河边的女友张夏平有关。

他和昆明的张晓刚保持着通信。那时候文化界流行各式各样的文艺青年往来，经常有“天才作家”“音乐才女”等奇人被从北京或者上海一路发到重庆，叶永青就把他们又发到昆明，张晓刚又把去了昆明的各种人物再发到西双版纳或者云南别的地方。这些人大多面目不清，来来去去，带来各种文化资讯和各种新锐思想，把城市之间地下的前卫文化搞得异常活跃，仿佛要发生些什么大事情。

那年美术界最重要的事情是第六届全国美展开始筹备，当时几乎所有中国的艺术家都在做同一件事，就是为全国美展画画，几乎全国的画家们都要过这座独木桥，因为这是唯一的主流路线。当时的成功模式就是在全国美展上获奖，一朝成名便可天下皆知。叶永青开始画一幅名为《牧羊村的撒尼姐妹》的油画，是以圭山为背景的，有一种中世纪宗教绘画的味道。

潘德海在昆明最大的变化是他的个人生活。因为经常去张晓刚和毛旭辉那儿，他认识的人越来越多，除了张晓刚、毛旭辉，还有杜平、刘晓和付杰等等，他还交了个女朋友——王坤红。追求艺术和精神自由的王坤红，在饱受老裴精神疾病折磨之际，与潘德海的邂逅犹如闷热午后的一缕清风。王坤红后来在自己的著作中这样写到：“我一生的青春就这样追逐着那些使我感兴趣的人，因为在我的青春年华里，我唯一喜爱的就是这些疯狂渴望爱，疯狂地拥有过自己精神自由，并像流星那样在燃烧中耗尽生命的人；这类人的思想和经历都是单独的，是后来的时尚和后来的青春不可重复的。”

在张晓刚歌舞团的宿舍，通常开始是他和毛旭辉两个人一起喝酒，总是会有人来，越喝人越多，大家喝酒、谈艺术、谈理想、谈未来。王坤红是一个朋友介绍来张晓刚这里的，她进来的时候，刚好有几个人坐在地上喝酒，她看见这帮人在很严肃地边喝边聊天，就出去了，再回来的时候带着五包劣质的金马牌纸烟和一瓶酒精和香精勾兑出来的红葡萄酒，也盘腿坐到地上加入了进来。

王坤红是潘德海的初恋，在她之前，潘德海没有交过女朋友，虽然身边的人也有谈恋爱的，不过内向而讷言的潘德海始终没有加入。他归结是时代的原因，但他的性格也是原因之一。他是个很专心的人，那时专心于画画和看书，个人问题从没有想过。他要一门心思搞创作，像大师一样有收获，要很专注、执著地去做一件事才能成功。但是，遇到具体的问题和事情，想法就只能是想法了，有了感情生活的潘德海，和昆明的关系更加融和和紧密起来了。

从中央民族学院学成回来的陈恒、马云顺利地分配到了民族艺术研究所和云南艺术学院。在学校期间，他们喜欢首都北京浓郁的文化氛围，每个月一定要去看一场话剧、一场歌剧或者舞蹈，每个月也一定会去故宫一次；回到昆明，文化生活有了巨大的反差，他们觉得能够对话的人都难以找到，只有希望靠阅读能悟出一条出路，照例是热门的“存在主义”“禅宗”等等书籍一本不漏。理性的陈恒甚至找来高等数学啃了起来。和有同样求学背景的张晓刚相识，他们算是找到了一个同类人。经常半夜去敲门找张晓刚聊天交流的，陈恒就是其中之一。

1983 年 10 月，昆明的文化单位让一些艺术工作者把自己手里有裸体画的画册和资料交给单位登记，由政府保管。云南艺术学院的几个毕业生因为曾经拍过人体模特儿的照片而被拘留。四川美术学院竟然在没有最终落实的情况下，草草给张晓刚所在的昆明市歌舞团发了一封公函，说张晓刚拍了几十张女人体照片带走传播。单位领导赶快找张晓刚谈话，最终发现是学校搞错了。虽然是虚惊一场，但是却让张晓刚相当一段时间在单位抬不起头来。

1983 年是张晓刚觉得十分迷茫的一年。这一年，他画了一批人像，这种肖像创作更多是把他自己的"情感、思想和愿望贯注进去"。这也许就是张晓刚后来创作《大家庭》最早的一个源头。

除了画画，他做了很多事情填满自己的空闲时间。之前他曾经参加过云南电视台的一个电视剧《明姑娘》的拍摄（女主角就是三十年后还在好莱坞经常要闹出点绯闻的女演员白灵，该片还得了个奖）。1983 年拍摄《西游记》的时候，他又受邀参加了《西游记》的拍摄，在昆明石林的拍摄现场当了一个多月的美工。昔日跑前跑后的美工今日身价如此之高，算起来也是 1983 版《西游记》的一大奇迹了。

1983 年 10 月，在心绪最乱的时候，喜欢独行的张晓刚一个人跑到了四川大凉山彝族地区呆了一个多月，走村窜寨与彝族青年一起经历生死洗礼。他喜欢大凉山那种高贵的灰色色调，欣赏那些沉默寡言与大山作伴、与苍白天空对话的彝人。在布拖县，他觉得彝人那种通过酒精独自漫游山巅之外的半神半人的境界竟与自己的生活有几分相像。

从大凉山回来以后，他又回到了酒精生活中，一群同样心情压抑的艺术青年，照例又是日日借酒消愁。这种生活矛盾的集中爆发是在 1983 年的圣诞节派对。张晓刚宿舍的四楼是歌舞团乐团的排练厅，也是他们有时候绘布景的场地，从景德镇陶瓷学院毕业回来任美工队长的孙式范的宿舍就在旁边的隔断里。如果有时候人多，张晓刚的宿舍不够坐，就会改在这里喝酒。圣诞节这天晚上，他们在这里聚会，陆陆续续来了三四十人，大家喝酒、唱歌、跳舞。正在高潮的时候，突然冲进来一队警察，让大家靠边站着，并质问为什么有聚会，知不知道这是精神污染的东西。这些正在兴头上的年轻人完全被吓蒙了，在精神高压下，人性的很多弱点都一一暴露出来，有的人为了摆脱干系，就把责任推到了其他人身上。其实这只是孙式范策划的一个当天晚上的节目，来的警察是他以前工作单位里的同事——监狱法警。看到事情闹得有点不可开交，他赶紧向大家说明。得知这一切只是个玩笑，所有人都很气愤，把手里的酒杯和酒瓶全都砸在了地上。张晓刚、毛旭辉等那晚喝得酩酊大醉，完全不省人事。

白色幽灵——1984 年

1984 年年初，张晓刚仿佛是到生死线上走了一遭。在 1983 年的圣诞节，张晓刚就已经喝到大醉，1984 年元旦那天，又大醉了一次，彻底病倒了。当时，他的病情十分严重，过完新年后一个星期吃不下任何东西，喝半杯牛奶都吐。病到这样的地步，张晓刚觉得可能扛不过去了。孙式范说他在商业系统医院当院长的爸爸有一种药，可以帮他治这个胃病，他们就去找孙式范的爸爸。孙爸爸问了一下情况说："你只要能够忍得住的话，我可以保证你吃了我的药，一年以后你爱怎么喝就可以怎么喝。"张晓刚说："我忍得住。"孙爸爸就给张晓刚吃一种药，告诉他吃这个药会很痛苦，然后再去医院调养三个月。吃那药确实很痛苦，吃了以后人就像死了一样，整天只能喝一点水，大概有五天的时间，吃不下任何东西。张晓刚在床上躺了一个星期，完全像吃了迷幻药一样，每天吃一大把药，拼命睡觉，迷迷糊糊，实在扛不住就去打点滴，补充一点盐和葡萄糖。这样熬了几天，病情却真的开始好转了。

接着，张晓刚住进昆明市中医院的病房，而且是最好的红旗病房。1984 年，我正在读高中三年级，1 月的一天，我从甫京京那里得知张晓刚住院的消息，在一个有着暖阳的冬日午后，买了一书包

张晓刚 《初生的幽灵》 纸上油画 54.5cm × 79cm 1984年

苹果去医院探望张晓刚。记得一到住院部，刚一询问张晓刚住的病房，护士就很热心地把我带到了他的床前。冬天的阳光懒懒地照着雪白的病床，张晓刚坐在病床旁边的凳子上正在读一本很厚的书，没有病人的愁容，到像是一个气质和气色都很好的学者在工作。他见到我来，很意外，也很高兴。我们愉快地聊起了天，他告诉我虽然他头发长，不拘小节，但是他带了很多书在病房读，这引起了医生护士的好感，都对他颇为照顾。在医院里，除了看书以外，张晓刚还观察病人，体验病人的生活。有病人即将离世之前，他还请护士带他去目睹生命的消逝。体会过这种生与死的感觉，内心深处就像有一种东西突然爆发了一样，他在医院里像写日记似的画了一批幽灵系列素描，一些病床上的床单变形成的幽灵，很神秘，也有一种宗教色彩。

张晓刚后来回忆那段时间的这批画“像是两年的积累到那个时候要爆发出来，从哲学上来说，等于是把存在主义、弗洛伊德的东西、荒诞派的东西、超现实主义的东西糅在一起表达出来；从艺术上来说，把超现实主义和格列科的东西糅在一起，也是毕业后两年，多种艺术感受的集中爆发”。

毛旭辉很真切地记得 20 世纪 80 年代张晓刚住院时画的画：“那是生命的状态把他带到了艺术的状态下的作品。他在自己画的那种状态里面，是裹在白床单里面的苦难的灵魂。”

那年的春节，张晓刚是在医院里过的，到 3 月份，他已住了两个月的医院，他觉得住够了，不能再忍受了，自己要求出院。在医院的两个月，只有护士在照顾张晓刚，家人都不曾来看望他，甚至他的父亲到医院去看望一个老战友，都没有顺路到他的病房里来。不过张晓刚的 50 元住院费，倒是向他的父亲借的，事后他的父亲对他说不用还了。

那段时间，张晓刚和家人的关系一直很淡漠，尤其和他的父亲时有冲突。他例行每周回家一次，吃一顿饭就走，或者是借钱。就像张晓刚所说：“一个人的生活经历，肯定会在他的作品中变成一种反映，我一直渴望家庭生活，但是跟幸福的家庭生活始终没有那个亲近的缘分，因为我和父母的感情，始终是有隔阂的；兄弟之间的关系，说远不近，包括我自己组建的家庭，最后也没有成功，也散伙了。但我却是画《大家庭》而成功的，这是一个悖论。”

所以今天我们来看张晓刚创作的《大家庭》，并不是在画自己的家庭史，实际上只是借家庭的题材，在思考社会背景下，家庭和社会的关系。关于画《大家庭》的灵感来源，一直到他离开成都到北京很多年后，在一次谈话中才提到：“我现在才可以说，以前我不敢说，并不是我的家庭给我的直觉画《大家庭》，是我的单位——重庆黄桷坪的四川美术学院，在我读了马尔克斯的《百年孤独》以后给我的启发，我觉得单位像一个大家庭，国家就像一个更大的大家庭，家族式的管理。在我们单位，大家都住在一起，下课就变成了居民，上课是师生关系、同事关系，你想，这样的关系盘根错节，很复杂。住在一起，工作也在一起，吃饭在一起，娱乐也在一起，什么都在一起，时间长了很麻烦。生活在这样一个家族式的单位体会特别多。我画《大家庭》为什么会是1994年呢？也是因为1992年出国了，对比西方的那种自由世界，再回到我们学校，一下子就清楚了是什么东西。你生活在那样的环境里，你却离不开它，但是你又排斥它。中间也包括我自己的家庭。我渐渐发现中国人对家庭的一种根深蒂固的概念。”那个年代的所为，其实都是后来张晓刚创作《大家庭》系列的一个基础。

1984年，张晓刚艺术创作的核心主题很明确是关于死亡。在此之前，他在学校的1981年到1982年，是青春期的一种躁动和对生活某种苦闷的热情，是关于生命情绪化的东西；到了1983年，他进入到一个迷惘的时期。和1984年的毛旭辉相比，毛旭辉是一个纯正的表现主义画家，喜怒哀乐很直接，但张晓刚更多的是有一种梦幻的、超现实的东西，有一种比较苦涩的情感。张晓刚把它们结合在一起，用自己独特的绘画语言和符号展示，如病床床单或者抽象的人形对生命状态进行反思。这批作品直接的灵感来源和他患病住院有关，但更深一层的起因，是和他毕业以后那几年的文化积累和自我内心的体验有关。那段迷惘的时间，他整天喝酒折腾，似乎没有安静的时候，到了夜深人静的时候，总会感觉有一个声音在呼唤他，那是思想和艺术的声音。在1984年的时候，张晓刚把那种状态画出来了。所以看他那个时期的作品，好多标题都叫《子夜》或者《午夜红月亮》，那是一种午夜时分才会冒出来的感觉，不是属于白天的艺术，是夜晚的灵感，是飘忽在天与地之间的灵魂。

张晓刚出院后不久，有一天回到宿舍发现自己的宿舍被盗了，而且几乎被偷了个精光，小偷不仅偷走了他的工资粮票及一个立体声录音机，还偷了些书、画。于是，张晓刚就在门上贴了条："谢绝打扰，本人要画画。"从此结束了他人来人往的开放式生活。

张晓刚从医院出来后专门去了一趟成都和重庆，主要是去看看昔日的同窗是怎么准备第六届全国美展的参展作品的。从四川回来以后，他关门谢客，借住在成都军区杂技团美工胡晓钢的工作室专心致志地创作参加全国美展的作品。胡晓钢则趁机和张晓刚一起创作了一幅参加第六届全国美展的作品。胡晓钢作品正中位置塑造的艺术家形象就是以张晓刚为模特，同样以圭山为背景，其中的少女和女孩两个人物形象，还是出自张晓刚之手。

由于前两年的积淀以及住院期间对生活和艺术的反思，张晓刚开始觉得有很多想法可以在画面上实现。因此，在胡晓钢工作室的这段时间，他的创作比较顺利，另外也没有什么人打扰。他创作了两幅作品，一幅是尺寸大一点儿的《山的女儿》，另外一幅是尺寸小一些的《晚风》。这两幅作品还是有那种为全国美术作品展览应展而作的痕迹，那个年代似乎也没有什么其他途径让艺术家展示自己的艺术。这两幅作品是以圭山为创作背景，并且把他从学校毕业后的一些艺术感觉集中体现了出来，既有少数民族乡土情结，又有对自然和生命的深刻思考，这样的作品应该是相当符合当时主流艺术环境的要求的。张晓刚摩拳擦掌，准备在全国美展上一显身手。

私人生活——1984 年

叶永青在准备参加第六届全国美展期间和甫立亚结婚了。他们俩回到昆明，甫立亚刚好有 100 块钱的存款，她的父母给了他们 500 块钱，叶永青的父母给他们做了一组组合柜并运到了重庆。两个人觉得办婚礼摆酒席很俗气，于是在重庆说他们回昆明办了酒席，在昆明又说在重庆已经办过婚礼。甫立亚去买了一包糖，在学校门口发给所有认识的人，宣布结婚了，请大家吃喜糖。叶永青所在的油画系每人凑了一两元的份子钱，帮这对新人买了一套碗和一个锅，他们的结婚仪式就此结束了。

唯一从远方来的朋友是张晓刚，他来祝贺这对新人，也顺便看看四川的朋友们为了参加全国美展都在画些什么。张晓刚也没钱买结婚礼物，所以就给他们画了幅画，在一个麻袋布上画了一匹马。回昆明以后，张晓刚给叶永青写了封很长的信，告诉叶永青他开始有些厌倦昆明的生活，和单位的人处不好，并且还因为一个女孩和刘涌闹翻了，刘涌还打了他。不过，其中一个耳光应该是为叶永青挨的，因为叶永青最终娶了刘涌曾经心仪的女人。

1984 年 3 月，位于昆明闹市中心的东寺街花椒巷一座法式和云南民居风格混搭的小洋楼祖屋里，马祥生和一个已经移居香港的昆明姑娘余晓云成婚。新婚之夜，出于信仰的原因，马祥生不能喝酒，可是前来祝贺的这帮兄弟却酩酊大醉。第二天早上，毛旭辉从睡梦中醒过来，眼睛里感觉到的是透着粉红色调子的光线，再定睛一看，他和张晓刚睡在了马祥生的婚床上。原来，昨天晚上，酒醉的他们占领了老马的新房，不知可怜的一对新人怎样度过了新婚之夜。他

1984 年，甫立亚与叶永青在重庆结婚

慌里慌张地叫醒了还在酣睡的张晓刚，俩人万分惭愧地悄悄溜出了马祥生家。

1984年5月，毛旭辉去一个电视剧的拍摄现场做美工时，认识了剧组的化妆师宋燕平，经常约在一起玩。有一天，宋燕平让自己的闺蜜孙国娟帮忙去接一下毛旭辉。但是孙国娟等了好长时间，都没有等到宋燕平形容的那个人出现。不知道什么原因毛旭辉没有来。那个时候，彼此之间的通讯是靠写字条的，没有电话这些先进的工具可以随时沟通。孙国娟记住了这个“放鸽子”的男人叫毛旭辉。

不久，孙国娟去昆明西山脚下的文艺学校找宋燕平。在远郊公共汽车上，孙国娟见到一个像宋燕平之前形容的毛旭辉模样的男人，她认定这个人就是毛旭辉。后来，在同一个车站下车后，孙国娟一路小跑找到了宋燕平，告诉她毛旭辉来了。宋燕平不太相信，结果没过多久，毛旭辉和他的朋友老滇果然来了。于是，年轻人就在一起，又是爬西山，又是下滇池游泳，畅快地玩耍了两天。回昆明时，毛旭辉和孙国娟结伴同行；回到昆明后，按照当时文艺青年的标准搭讪套路，两个人又是借书，又是交换录音磁带，一来二往就好上了。

孙国娟经常去看毛旭辉的画，她对作品的一些见解让毛旭辉很诧异，毛旭辉对孙国娟说：“你应该做一个艺术家。”孙国娟没感到一点儿奇怪，她觉得自己就是一个艺术家。之前，她也曾经拜云南的艺术家高钟炎为师，高老师要求她画了很多素描和透视的练习。她记得一个细节，高老师给她看的教材中，只要有人体的部分都会用线缝起来。后来因为在云南大学学习图书馆专业，她就没再画下去了。

毛旭辉有时会去孙国娟的家里画画。有一天，他买了一束花来，孙国娟用毛旭辉留下的画材一晚上画了一张非常有艺术感的静物，她激动不已。这是孙国娟真正艺术生涯的开始。

一边是错综复杂的情感纠结中的家庭生活，一边是如沐春风

孙国娟 《静物》 纸本水粉 50cm × 100cm 1985年

的婚外感情滋润，毛旭辉进入了对自己生活欲罢不能，同时却又陷入苦苦的哲学思考的挣扎期。在这期间，毛旭辉的女儿贺晶（毛头）出生了。起初，他完全不能接受自己沦陷在这样一种世俗生活中。但是，随着小毛头的出生，他又被这种生命带来的喜悦所感动。那么多年来，我每每见到他和毛头在一起时，总是一个温暖的慈父形象。

这一年，何佳佳父亲在昆明市电影公司当党委书记，十分爱才的他通过关系，把毛旭辉从百货公司调到了电影公司工作。经过了1983年在酒精中的亢奋和清醒时的反省，毛旭辉于1984年创作了他艺术生涯中比较重要的一批作品，以表达他对生命哲学的感悟。从自己的生活开始，他在画布上展示着他们破烂的、惨不忍睹的、醉醺醺的日子以及充满压抑和精神渴望的生活。这就是为什么今天很多人在研究这些作品，因为那是20世纪80年代中国当代艺术的起点，在他们之前中国几代艺术家没有触及的——赤裸裸地暴露自己，敢于真正剖析个人生存的状态。现在看来，“85美术运动”的一部分艺术家的艺术创作是回到了自己的生命状态里的，所以有了后来所谓的“生命流”的论断。

1984年，毛旭辉创作的《爱》系列和《红色体积》系列像是记录了他生命的两个状态。尤其是《红色体积》系列，毛旭辉在一个星期内完成了这幅画。那一个星期他几乎没有睡觉，也没有见任何一个朋友，是在一种极度亢奋的状态中画出来的。他自己竟感觉到了生命的危险，他看到自己的眼睛是红的，甚至听到了不存在的人声，他的精神已经处在崩溃的边缘。直到有一天，张晓刚和潘德海觉得很奇怪，怎么这么多天没有见到毛旭辉。于是两人骑自行车到电影公司，看到了整个《红色体积》系列，感受到那种内心要喷薄而出的情绪。张晓刚敏锐地觉察到，再这样下去，毛旭辉就会有精神上的问题了，于是提议大家应该出来喝点儿酒。脱离了那个状态，这个系列的画也就此中断了。之后毛旭辉再也没有画过此系列，当

毛旭辉 《红色体积》 纤维板上油画 79cm × 105cm 1984年

时如果任由他画下去，那毛旭辉有可能现在就是另一个精神世界里的画家了。

对于全国美展，毛旭辉原本已经没有什么兴趣。但张晓刚是川美毕业的，川美的传统是要冲击全国美展。同学们劝张晓刚：你生活在边疆，要想挣扎出来还是要通过参加全国美展，这是一个机会。于是张晓刚开始准备作品，也劝毛旭辉参加。毛旭辉清醒地知道他画的红色体积系列是不可能参加全国美展的，正好1982年那次去圭山带回的速写本上的素材还没有整理，于是，毛旭辉开始画《圭山组画》。

创作《圭山组画》的时候，毛旭辉又沉浸进去，圭山的独特世界对毛旭辉躁动的心灵一直有着一种慰藉，这让毛旭辉从之前的亢奋状态回复了宁静。这一年中，毛旭辉的艺术经历了生命的两种状态，一个是黑暗的无边无际的深渊，灵魂不知道降落到哪里；另一个是踏实的、质朴的、实实在在可以抚摸到的真实灵魂。《圭山组画》让毛旭辉思考，思考所谓现代人的生存状态。撒尼族人会赶牛，会种庄稼，会唱歌调情；现代人只会拿工资、奔功名。虽然也拥有这片天地，但是却不能感受抚摸，他更觉得这样的存在和生活实在有种无所适从的尴尬。

全国美展——1984年

1984年的第六届全国美展依然按照惯例，在各地初选作品后，由各个省自己先办一个全省展览，然后从中挑选本省优秀作品参加全国美展。张晓刚把隐居在胡晓钢工作室时画的《山的女儿》和《晚风》送去参展。毛旭辉则送了一组《圭山组画·红土路》。不久他们送到美协的作品被通知入选了省展览。

开展第一天，他们去云南省农展馆看展览，在展馆里找了半天，才看到两人各有一幅画在展览。张晓刚只展了《晚风》，评委觉得

毛旭辉 《圭山组画·红土路》 布面油画 80cm×90cm 1984年

张晓刚 《晚风》 油画 1984年

1984 年，胡晓钢（左）与张晓刚（右）在昆明创作第六届全国美展参展作品

这张画轻松、浪漫，但感觉《山的女儿》太苦，画上的那个人不像是在喝水，而像是在呕吐。毛旭辉的组画也只展出了其中一幅。在张晓刚看来，自己这两幅画是一个系列，分开即不完整。于是，两人去质问美协工作人员，回答是每人只能展出一幅。年轻气盛的张晓刚觉得最重要的作品没有展出就没有必要参展了，毛旭辉也觉得组画是不能分开的，于是两人相约表示不参加这个美展。他们俩想把画取回，退出展览。他们找到了当时的美协秘书长说："你们如果觉得我们的作品好，就应该一起展出；如果你们觉得我们的艺术有问题，应该一幅都不展出。"在云南还从来没有发生过要求撤展的事情，于是很多人都来劝他们，毕竟其中好多人都是被他们俩称为老师的，最后撤画一事也就不了了之，画还是展出了。画在省里展览完后，就被运往全国美展各展览地。

曾晓峰作为刚刚调进云南画院的专业画家，创作了一幅《盖房子》参加第六届全国美展。自从进入云南省美术摄影工作室以后，曾晓峰俨然已是社会主义美术创作体制中一名让人羡慕的专业画家了。对他来说，在画院工作，除了和自己年轻时候仰慕的刘自鸣、姚钟华、王晋元等前辈成为同事，可以随时请教外，最好的一点是画院有一个藏书十分专业和丰富的小图书馆，这是当时很多艺术院校不可比拟的。但是，不管是在单位还是在昆明的美术江湖，他始终犹如一个独行侠，似乎没有与哪一个圈子和个人的关系特别密切。

《盖房子》这幅作品也是当时美术创作领域乡土风盛行后期的产物。体制内的画家总是需要创作出能够进入全国美展的作品才不枉为专业画家。虽然乡土采风痕迹很重，但是优秀的画面形式和对绘画语言的把控依然还是让曾晓峰的这件作品成为第六届全国美展上的一件佳作。

张晓刚和毛旭辉的参赛作品还是没能进入全国美展的最终展场。

曾晓峰 《盖房子》 布面油画 150cm × 175cm 1984年

大家听到的版本很黑暗：包括毛旭辉、张晓刚在内的八个年轻画家的作品被装在一个箱子里运到展览地沈阳，却是连箱子都不曾打开，因为在展览前组委会已经选好了展出作品。当时云南省油画界的权威人物是姚钟华，他成了这些年轻艺术家的假想敌。毛旭辉认为这也是可以理解的，姚钟华是中央美院董希文培养出来的学生，他确实应该接受不了张晓刚和毛旭辉的作品。后来真相大白，姚钟华并没有打压这些艺术家，是有人在中间传话，姚钟华其实一直对这群年轻人赞赏有加。但是，大家的情绪还是受到了打击，对毛旭辉来说，他不认为《圭山组画》是他最好的作品，最好的应该是《红色体积》系列。

远在重庆的叶永青也同样落选第六届全国美展，在他看来，第六届全国美展是个颠覆四川美院以及四川画派的展览。从第六届全国美展获奖人选上可以看出，自从江丰去世后，四川画派已经风光不再了。四川美院在第六届全国美展上几乎全军覆没，只有龙泉的《基石》得了一个铜奖，很多人连选都没有选上，包括程丛林画的《码头沿岸》。很明显全国美展在打压四川美院和四川画派，四川画派的神话就此终结了。公正地说，很多人都没得到该得的奖项，四川画派被主流抛弃，一些很有意思的有创新感觉的画也没有被认同。

后来程丛林想发起一个“十人画展”，计划参展的有何多苓、程丛林、秦明、杨千、张晓刚、叶永青、周春芽、高小华、罗中立，他们都是当年四川美院的优秀毕业生。由于各种原因，这个展览后来没有做成。不过，四川美院在那个时候就形成了一些小圈子，像那时候的学生任小林、李季、许仲敏和杨述等等一些对现代艺术有兴趣的人，慢慢和叶永青走得比较近，在学校开始形成了一个小圈子。

第六届全国美展后，关于落选作品的报道开始出现了，《中国美术报》刊登了叶永青和毛旭辉的落选作品，陕西人民美术出版社出版了《第六届全国美术作品展览落选作品选》画册，挑选了一些当时没有入选但是非常优秀的作品，其中包括叶永青的《牧羊村的撒尼姐妹》、毛旭辉的《圭山组画》和张晓刚的《晚风》等等。1985年，有人提议应该办一个落选作品展，参展作品肯定比很多获奖的作品优秀，其实是想借这件事委婉地对抗主流权威。

1984年的第六届全国美展，西南的张晓刚、毛旭辉、叶永青等艺术家集体落选，全国各地一些非常有影响力的艺术家也纷纷落选。这是一个重要的时刻，这一代艺术家不再奢望靠全国美展这种途径来展示自己的艺术，改变自己的命运。毛旭辉仍旧觉得这都是命运的安排，如果那时他们的作品入选了全国美展，那“85美术运动”的革命性可能就没有了。艺术家们已经厌倦了那种“千军万马过独木桥”的方式，这也是促使他们自己办展览最大的起因。很多想法开始在昆明酝酿，成为了毛旭辉、张晓刚、潘德海后来筹办“新具像”展览的萌芽。

非常有意思的是，张晓刚的作品没有能够入选第六届全国美展，但是他的形象却是在展览中出现最多的。胡晓钢和张晓刚在一间工作室合画的参展作品《根》顺利地入选了全国美展。他画的是一个艺术家在圭山写生，周围很多撒尼族的群众在围观，这个艺术家就是张晓刚；艾轩和何多苓合作的一幅很有影响的参展作品《第三代人》，里面一个主要人物形象画的也是张晓刚。这算是第六届美展让人觉得有点儿意思的插曲了。

闭门休养画了几个月画后，张晓刚回到了他当年知青插队的晋宁县。县上的文化馆办了个美术培训班，请张晓刚过去讲了大概两个星期的课；之后县上又办过一个班，把以前在这里插队然后从这

胡晓钢 《根》 油画 1984 年

马祥生 《南天一柱——云南首义护国》 油画
200cm×150cm 1984年

里考上大学的老知青都请回去当老师，张晓刚又回去当了一次老师。他教过的学生中很多人考上了大学，这也算是张晓刚对他曾经生活过的这个地方的回报。尽管当时生活那么艰苦，但这段生活一直是他挥之不去的记忆。2009年，我收藏的一幅张晓刚创作的《二街风景》，据他讲就是对当时插队落户的晋宁县二街公社的回忆之作。

一直就具有浓郁故乡人文情结的马祥生以昆明“护国运动”为题材创作的油画作品《南天一柱——云南首义护国》除了摘得云南省美展的优秀奖外，也顺利地去沈阳参加了第六届全国美展。

深圳下海——1984 年

1980 年深圳特区成立，到 1984 年，深圳已经发展成为一个下海闯世界的年轻人向往的地方。整个深圳就是一个大工地，全国各地很多人去深圳打工，希望可以在这里实现梦想。张晓刚也被裹进了这股热潮中。昆明市歌舞团的工作很松散，张晓刚没有请假也没有打招呼就去了深圳。他厌倦了永远不知道出路在哪里的沉闷的单位工作，想去深圳探索一种新的生活方式，说起来他也算是开发深圳的元老之一了。

深圳大学艺术中心的总设计师刘绍荟是云南艺术家，曾经是“申社”的重要成员。刘绍荟与苏江华、杨黄莉夫妇私交甚好，要他们俩过去一起干一个文化旅游项目，苏江华又和张晓刚的关系不错，于是把他也带上了。操作项目的公司里还有中央工艺美院和全国其他一些艺术院校的毕业生，颇有点人才济济的感觉。

公司建造了一些傣族的竹楼，要做艺术装饰，建立文化形象。每一个艺术家都分到一个楼做设计。张晓刚因有歌舞团美工的工作经验，干得得心应手。这个工作相当于自己设计并装修一个房子，所有装修工作以及装饰品的制作都是自己动手。艺术家不仅做设计，还要用材料把它们实际做出来，要做美术字，干美工的工作，非常辛苦。虽然公司管住，但是住处极为简陋，就是一个棚子，床是两个凳子一块木板搭起来的。深圳很热，所以不需要被子。他们好像如今的农民工兄弟，每天工作大概 10 到 12 个小时，张晓刚就靠晚上喝一瓶“双蒸”米酒来维持自己的精神斗志。直到现在，但凡在深圳香港一带吃饭，他总是要找瓶“双蒸”来怀怀旧。

这样过了一个月，张晓刚拿到大约两百多块钱的工资，和他在歌舞团五十多块钱的工资相比真是多多了。他赶快去添置各种生活用品，几乎花光了身上所有的钱，他以为在深圳的日子还长着呢。第二个月还没有结束的一个晚上，张晓刚和同事正在看香港电视台放的外国电影，公司的老板把张晓刚叫出去，对他说明天收拾东西走人吧，他被“炒鱿鱼”了。年轻气盛的张晓刚没问为什么，只回答了声好，就回去接着看电影。看完电影后，张晓刚对苏江华、杨黄莉两口子说了这件事，他们都很吃惊，因为之前老板一直都在表扬张晓刚，怎么突然会解雇他呢。张晓刚隐约知道这位曾经是东北艺术家的公司老板和刘绍荟之间有矛盾，不过这种复杂的办公室斗争是他不了解也不感兴趣的，于是张晓刚就这样被牺牲了。张晓刚第一次感受到资本主义的残酷性。

很快大家都知道了这件事情，一下子慌了，人人都觉得自身难保。刘绍荟也不知道说什么好，就拉着大家到他家喝酒为张晓刚送行，当时气氛很是悲壮。有个悄悄爱慕张晓刚的从东北来的年轻女同事还哭了起来，每个人都很难过。刘绍荟要给张晓刚介绍关系找工作，帮他继续留在深圳，张晓刚拒绝了。一个工艺美院设计专业毕业的同事悄悄塞给张晓刚一个信封，上面有深圳的地址和自己房子的钥匙，让他在离开深圳之前好有个落脚的地方，这算是帮了张晓刚一个大忙。第二天早上，公司老板有点儿不好意思，想找个车把张晓刚从蛇口送到深圳，张晓刚当然拒绝了。进了城，他找到同事的小房子。那是个只有八九平方米的一间房，没有床，但终究是个可以落脚的地方。张晓刚找到老同学张辉（张辉那时也还没有发迹，住在单位的仓库里，后来下海，成为深圳商界成功人士），在张辉工作的单位食堂吃了顿饭。张辉开始帮着张晓刚找人找关系联系工作，但找了两天也毫无头绪，张晓刚决定还是回昆明。

离开蛇口时，张晓刚身上只有不到20元，在深圳又借了另外一个老同学20元，买完火车票只剩下不到5元，算起来也够回到昆明了，但张晓刚忘记了广州到昆明的火车要在怀化转车，而且是夜间，这样张晓刚得在怀化住一个晚上，于是剩下的几块钱就交给了怀化的一个小旅馆。张晓刚几乎身无分文地饿了两天回到了昆明，下了火车，对来接他的以为可以帮他抱彩色电视机和音响电器的毛旭辉说的第一句话就是："赶紧请我吃顿饭吧！"大吃大喝之际，张晓刚讲了整个故事，大家听了以后，谁也不敢去深圳了。张晓刚就这样苦干两个月，一分钱没赚到，还借了人家几十元钱，结束了他的深圳寻梦之旅。

张晓刚回到昆明几个月后，苏江华、杨黄莉和其他的人也陆续离开了公司。这时公司老板开始后悔，他写了封信给苏江华，信上对张晓刚表示了歉意，说主要是有人在中间挑拨，希望张晓刚能再回去，并且可以把设计部主任的位置给张晓刚。特区崭新生活方式的诱惑虽然让张晓刚心里有了一点点动摇，但经过权衡，他还是觉得自己太喜欢画画，即使矛盾、纠结，还是得一如既往地继续画下去。张晓刚一直留着离开深圳时，有个来自上海美术电影制片厂的同事——一个长得又黑又瘦的男人，分别时给张晓刚的一张用铅笔写的纸条，上面写着："天将降大任于斯人也，必先苦其心志，劳其筋骨……"这个人叫什么张晓刚今天已经记不得了，但是对张晓刚来说，他是一个在关键时刻对自己有帮助的人。这张纸条提醒了张晓刚：自己为了什么去深圳？一个心属画画的人，如果只是因为年轻的好奇心想看看这个世界，那么现在已经清楚了。断掉了这些念想，反而可以纯粹地考虑艺术的问题。所以回到昆明的张晓刚心里更踏实了，觉得好像找到了自己真正的位置。

躁动的小城——1984年

1984年，潘德海还在画《土林》系列，那是他到云南后的第一批创作，同时他也在创作抽象系列。他发现抽象表现主义让他特别有感觉，特别能够激发出他的创作灵感，其他的表现形式都没那么有力。潘德海把画贴在住处的墙上，毛旭辉和张晓刚从圭山回来后，也把画贴在他家的墙上，大家一起观赏讨论。

潘德海那一年画得特别多，几乎一天就可以画一幅。他创作状态特别好，有时候一晚上就可以画一幅1.5米左右的画，他的小房间里很快就堆得到处都是画。土林之行给了潘德海很多启示，不仅仅是自然的启示，更多的是直接带给他一些画面后的思考。这些画大多无法保留，因为没有钱买油画布，他用的是纺织厂的包装布，自己做框，画完以后，干了的颜料一片片地掉，很多画就这样毁了。

从生活方面来说，1984年是潘德海到昆明以后最好的状态，不仅生活有着落了，还有了爱情，创作也有了方向，能画自己想画的东西。但他烦恼的是在艺术发展的道路上仍旧有种找不到出路的感觉，他不断地寻找新的语言、新的表达方式，如果没有自己的艺术语言，那怎么能算是创作呢？这些寻找带来痛苦，让生活上那点甜蜜也变得无足轻重。他一边继续作画，一边忍受这种内心的煎熬，即使有高兴的时候，也是短暂的。

潘德海也送画去参加第六届全国美展，画的是一幅巨大的土林，都是大笔触，基本上是什么也看不出来的模糊的图像。这种狂野的抽象的画肯定是不被接受的，他也毫无悬念地落选了。

1984年回到昆明的唐志冈，同样觉得找不到方向，很苦闷。那一年街头巷尾都在传唱苏芮的《搭错车》的插曲，唐志冈觉得这种感觉就是当时他和整个社会的真实写照——一切都在错位，却不知道正确的方向究竟在何方。

之前他一直画战士的肖像，炊事班长、女通讯兵、通讯排长或者某个战士，他一直不停地按部队的传统画法画，没人教他，只是看人画，从中学习。这种勤奋让他的绘画基础得到了巩固。他创作于1982年的早期成名作《为了祖国的安宁》就是这个路子。

从南京艺术学院进修回来，他的艺术观念发生了根本变化，他对传统的军旅现实主义创作方法有些疲倦了，转而用现代主义的方法来画军事题材。1984年在昆明，他开始了具有现代主义风格的《军魂》的创作。《军魂》创作出来以后，受到了大家的一致好评。1986年，毛旭辉亲自用自行车带着《江苏画刊》的编辑李建国去采访唐志冈，他的《军魂》发表在了《江苏画刊》上。那时，美术媒体极为稀少，在这几本杂志上一发表，全国美术界都能看得到，于是大家知道了一个很不一样的军旅画家唐志冈。

那一期画刊上还发表了王广义的“北方极地”系列。各地各种风格流派的艺术家和他们的作品正在蓄势待发，准备粉墨登场。

1985年初，张晓刚回到昆明，觉得整个社会和周围的朋友都发生了很大的变化，过去那种整天只关心艺术的青年也开始被“下海”的思潮所侵蚀。从前的艺术青年窝子逐渐地散伙，聪明一点儿的人随着下海的风潮开公司或者做装修赚钱，很多人已经走到另外一条路上。继续做艺术的人成了很苦闷的一群人，大家必须在精神上互相支撑。

昆明的艺术家也受当时社会思潮的影响，幻想着用实业的成功救赎自己的艺术。一个叫梁育林的朋友牵头成立了一个“南宝艺术公司”，昆明艺术圈子的艺术家基本都加入了他的打工队伍。他们通过各种关系承揽各种和艺术设计、装修有关的业务。那时候，你可以看见毛旭辉率领着一群人在画壁画，也会看到潘德海在锉着有机玻璃美术字。

张晓刚由于有深圳的“下海”洗礼，对这类事情始终持观望态度，并没有太大的兴趣。张晓刚每天都想离开昆明，想回到四川美院。他到重庆叶永青家住了一段时间，寻找重回川美的机会。

第四章

20 世纪 80 年代的艺术思潮活动

1985年，潘德海、张晓刚和毛旭辉（左起）在昆明潘德海宿舍

筹划上海、南京"新具像"——1985 年

1985 年，中国美术界真的有些活跃了。1 月，《美术思潮》在武汉创刊；4 月，中国艺术研究院美术研究所、中央美术学院、北京画院、美协安徽分会和《美术史论》编辑部在安徽泾县共同召开"油画艺术谈论会"（习称第一次"黄山会议"）。与会者以中年画家为主，讨论的问题越出油画界限，批评第六届全国美展、呼唤创作自由、提倡观念更新成为会议的基调。来自各地的油画家和理论家六十余人就艺术观念更新、中国油画成熟的标志和对中国油画发展趋向的估计等问题展开了讨论。李正天、郑胜天的发言反响强烈。

张晓刚在歌舞团的宿舍里曾来过很多云南在外省艺术院校读书的朋友，当时在上海华东师范大学念书的张隆就是其中的一个。1985 年寒假，回到昆明的张隆看了张晓刚、毛旭辉、潘德海的画顿时激动起来，相比他在上海看到的那些甜媚文雅的图画，他觉得云南画家们的状态实在太让人激动了。张隆在学校里也喜欢现代主义的作品。他很敏感，他觉得那些甜媚的作品在 20 世纪 80 年代的价值观里太小、太弱，而 20 世纪 80 年代是一个需要视觉和思想冲击的年代，应该是云南的这帮艺术家所追求的标准——"苦涩、大气、永恒"。那时张隆觉得这几个云南艺术家很纯粹，画的东西很有力量，就说他有办法到上海找个地方，大家一起做个展览。

回到上海后，张隆真的写信给张晓刚商量如何办画展，而且计

划已经十分具体了。张晓刚是一个但凡做事情之前都会产生怀疑态度的人，加上当时他一门心思都在考虑调回四川美院的事，收到张隆的来信后，他去找毛旭辉商量。毛旭辉本来在云南的艺术家当中就很有组织能力，像个带头老大哥，看到张晓刚转来的信，毛旭辉很是重视这件事情，又找来了潘德海商量。

从第六届美展前后积累的对官方展览方式的不满以及对体制内艺术标准的不同看法让他们认为他们的艺术需要一个出口，他们执著地创作，画出了一批又一批的画，但是心里都明白这些作品是不可能进入官方展览的，因为它们从内涵到形式都不被主流美术界所认同，它们只能给朋友看，给自己看，安抚自己的心灵。大家在喝醉酒的时候也畅想过要自己办展览，不再做些不伦不类的作品，这些念头一经产生便很难消除，眼下似乎是一个机会。毛旭辉是这几个人当中的“革命家”，热血沸腾地主张办这个展览。潘德海觉得把自己那么多年画的画拿出来展示一下也是一件好事。毛旭辉和潘德海当即决定干。于是还在怀疑办这个展览的意义的张晓刚看到弟兄们的坚定，也就同意一起参加“革命”。后来张晓刚和潘德海都说，如果没有大毛的执著，“新具像”可能只是一个想法而已。

这应该是1949年新中国成立以后，云南美术史上第一次个人自费做展览，而且是到两千多公里外的上海做展览。大家在一起讨论展览的内容，决定把展览做得单纯一点，所以不能有太多人。那个时候的昆明虽然走现代主义路子的画家不少，但是大多数人还是想着参加全国美展，还在做着很学院派的作品，希望通过官方的渠道出头。最后确定参展的云南艺术家有毛旭辉、张晓刚、潘德海，上海方面有侯文怡和张隆，一共五个人。后来到了上海，大家才知道还有一个做雕塑的艺术家徐侃，虽然他的作品也很现代，不过毛旭辉觉得徐侃人长得太雅了，不粗犷，很不像他们这一类的艺术家。

做展览首先要面对的就是经费问题，于是毛旭辉、张晓刚、潘德海就去找临时工作挣钱。昆明市商业局董家湾商场开业要做一批屏风和壁画，孙式范接下了这个活儿。毛旭辉他们需要在商场里制作一幅画在铝板上的毕加索的作品《格尔尼卡》和《生活的快乐》，还要制做一个有机玻璃的屏风。毛旭辉设计了类似米罗的作品做屏风，潘德海每天都在锯有机玻璃做抽象的图案。几个人忙了一个多月，钱却挣得不多，毛旭辉一人才挣了八十多元，而他那时的工资也有六七十元了。所以，大家觉得这样不能马上解决问题，更何况干完活儿并不是当时就可以拿到钱，要过很久以后才能拿到。毛旭辉也想不出做个展览到底要花多少钱，不仅拿出了自己的工资和小家庭中所有的积蓄，还向母亲要了些钱，总之把所有能拿出的钱都凑了起来。潘德海、张晓刚也是靠借钱筹措了展览的基本费用。

就在他们忙着打工挣展览费用的时候，张隆写信给毛旭辉说已经联系好了展厅——上海静安区文化馆，每天场租费是 30 元，门票的收入归展馆所有，其他所有的一切都要自己来——要自己制作请柬、海报，布置现场，其中最重要也是最麻烦的是得把所有的展览作品运到上海。

毛旭辉立刻行动了起来，先催着大家把展览的作品选好，又凑钱把场租的定金汇到上海。潘德海准备了四十件油画作品和布拼贴作品，张晓刚准备了二十多件作品，毛旭辉准备了三十多件作品。叶永青回到昆明去找毛旭辉，正赶上毛旭辉在打包装，于是帮着一起钉箱子打包，他在四川美院经常办理学校的作品装箱托运，也算轻车熟路。他心里十分为这几个老朋友高兴，因为他们可以像艺术家一样，把自己的作品凑起来办自己想办的展览，这是以前他们没有做过的事情，在重庆更是不可想象的事情。展览作品一共装了八个木头箱子，毛旭辉用三轮车把它们拉到昆明火车站托运。接着，毛旭辉给张隆发了封电报，上面写着“八大件已发出”。在上海的张隆看到电报兴奋得手都在颤抖，展览终于进入了实质性阶段。这八大箱子里的作品，是他们三个人那些年的经典作品，如果按照现在的市场价值计算，那真是个不得了的数字，可当年既无保险又没有专业包装就这样简单上路了。

张晓刚那年从深圳回来以后，越发不想留在昆明，脑袋里整天

1985 年，张晓刚、马祥生和杨世炯（左起）为昆明汽车南站设计制作浮雕《劲舞》

想着“出走”，对其他的事情也不是很提得起兴趣。上海“新具像”展览之前，马祥生接了一个活儿，在南窑昆明汽车站旁边的咖啡馆做一整面墙的浮雕，可以挣到一笔钱，于是来约张晓刚一起做这个浮雕。面对生存的压力，加之张晓刚始终对这个展览意义的怀疑，所以他最终选择了和马祥生、杨黄莉、杨世炯等朋友合作去完成浮雕，缺席了上海的展览活动。所以第一届“新具像”展只有毛旭辉和潘德海去了上海。

后来这个浮雕在南窑昆明汽车南站外面存在了多年，上面跳舞的人物形象很有张晓刚作品的人物造型特点。应该是2000年以后，这件张晓刚留在昆明的唯一的一件公共艺术品，随着汽车站的改建永久地消失了。

办展览——1985年

1985年6月，毛旭辉和潘德海一起坐着硬座火车到了上海，第一天就和上海一起参加展览的几个人发生了争吵，差不多都吵翻了脸。潘德海通常不说话，难听话都是毛旭辉在说。他们刚到上海华东师范大学，发现装着作品的八个大木箱子只是堆在华东师大的车棚里。上海的五六月份正是梅雨天，毛旭辉他们看到这“八大件”的时候，有些画的下部都已经泡在了水里，这当然让人非常生气；紧接着又发现海报、请柬都没有做出来，关于展览的所有前期工作一件也没有得到落实，而这些费用却是早就已经汇到了上海，难道所有的事情都要等着他们到上海才开始？张隆也只有解释实在太忙了。

于是，到上海的当天，毛旭辉就开始忙起来，设计请柬、布置展览现场以及安排其他琐碎的事情。在工作中，一路争吵不断，甚至让侯文怡去买布展需要的钉子和线也会引来一场争吵。好在张隆很会笼络人，所以大家虽然争吵不断，事情倒也一直在往前进行着。侯文怡提议展览的名字叫做“新具像”。大家认为这个展览是要释放出个人的心灵状态，他们在展览前言中写道：“首先是震撼人的灵魂，

1985 年，首届“新具像画展”作者在上海静安区文化馆外留影
左起：潘德海、毛旭辉、张隆、徐侃、侯文怡

而不是愉悦人的眼睛，不是色彩和构图的游戏。”

由于大家以前都没有组织展览的经验，所以完全没有头绪，东抓一下西抓一把的，越发辛苦。幸好那个曾经在北京广播学院上学、为毛旭辉从图书馆偷过画册的铁瓷同学刘铁君出现了，他听说毛旭辉在上海做展览，专程来上海帮毛旭辉一把。刘铁君是他们中间工资最高的，他的到来让情况发生了变化，他请大家吃饭喝酒喝咖啡，累了还提供啤酒，把每个人都安抚住了。

为人活泛、朋友很多的张隆安排毛旭辉他们在华东师大的宿舍里住。华东师大管理很严格，进门必须戴校徽，所以每当大家要回宿舍睡觉，就得先打电话到美术系的宿舍，一帮男男女女跑出来接他们，给他们戴上校徽，再一群人一起嘻嘻哈哈地混进学校去。在这样的情况下，他们辛苦了几天，终于如期把展览准备妥了。

1985 年 6 月 22 日下午，上海“新具像”展览如期开幕。开幕式来的人很多，关良老先生、阿达、俞云阶都来了，还有些画家毛旭辉也不认识。有人上来献花，还有个华东师大的女学生哭了，为这样艰难的展览成功开幕喜极而泣，这让毛旭辉他们很是感动，甚至觉得有些悲壮。那天来看展览的有些观众好心对毛旭辉他们说：你们真不容易，要小心啊，会被查封的，以前就查封过复旦大学那里搞的抽象艺术展。因此在展览期间，毛旭辉每天都在等警察什么时候来，结果到展览结束，警察也没有来。

上海的展览一共五天，最后一天观众就没有那么多了，几乎没什么人来看。有年轻的一男一女在现场既不说话也不走。毛旭辉过去和他们攀谈。年轻女人说：我很喜欢这个展览，我觉得你们一定很不容易。毛旭辉很是意外。在接下来的聊天中，毛旭辉得知她是个蒙眬派诗人，上海人，名叫张真，她的丈夫原来是瑞典驻华使馆的参赞，这次从瑞典回上海探亲。那个年轻男人是她的表弟叫南方，也是个诗人。张真问毛旭辉接下去有什么打算，毛旭辉告诉她，他们曾计划将展览做到南京去，因为毛旭辉在南京有同学，也初步联系过，但是现在没钱了，就只有回昆明了。张真建议毛旭辉应该把

1985 年，首届“新具像画展”在上海静安区文化馆举办，参展艺术家展场留影
左起：毛旭辉、潘德海、张隆、徐侃、刘铁君

这么好的展览努力办下去，去南京的路途不远，可以找辆汽车把画拉过去。临走时，她把手边的一百多元钱给了毛旭辉。这笔钱加上刘铁君走的时候留给毛旭辉的两百元，毛旭辉就有了三百多元，他想不妨试一试吧。

毛旭辉到了当时如同贫民窟一般的闸北货运车场找车，费了一番周折居然找到了一辆卡车，花一百多元就可以把画拉到南京。1985 年 7 月，毛旭辉、潘德海、侯文怡、张隆和他的女朋友坐上了去南京的火车。离开上海的那天大家很兴奋，买了红颜色的 T 恤衫，和华东师大的同学在上面涂鸦——写上“新具像”“粉子”等词。展览期间，毛旭辉还邂逅了一段短暂而甜蜜的爱情，华东师大的一个女学生爱上了他。他们彻夜在老租界的街道上溜达，仿佛正在经历一场梦幻般的异国恋情。

远在昆明的孙国娟那段时间经常跑去找张晓刚玩，他们一起开玩笑想象：上海的展览开幕了，但是一个观众都没有，只有一个老头。那个时候，他们也没有想到，那么不起眼的一个展览，日后竟然成为中国美术史上重要的一笔。

到南京后，毛旭辉找到了曾观看“新具像”展览的画家给他们介绍的丁方，丁方当时正在南京艺术学院读研究生。当天晚上，一行五人就住在了丁方的宿舍里。南京的夏天很热，晚上更热得睡不着，大家就吃西瓜喝啤酒聊天，聊了一个晚上。结果，第二天上午，他们还没有走出南艺的校门就被保卫科的人截住了，要检查证明。保安看完证明说他们这样随便住在学校里违反规定，要罚他们款，50 元！毛旭辉一边说真的没有钱，一边磨叽了半天掏出 5 元，最后以罚款 5 元了结。事后毛旭辉说幸好当时他把钱藏得很好，只留了 5 元钱在外面。

南艺住不成了，预算又不包括住宿费，毛旭辉在展厅对他在南京的云南艺术学院的同学吴越发牢骚。吴越给他推荐了几个自己的

1985 年，杨刚、毛旭辉、侯文怡、潘德海（左起）在南京“新具像画展”

好朋友，一个是《钟山》杂志的美编汤国，一个是《春笋报》的记者杨刚。杨刚把自家的一个空房子借给毛旭辉一行人住，而汤国则替毛旭辉想了个开源的法子。他把相机借给毛旭辉，让他把重要的作品拍了相片做成图片在现场卖，旁边放一块牌子，上面写着："我们是来自边疆的年轻艺术家，希望大家给予我们支持。"每张图片标价 3 元。当时有一个从中央美术学院回家过暑假的学生来展厅看了好几次，还买了几张图片。二十年后，这个买图片的学生成为了张晓刚的经纪人、美国纽约佩斯画廊北京空间的总裁，他就是冷林。

毛旭辉在南京的同学帮他租下了南京大学附近的南京市卫生教育馆，场租只要 20 元一天，而且门票收入归毛旭辉他们。那里工作的美工很热情，还免费帮毛旭辉做了一块很大的海报。海报上黄底黑字写着"新具像画展"，结果好多人看成了新家具展览，买了门票进来一看，尽是些很难看也看不懂的画。好在门票一毛钱一张，大家也都不计较了。那条街道特别热闹，每天都有很多人哗哗地进来，有那么两天，门票收入达到了 40 多块钱。每天展览结束后，毛旭辉他们都会数钱，一毛钱一张的钞票，很厚的一沓。

展览开幕当天，丁方跑过来找他们，一见面就要谈学术。毛旭辉被南京大火炉烤了一天，昏昏噩噩的，根本没有力气谈学术；潘德海还是永远都不发言；侯文怡又看不起任何人。只有毛旭辉态度还好，说起来毕竟第一天是丁方收留的他们，他为那天的事情抱歉。这才知道之所以被罚款，是因为研究生宿舍旁边就住着南艺副院长沈行工，那天晚上聊天的声音影响了院长夫人的睡眠，所以早上叫保卫科的人罚款并撵他们走。还好除了这件事，在南京的一切都很顺利。

在毛旭辉的印象中，那个年代南京的观众很有文化，他们在展览的留言簿上写了很多有意思的留言，而且字也写得很好。当时有一个小伙子很气愤地在留言簿上写到：我恨不得把你们的画扔到街上去！写完了笔一扔，相当有气势地走了；还有人用烟头烫展出的画；也有人激动地对他们说：你们是中国的栋梁、中国的希望；还有人很喜欢同时展出的张真的诗歌。

离开南京的时候，大家是彻彻底底没钱了，但是所有的画都得运回昆明。火车的托运费要 100 多元，而且再打八大件是不可能了，他们甚至都没法钉箱子，最后只能把这一百多张画拆下来卷成卷，坐火车扛回来，拆下的画框就送给当地艺术家。那天南京相识画画的朋友们就像发了财一样，每人拿着几个画框回去。

在火车上，毛旭辉总结了这次的展览，写下了这样的文字——太像老人与海了，想要打一条大鱼，搏斗了几天，鱼倒是被征服了，但拉回家的时候只剩下一副骨架，肉都被鲨鱼吃光了，有一种空虚的感觉。

第一届“新具像画展”差不多折腾了快一个月，回来以后大家都很累，也没钱了。毛旭辉连当月的工资也没有了，家人自然也没有什么好脸色给他。潘德海也在为还借来办展览的钱发愁，于是重蹈覆辙去张晓刚曾经打工的深圳大学艺术中心打工挣钱。

“新具像画展”结束后，昆明现代艺术话语权就基本掌握在毛旭辉手上了。他感觉到年轻人都很喜欢这个展览，中年人则比较微妙，有人表扬他们，有人觉得他们很危险。他感觉很过瘾，起码做了一件特别想做的事情。那会儿正值改革开放的初期，文化部门也出现活跃的苗头了，云南省文联当时正在召开一个美协扩大会议，会址就在昆明翠湖边的文联大楼。当美协的人听说毛旭辉回来后，就邀请他去会上介绍一下外面的情况。毛旭辉和潘德海一起去了，介绍了展出的情况和展览中每个人的情况。

毛旭辉在发言中说：我不知道我有没有资格在这里发言，因为我不是美协的会员，而且这是理事扩大会议。省美协的主席觉得没有让毛旭辉等人加入美协是他们工作的失误，于是，市美协的林德宏主席和秘书长做了毛旭辉他们的介绍人，让他们“火线入会”，成为美协的会员，并且毛旭辉还被任命为云南省美协的理事。市美协领导从有限的经费中给毛旭辉、潘德海、张晓刚每人发了50元补贴。50元当时差不多是半个月的工资，毛旭辉觉得这起码可以对家里的生活有一些帮助了。直到2012年初的一天，我和毛旭辉、唐志冈聊天，毛旭辉说，他自己作为一个一辈子从事艺术工作的老艺术家，唯一的一次组织关心就是昆明市美协发的这50元钱，让他铭记至今 。

当然，毛旭辉也很好地利用了美协会员这个身份，到处鼓吹当代艺术。他在会议上介绍全国的形势——自由创作的春天已经来了。他告诉大家，他们在上海办展览，氛围很好，很多人在交流，大家都很喜欢这个展览，喜欢现代派的作品。他说中国的艺术圈现在很活跃。他也谈了些自己的艺术观，但可以确定的是，很多美协的成员基本上是听不懂的。从那以后，省美协一有什么新潮美术方面的事情就找毛旭辉，大多是关于青年美术的创作，而且省美协的会刊《美术通讯》也开始大量登载介绍当代艺术的作品和批评文章。

第一届“新具像画展”是一个展示自我艺术的最初体验，是年轻生命的本能冲动，虽然毛旭辉发现这个世界没有因为这样的冲动而发生什么改变，但通过展览结交了很好的朋友——从开始大家互相摆架子、吵架到成为好友，最后成为真正意义上的战友，因为当时在中国走这条路实在不容易，同行的人更是难能可贵。

死水微澜——1985 年

回到昆明后，在朋友们为毛旭辉举办的庆功宴上，孙国娟因为头一天做了个梦，梦到毛旭辉在上海和一个女人好了，就不依不饶地纠缠毛旭辉。毛旭辉老老实实地承认了上海的恋情，孙国娟接受不了这个现实，提出来分手。为了报复毛旭辉，她就挑逗毛旭辉从华东师大带回来的一个他特别推崇的年轻人姚霏。姚霏后来成为中国武侠小说界的一个非常有名的作家，笔名为：沧浪客。与高大英俊的毛旭辉相比，矮矮小小的姚霏是另外一个形象的代表。孙国娟任性地选择这样一种方式来气毛旭辉。她和姚霏谈了

1985 年，孙国娟（左）与张夏平（右）在昆明

几天恋爱，就问姚霏愿不愿意与她结婚。姚霏欣然同意。这件事很快传到了毛旭辉耳朵里，于是毛旭辉拉上张晓刚、张隆等一票人把姚霏打了一顿，感觉从文学界夺回了一点面子。但是最终毛旭辉和孙国娟还是分手了。

就在这个时期，孙国娟认识了张夏平，于是她们在一起画画，一起疗伤。每天晚上，孙国娟骑着自行车穿过昆明旧城的大街小巷，回来就用油画棒画一张风景。画了一些画以后，孙国娟又拿着作品去请教毛旭辉，于是两个人旧情复发，但若即若离。导致这种状态一是因为毛旭辉的多情，更为重要的一点是毛旭辉对家庭婚姻的态度。所以，倔强的孙国娟认为两人关系既然这样，她也应该有自己独立的生活。

图书馆同事给孙国娟介绍了一个从新疆来的记者李云帆，他是武汉大学图书馆系毕业的才子，很小就考上武汉大学，据说读书过目不忘。他是来采访老山前线的。刚与毛旭辉分手正处在空虚中的孙国娟迅速和李云帆堕入爱河。过年的时候，孙国娟去了李云帆的老家湖南，但是从小娇生惯养、什么事情都不会做的孙国娟实在让李云帆的妈妈喜欢不起来。当他们提出要结婚时，李云帆妈妈坚决持反对态度。不管家庭是什么态度，两个相爱的年轻人还是决定结婚了，而且决定结婚以后就一起流浪海南，因为他们有一个叫阿丘的朋友在那里。

从湖南回到昆明以后，孙国娟告诉毛旭辉她将要结婚了，以后可能再也没有机会和他在一起了，于是他们决定一起去一趟圭山，用一起画画的方式向过去告别。这一年冬天特别冷，圭山下起了雪。他们住在同一个家庭的两个房间，因为天冷，大部分时间就围着火塘聊天。两个人毕竟互有情愫，越发觉得难以分离。毛旭辉劝说孙国娟："你这样结婚只能去做别人的洗衣妇，他连自行车都不会修，怎么养你？"孙国娟也觉得事情好像有点严峻了。

李云帆从新疆拿着结婚证明来到昆明时，孙国娟对结婚的态度已经被毛旭辉彻底逆转了。孙国娟告诉他不再想和他结婚了，但是

1985年，张晓刚等人在苏江华家
左起：毛旭辉、毛杰、孙国娟、陈莉、余晓云、苏江华、
张晓刚、马祥生、孙式范、张隆、余小华、杨黄莉

却没有说原因。李云帆惆怅地回新疆了。

“新具像”展览后回到昆明，毛旭辉经历了一段死水一般的日子，人经过这样的一个高潮，再回到原来的境况中就变得越发难以忍受。侯文怡给毛旭辉写了一封信，信中写到：“老毛，虽然我们的展览当时看来没有引起别人更多的关注，但是现在有人在了解这个展览，这个人就是高名潞。他从北京来找我，找那个展览的资料。但是，我已经对这个事情没有兴趣了，我建议高名潞直接和你联系，你的表达能力和社交能力都很强。我要去美国了，你们好自为之吧。”侯文怡离开了中国，毛旭辉就把这个使命接下了。

“新具像”展慢慢开始有了些影响，毛旭辉也和高名潞接上了头。记不清是谁先开的头，他们开始通信。高名潞称大毛为“毛旭辉同志”，毛旭辉则称他为“高名潞同志”。当时高名潞在《中国美术报》工作，他向毛旭辉提出了很多问题，诸如“你的艺术观是什么？”“你们当时是怎么想的？”“为什么到上海做展览？”。毛旭辉拿着那封信，觉得很难回信，他还没有从根本上去理清这个思路、整理有关文本。毛旭辉思考了好多天后，开始回答他的问题，把整个展览的过程、成员，每个人毕业于哪个学院以及这些人怎么集合在一起的，像是在完成一份报告一样，写了非常长的一封信给高名潞，试着回答他们这群人对生命意义的理解以及艺术和生命的关系。

从这个事情以后，毛旭辉也有了一个很好的文本整理习惯，所以他是这批艺术家中掌握文本资料最为翔实的人。高名潞回信说看了毛旭辉的信后特别能理解，他发现“新具像”艺术家的创作和博格森的生命哲学有相近的意思。他将会在一个重要的全国会议上发言，要从这个角度来阐释“新具像”的作品，他要介绍他们的作品和资料。从那时起，毛旭辉欣喜地认为他们开始和中国的学术界接轨了。

曾晓峰照旧在昆明过着他独行侠的生活。画院的工作让他没有感受到张晓刚、毛旭辉、潘德海们企望参加展览的那种渴望与无助。

他依然每天来到盘龙江边的画院工作室，从容地进行创作。1985年，在“前进中的中国青年美术作品展览”上，他创作的版画作品《和平的土地》获得了三等奖。

在沉闷的昆明，毛旭辉守在电影公司的工作室和宿舍里，依然画着电影广告，与外界的联系就是靠夜深人静时写的书信，与美术界的学术接轨、和同行的交流仿佛是沉闷环境中的一缕清风。这时候，张隆也给毛旭辉写了信，他说：“大毛，好像又要动起来了，华东师大的系主任去参加了一个学术会议，有人做报告要注意青年艺术家的创作动向，其中提到了我们的展览。”慢慢地，他们开始有一种春潮涌动的感觉。当时，外地的艺术家、批评家都以为昆明这里的艺术群体活动频繁，其实只有毛旭辉孤独地守在昆明电影公司的红砖宿舍里，给大家写信说着这里的情况。

四川美院那时的气氛完全是死气沉沉，压得叶永青透不过气来。叶永青借着四川美院组建师范系的机会，和系里商量把张晓刚借调过来当代课老师，于是在1985年8月底，张晓刚回到了他梦寐以求的四川美院，但还只是在考察阶段，并没有办理正式调动。

那年甫立亚刚好得到一个到中央工艺美院进修的机会，到北京去了，叶永青就过上了单身汉的生活，生活又回到了从前读书时的样子。一些比较喜欢现代艺术的学生们聚拢在张晓刚和叶永青的周围，形成一个小小的群体，有了那么点儿小小的氛围。受到叶永青和张晓刚的影响，他们画与四川美院主流不一样的画，有一点儿现代主义的意味，又有一些神秘主义的元素，但是题材大都是从西双版纳的题材引申出来的。叶永青依然迷恋西双版纳，那几年几乎每年都会去西双版纳，他有一组西双版纳的速写画得非常有感觉。很多他教过的学生在枕头下面都有一叠叶永青速写的复印件，他们都在模仿。叶永青画的西双版纳的树林是长毛的，那时候四川美院的

1985 年 7 月，叶永青（右）与聂荣庆（左）在重庆朝天门码头

很多学生画速写都长毛，包括后来的学生陈文波、何森也是这么画，更早接受他们影响的是任小林所在的那个班级，还有刘宇、杨述所在的班级，加上后来的李季、许仲敏这个班级，四川美院那时已经有一个小范围现代主义艺术创作的圈子了。

1985年高考结束之后，我觉得自己专业课考得不好，叶永青说先到四川美院看看，等开学后去重庆好好补习一下专业课，第二年再考。于是，我和甫京京蹭着火车，坐在行李车的值班室里混到了重庆。京京凭着记忆说四川美院在沙坪坝，到沙坪坝一问路，其实在黄桷坪，于是，我们又倒了若干趟公共汽车，终于来到了黄桷坪四川美院的桃花山。

第一次离开昆明去那么炎热的地方，每天都是晕晕乎乎的。我住在了开学以后张晓刚即将入住的宿舍，也就是叶永青家后面的一间房。那时没有空调，甚至连电扇都没有，每天躺在凉席上都在流汗，只能隔一会儿就去挂在后面小院里的蚊帐里接上一盆水从头到脚冲一次凉。叶永青有一天晚上带我去程丛林家，一进门我的眼睛就被墙上的一组风景画吸引了，叶永青告诉我那是张晓刚不久前画的一组圭山的风景，他们都觉得画得很棒。

到重庆几天以后，甫立亚和甫京京去河北探亲，顺便就留在北京准备在中央工艺美院进修；叶永青则去了成都，准备去拉萨，因为在西藏的四川美院的老同学李新建邀他一起去画拉萨机场里的一张壁画，可以挣一笔钱。酷暑中我又在重庆呆了几天，陪伴我的是他们家豢养的宠物——两只鼹鼠。

曾浩实在无法在中学做一个为人师表的老师，因为他对教书完全没有兴趣，加上他一直以来与父母的强烈对抗，他选择尽快离开昆明，重新进入大学学习。当然另外一个重要的原因是他和学校一位女教师的一段不伦之恋。因为每天和女老师的约会都是在窥视之中，两人的关系又似乎与伦理道德有悖，学校的环境让这对恋人欲爱不能，欲罢也不能。1985 年 9 月，曾浩作为“文革”以后第一个考取中央美术学院的本科生，进入了央美油画系第三工作室，用时间和距离为这段爱情画上了一个句号。

在昆明的艺术家朋友照例是当有一个人要离开，大家必须一醉方休，而且还一定要把酒喝到火车站的月台上，最后的玻璃酒瓶一定是砸在火车下面的轨道上。送张献是这样，送曾浩是这样，送张晓刚也是这样。秋天，张晓刚带着去川美进修的胡晓钢，在朋友们砸碎酒瓶子的声音中登上了前往重庆的火车。他们带着昆明的生活方式，走到哪儿都要喝酒、跳舞、听音乐，于是桃花山上张晓刚的宿舍又成为了一个“窝子”。

那个时候，在文艺圈子流行跳“两步”舞，其实就是“熄灯舞”，伴着缓慢的音乐，可以零距离地和舞伴有肌肤接触和思想交流，这种舞当时是不能在舞厅里面跳的。在桃花山上，一帮荷尔蒙分泌比较多的光棍还有一个法国的女留学生法比恩经常在一起玩得很疯。有一次，周春芽也来川美，说找几个女孩子来跳舞，以前大家眼中很老实的周春芽，那天却让大家很吃惊，他跳得那么投入，仿佛穿上了红舞鞋，永远都不会停下来。第二天，叶永青在地上捡起了一根头发，是法比恩金色的头发，叶永青和张晓刚把它挂在晾衣服的铁丝上看，仿佛是看一个纪念品。这时，法比恩恰巧走进来看到，感动地哭了起来。

同样是一次聚会之后，醉酒的张晓刚摔掉了叶永青所有的杯子，第二天叶永青很认真地要求他不要把昆明的习惯带来四川，于是张晓刚开始反思，并且彻底改掉了这个习惯。后来他认为这是他自我约束的第一步，从那以后，张晓刚开始变得自律起来。

他的北京 她的北京——1985 年

从西藏回到重庆，叶永青总想着要去北京，也许是思念在北京的妻子，他开始失眠、焦虑。当时在川美体检中，有个叫叶万青的老师被查出得了乙肝，被误传成叶永青，叶永青就总觉得是自己得了乙肝，非常紧张，天天吃药，见了药就吃。这时甫立亚给他写信，告诉他美国著名艺术家劳申伯格来北京做个展，让他去北京看展览。劳申伯格在中国的展览对于当时的中国艺术界是非常重要的。劳申伯格把绘画、雕塑和工艺相结合的"集成"绘画，曾掀起美国艺术界的革命。这个展览也影响了中国现代艺术运动——"85 美术运动"和参与的艺术家。

1985 年 11 月 18 日，那是叶永青生平第一次看当代艺术家亲自出场的展览，完全是经验之外的，而且劳申伯格本人魅力非常。头几天劳申伯格每天出场都有保镖，大家都没有见过那种阵势，展览也很有气势。劳申伯格之所以办这个世界性的巡回展览，是要表达一个理念：分享不同。一开始劳申伯格带了七个保镖，但是他没预料到展览要花那么多钱，而且他所有的作品都是用军用飞机运来的，因为他要实现让军队来给艺术家运输作品的理念。他认为如果这个世界真的会变得好，那么军人就不需要去打仗，而是应该帮艺术家运作品，为艺术家服务；如果全世界的军人都在帮艺术家服务，那么这个世界就是和平的。所以他这个展览在全世界巡回，都是雇军用飞机运作品，这些作品最终还要运到西藏。最后，劳申伯格把所有的钱花光了，他的保镖也都半路被打发回去了。他说他打一个倒立，如果口袋里掉出一分钱来，他就不是人。

这种切身的交流与以往看作品的经验完全不一样。叶永青第一次觉得艺术是活的东西，艺术不再是博物馆里定格的作品，艺术不再是书本上模糊的图片，艺术也不是高高在上的殿堂。叶永青觉得艺术可以那么亲切，那么简单，却能冲击个人灵魂和所处的社会。劳申伯格的展览改变了叶永青，让他明白艺术不仅仅是精神化的图

叶永青 《离开和留驻在最后一块草地上的两个人》 纸上丙烯
51cm×36cm 1985年

示，入世能够触摸到的一切也可以成为艺术。如同当年“西德表现主义绘画展览”对毛旭辉的启发和影响那样，劳申伯格的北京展览对叶永青也是一次里程碑式的启发。

在朋友的帮助下，叶永青在北京三环边上一个小公寓里寄住了一段时间。那个冬天，他在北京读了大量的书，从中接触到很多关于西方现代主义的思想；他结识了很多中央美院、中央工艺美院的同行；他经常去拜访栗宪庭，看了很多展览。北京的这段生活让他产生了强烈的创作冲动，因为当时住的地方小，所以他只能画些尺寸小的作品，并且很多作品是画在纸上的。他想画和他有关系的事物。在重庆时，叶永青生活工作都在一个很工业化的环境里，他一直想要逃避那种环境，所以他一直画西双版纳的树林、树叶、圭山的风景、云南的少数民族生活。而在北京，他却开始画重庆，画工厂的景观、画那个环境里的爱情。栗宪庭看到叶永青的这些作品觉得很奇怪，轻轻嘀咕，他不明白四川美院怎么会有叶永青这样的画家，这些作品完全不像四川美院画家的作品。

几乎在同一个时期，1985 年的 11 月，在昆明养病的张夏平因为还有最后一门功课需要考试，就踏上了去往北京的列车。从昆明到北京需要三天三夜，张夏平在车厢里散步时遇见了一个在看一本数学书的白人小伙子。正在学习英文准备考托福的她，觉得可以与这个老外练习一下口语，于是在连比带划的交流中，两个寂寞的乘客就在火车上相识了。十分钟以后，张夏平仿佛就已经和这个叫谢塞尔的奥地利小伙子是故交了。她甚至接受了这个白种男人用毛茸茸的金色胡子蹭她的脸。中途停车休息时，他俩已经像相识多年的恋人手牵手在月台上散步。

夜晚到来了，张夏平依依不舍地回到自己睡觉的火车尾部的行李车厢。因为她妈妈托一个在列车上工作的朋友照顾她，所以虽然她买的是普通硬座票，但可以在行李车厢里的一个小值班室睡觉。可是没过多长时间，张夏平就潜回了已经熄灯的卧铺车厢，钻进了

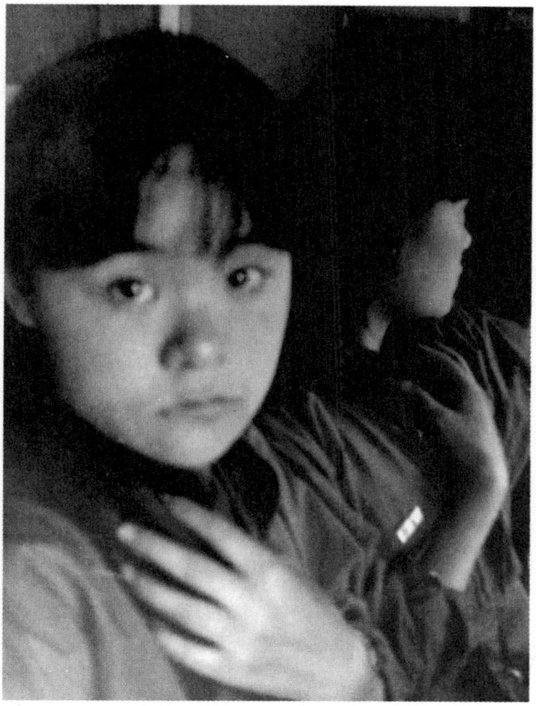
1985 年，张夏平在北京

1985 年，张夏平和谢塞尔在北京

谢塞尔的睡袋。突然，灯亮了，周围站满了警察，车厢里响起了此起彼伏的各种谩骂声。在那个年代，一个中国女孩跑来和一个外国人睡觉，而且在众目睽睽之下，大家是接受不了的，觉得实在是给中国人丢脸。

张夏平被乘警关了起来，到了北京站，连同谢赛尔一起被移交给北京警方。因为是“生活作风”问题，警方只是按惯例审问了一番，就把她交给了来保她的学校老师。她回到永宁胡同的住处，谢塞尔已经在这里等她了几个小时。接下来的几天，她带着谢塞尔游览了北京各个有意思的地方，最后找了京郊一个偏僻的旅馆开了一个单人间，谢塞尔则开了一个十几个人同住的房间的床铺。晚上，在张夏平房间正在享受男欢女爱的他们又被敲门声惊醒，接受盘问，原来有人一直跟着他们。

第二天，张夏平在北京站送别了谢塞尔。他要从这里去往遥远的布达佩斯，然后转车回奥地利。当初，这个22岁的青年因为对外面世界的好奇，买到一张只要50美元的便宜火车票，就从欧洲来到中国旅行，却没想到这张车票给他带来了多舛的一生。他再次见到张夏平已经是五年以后的事情了。

张夏平回到学校，学校已经不可能接受她了，她的所为早已经够开除好几次。由于她特殊的身体情况，学校决定让她自己“因病退学”。那个时候，正值中国流行音乐刚刚起步，张夏平的才情让她写出了一些不俗的歌词作品，正准备与一些很活跃的流行音乐作曲家合作，突如其来的变故只能让一切停止。她开始了流浪北京的生涯。

张夏平没有了固定的住处，随着逐渐发作的病情，朋友们也渐渐失去了耐心。她流浪于北京的各大饭店，有时就在饭店的沙发上睡觉。后来她被一个音乐学院的同学看见，告诉了在煤矿文工团工作的好友丁瑞华。丁和朋友们找到张夏平，对她的所作所为不能理解也不能原谅。大家聚在一起开会，讨论怎样帮助解决张夏平的问题。但是，由于张夏平病情反复无常，大家尽管十分尽力，能够帮到她的也还是有限。她在北京经过了一段梦魇般浑浑噩噩的日子。一些过客一般的男人带来的短暂感情也都没有能够抚慰她时而孤独、时而躁郁的心，她只好回到家乡昆明养病。

回到昆明的日子，张夏平认为是人生最艰难的开始，从小到大被宠爱的她第一次遭到父亲掌掴。火车上的丑闻在昆明传开了，她的父亲当时是政府官员，被市委书记找去谈话。他无论如何也想不到自己的女儿会做这种丢人现眼的事，而她又如何为自己去解释什么呢！她确信谢塞尔会来与她结婚，她甚至还做过与他结为夫妻的梦。张夏平把被学校开除的事告诉了谢塞尔，他非常难过，很明确地表示他会对自己的行为负责，只是现在还不能结婚，因为他才刚刚开始读大学，经济上也不独立。张夏平当时有些失望，但也知道他说的是实话。对于一个 22 岁的大学生，能够指望他承担什么呢！

张夏平的病渐渐从狂躁进入到抑郁阶段，而恰恰在这个时候，她发现自己怀有五个月的身孕，唯一能做的事就是引产。她没有告诉任何朋友，家人对她也更加失望。张夏平用一个假名字假单位去医院住了三天院，解决了这个问题。这是一段对她来讲非常黑暗的日子，从心灵到身体的痛楚没有办法让别人来替她分担一点点，哪怕只是一个倾诉和宣泄的对象。她只有把自己封闭起来，忽视掉视线看到的一切，触觉碰到的一切，麻木掉自己活跃的思维。

在昆明家中的日子，张夏平整天呆坐着照镜子。她把五年没有摸的画笔捡了起来，开始画画，画镜中的自己。她画了一大批自画像，每画一张就觉得自己蜕变一次，她用一种特别的绘画语言去寻找镜中肖像背后生命的故事。她的这批作品引起了昆明画家朋友们的极大关注，大家的关注和交流又让张夏平沉寂很久的生活开始有了些生气。她用了一年多的时间自我调节，一边学英文，一边自找乐趣，听音乐、踢足球、吃药、睡懒觉，交一些不痛不痒的新朋友。张夏平认为真正的健康是绘画给予她的，只有艺术创造可以解救一个人，一个失落的人。

“寻找那个存在”——1985 年

在重庆的张晓刚除了觉得自己回到一个专业单位外，其他的一切让他都感觉失望：四川美院变得很封闭，反倒是昆明的氛围更为开放和自由。因为昆明的艺术家来自四面八方，而四川美院更像一个近亲繁殖的大寨子。那时候，马尔克斯的《百年孤独》和平克弗洛伊德的音乐是支撑他精神的食粮。张晓刚感到重庆和昆明的生活太不一样了，有一种进入另一个社会的沉闷。当然他也得到了足够的时间去反省，反省曾经在昆明的那些有价值的思想，也开始慢慢整理这几年自己的艺术理论架构。他读书的方向也已经从存在主义哲学转向东方的神秘主义哲学，开始读禅宗方面的书。他读的第一本有影响的书就是铃木大佐的《禅与心理分析》。看完那本书以后，他有些开窍了，他回想 1984 年前后在昆明那样的生活，仿佛是一个深渊，会把人慢慢毁灭掉。

1985 年是张晓刚思想上的一个转型期，通过阅读从东方艺术哲学里面汲取养分，去确立一种新的思想。从这一年起到 1986 年间，他写了两篇非常著名的文章，一篇叫《为了那个存在》，一篇叫《寻找那个存在》。他开始用一种源自心底的东方神秘主义重新去审视艺术和人的生活。他看到艺术和生活之外，似乎有另外一个东西在主宰着历史和艺术。他后来又读了西班牙哲学家乌拉穆罗很极端的一些书。那会儿《庄子》突然很流行，张晓刚和叶永青也开始接触老庄哲学，一边看老庄一边看现代主义的东西。除了读书，他们还晚上写信给外地的朋友，这是那时与外面沟通的唯一渠道。

张晓刚开始画一些类似水墨的作品，很有东方意味，同时也开始了纸刻油画的尝试，也就是后来的《遗梦集》的雏形。在 1985 年初，张晓刚从深圳回来后画了两张画，一张是一棵树上所有的苹果都掉下来，一个人从旁边走过；另外一张画是一个孤独的人的背影，像是延续 1984 年《幽灵》系列作品。张晓刚创作意识里有一个想法，在经历重庆、昆明、深圳一连串的事情后，明白了什么是诱惑，什么是宿命。也是为了把 1984 年《幽灵》系列的创作语言接过来，他创作了这两幅画。但

唐志冈《军魂之一·担架》 油画 1985年

是，他又深深意识到自己的这些烦恼和磨难继续放到个人深渊里，与外面世界的大江大海相比完全微不足道。他的心理格局逐渐打开放大了。画完这两幅画以后，张晓刚结束了他的《幽灵》系列。

唐志冈因为之前考大学未果，所以他一直有学院情节，想系统学习绘画。军艺考试前，他曾想去上中央美术学院的进修班，苏新宏当时看到唐志冈的一批人物肖像便立刻拿到班上去给同学们看，大家觉得他画得太好了。只是进修班已经开学半年不能再收学生了，苏新宏就把唐志冈推荐到徐悲鸿画室，让他跟一些高手学一下。

到了徐悲鸿画室，唐志冈反而感觉不对。当时的老师是王沂东，他的绘画方式十分正统古典，一个上午可以只画一个女人体的一条轮廓线，慢慢修正，画得很慢。在徐悲鸿画室，唐志冈很压抑很痛苦，当然痛苦的另一个原因是他在昆明董家湾派出所的警察女友孙穗阳总是与他闹别扭，因为她想让唐志冈留在昆明和她结婚，但是唐志冈一定要离开昆明。女友闹脾气不回唐志冈的信，收不到信的唐志冈烦躁不安，他觉得自己这一辈子的爱情都是鸿燕传情，靠两地书谈情说爱。但是这种情感上的折磨不能改变唐志冈的理想，他就是想离开昆明，离开那个约束他的部队和无趣的工作。他在外读书的几年中，除了去中甸体验生活那次回了趟昆明，几乎没有再回去过。来到北京读书，昆明的这段爱情也随之结束了。后来在解放军艺术学院，唐志冈邂逅了从重庆来北京外国语学院培训外语、准备去荷兰莱顿大学学习的于红，又开始了新的一段鸿雁传情。

“85 美术运动”很是让唐志冈迷茫了一阵子，他军旅画家的身份限制了他的参与，但是他们是一代人，艺术价值观和毛旭辉张晓刚他们是一致的，而且身处一个逐渐开放的和平社会，战争题材和历史题材的表现不再能激发他的创作灵感，他愈发困惑。他开始观察身边的战友，发现他们在日常训练和工作的刻板严肃形象的背后也有年轻人可爱个性的一面，于是，唐志冈画了很多日常化、亲切的、平民化的战士的肖像。

1986 年 2 月，张晓刚、叶永青、法比恩和聂荣庆（左起）在西双版纳

梦幻西双版纳——1986 年

1986 年的寒假，叶永青夫妇和已经在四川美院代课的张晓刚依然按惯例回昆明过春节。这一年，我大学一年级，去云南元江写生，在这期间陪伴我长大的奶奶突然去世了。由于当时通讯十分落后，家人没有办法联系到我，我回到昆明时，奶奶的后事已经办完，所以假期里我情绪十分低落。叶永青和甫立亚早就订好了去西双版纳的计划，看到我情绪不好就劝说我跟他们一起去西双版纳采风，顺便散散心。我接受了他们的建议。可是他们之前已经订好了车票，我已经没有办法跟他们一起出发。好在有个朋友帮忙买到了一张从昆明飞思茅的飞机票，我只能先飞思茅，然后坐长途汽车进西双版纳与他们会合。

那是我生平第一次乘飞机，飞行 40 分钟，票价是 27 元人民币，乘坐的是老式的前苏联生产的“安 –24”飞机。45 分钟之后，飞机降落在思茅机场。因为那时飞机很不准时，来接我的同学杨晓宾没能接到我，我找到文化馆硬是打听到了他们家的地址。在杨晓宾家借宿了一夜之后，第二天我勉强挤上开往景洪的长途汽车，坐在汽车门口的梯子上，绕着平均每公里两三个弯的六十公里盘山公路去了西双版纳。

到了景洪，我赶紧找到与叶永青夫妇约定的版纳宾馆去看留言板。我们在昆明约好，他们在版纳宾馆的留言板上会告诉我他们的行踪。可是看完每一张能看懂的留言条，都没有看到他们给我留的条，我一下子就慌了，赶紧去找我在版纳的同学孙建华，可是他也不在家。我很茫然地走上了景洪的大街,突然看到远处歪歪倒倒地走过来三个人，中间个子高的是一个金发碧眼的外国女人，旁边一个定睛一看竟然是张晓刚，另外一个后来经张晓刚介绍是思茅的艺术家贺昆，外国女子是四川美院的法国留学生法比恩。没想到张晓刚也在版纳，我一下就觉得找到救命稻草了。对张晓刚讲了我寻找叶永青夫妇的经过，并且说“我只有跟定你们了”，也不管他们有什么安排，有没有什么不方便的地方。张晓刚知道叶永青他们去了澜沧江边上一个叫橄榄坝的地

1986年2月，叶永青和甫立亚在西双版纳

方，于是，我们相约第二天去橄榄坝找他们。

第二天黎明时分起床，在版纳宾馆公共盥洗台洗脸刷牙时，我把近视眼镜落在了水管旁边。重新配眼镜要十天时间，于是我只有靠着焦距不清的眼睛，如梦幻一般地去体会西双版纳。在景洪码头集合后，张晓刚及法比恩带着我坐船去橄榄坝。那时候的西双版纳真的很美。景洪在傣语中就是黎明之城的意思，所以黎明的景洪异常美丽，周围的群山层层叠嶂，早起的农户炊烟袅袅，一幅闻得到味道的美妙图画。这个恬静的画面深深地印在了我的心里。后来又去了无数次景洪，然而这一切都只能是一个记忆了，因为今天的景洪已经被旅游商业和房地产充斥成为了一个旅游快餐城市。直到2011年底，我到老挝的琅勃拉邦，又依稀看到了我心中留存的那个景洪。

坐在去橄榄坝的船上，两岸是一片接一片的橡胶树林，最为动人的是山巅那些如人形一般的橡胶树影影绰绰。当太阳如同一个火红的气球从树林当中升起来的时候，一切都静止了，只有太阳和色彩在缓慢变化。从景洪到橄榄坝，我们一直趴在甲板的栏杆上，静静地享受着西双版纳的日出。

在橄榄坝仅有的一个招待所里，我们终于寻到了叶永青他们的足迹，但是他们已经去了傣族村寨。于是张晓刚决定带着我和法比恩去傣族的村寨逛一逛。走进一个傣族寨子，正好碰到有人家结婚。张晓刚曾经在农村当过知识青年，有在村子里的生活经验，他说“我带你们去蹭饭”。我们就跟着他走进办喜事的老乡家里。看见来了远方的客人，而且还有外国人，老乡们异常高兴，把我们奉为上宾。对傣族来说，招待客人最为热情的方式就是让你喝够他们的米酒，吃够他们认为最美妙的食品“剁生”和“白旺”。“剁生”其实就是剁碎了的生猪肉加上傣族的调料，“白旺”则是将刚刚杀了的猪的里脊肉爆炒后倒入猪血中凝结成一块一块血豆腐一样的东西。虽然美味，但是第一次面对那么刺激的食品还是有些犯怵，我在吃老乡奉送上的这些食品的同时，也被灌下了几杯米酒，迅速就人事不省。后来张晓刚说法比恩也喝了几杯就倒了。他替我们喝了15杯以上的酒，而且还陪着老乡听他们用半汉半傣的语言唠了几个小时的家常。等我酒醒，已经太阳西下，回到招待所，终于和叶永青夫妇接上了头。当晚，我们就住在了橄榄坝。因为有三人间，我依然很不懂事地要求与张晓刚、法比恩住一间，全然不管他们是不是需要两个人住一间，也没有去想他们之间是不是有什么关系。我至今记得当天晚上的一幕，法比恩来向张晓刚借他的牙刷用一用，张晓刚十分诧异地张着大嘴“这个东西也可以借啊？”我在懵懵懂懂的时期就这样极其不懂事地当了一回“灯泡”。

第二天，我们在叶永青夫妇的带领下坐渡船到澜沧江对岸，然后沿着澜沧江再走几公里去一个叫“曼火乱”的傣族寨子。这个寨子是他们经常去的一个“根据地”，有他们的老朋友“岩叫甩”一家。走到曼火乱寨子已近中午，来到岩叫甩家的竹楼，岩叫甩夫妇已经做好了饭菜。我们一阵狂吃，然后饭饱神虚，倒头就睡。醒过来的时候，听到女主人和甫立亚及法比恩轻声细语用很“夹生”的汉话在唠家常。我们一行人慵慵懒懒起来，跟着叶永青去逛一逛曼火乱，晚上就在竹楼上面，围着火盆，听张晓刚、叶永青他们讨论一些艺术创作的问题。我基本上是如饥似渴，一言不发地听着。

曼火乱是我见过的最美丽的傣族寨子。他们的建筑虽然叫竹楼，但是已经不用竹子来搭建，而是用很大很厚的木板搭建起来的，十分干爽干净。整个寨子没有看见一条自来水金属管，虽已经通电，但是时有时无。寨子里最好的建筑当然是寺庙，其实也是男孩子们的学校。因为每一个男孩在生命中的某一个阶段都要去寺庙里当和尚读书。寨子就在澜沧江边上，村民们所有与水有关的事情都在澜沧江里进行，如洗澡、洗衣、洗菜等等。洗澡时，女孩子从小就会跟着妈妈边下水边把筒裙往头顶上堆，男孩子则是从小跟着爸爸下水前用一只手捂住私密处。甫立亚故意往男人洗澡的地方走，吓得老到七八十岁，小到两三岁的男人们同样一个动作捂住私密处，如同受惊吓的鸟兽般散开，尖叫着跳入水中。

寨子靠近江边的地方长满了一种当地人叫做“砍头树”的树种。

那个季节是落叶的时节，叶子已落光，只剩下造型怪异的主干和蓬勃向上的分支，特别具有热带地域的梦幻感。我们午睡之后总会去那里游泳，在河岸上聊天。记得当时我们在谈中国传统艺术的影响，法比恩也饶有兴趣地谈她学习中国书法的体会。22 年后，我在巴塞尔艺术博览会上竟然看到了法比恩的作品，有很深的中国书法笔墨之韵。

大部分时间，我们都在寨子和寺庙里闲逛，有时候在寺庙里看到一些民间做的土陶器物和一些装饰工艺品，就拿照相机闪光灯对着小和尚一阵乱闪，小和尚们揉着眼睛跑出去的当儿，赶紧“顺”几个工艺品到自己的背包里。

由于对傣族民间艺术的热爱，1992 年我和叶永青又一次来到西双版纳，准备整理出版一本关于傣族民间艺术的画册。我作为他的摄影师拍摄了大量的傣族民间壁画、工艺品、装饰艺术。但那次在景洪街头，我遭遇了车祸，一个醉酒的卡车司机在倒车的过程中把推着自行车走路的我卷进了卡车的底部，汽车轮子像印版画一样在我的衣服上面印下了一排车轮印，所幸的是我居然毫发无损。当时和我在一起的杨丽萍的弟弟杨昆生看到我卷入车底，完全说不出话来。这真算是我用生命向我们喜爱的傣族民间艺术致敬了，也让我知道庙里的东西是不能随便拿走的。

从曼火乱回到景洪，张晓刚和法比恩去了勐仑，我继续当“灯泡”，不过这次是当叶永青、甫立亚夫妇的。我们住在长途汽车站边上的旅馆里，白天去寨子寺庙里逛，晚上混到很晚才回到旅馆。他们的孩子叶甫纳就是那次在西双版纳孕育的，小名纳纳正是为了纪念她的孕育地。所以，我常常说：纳纳是在我眼皮底下做出来的。

叶永青夫妇要去澜沧江，而我已经几乎花光了身上的钱，所以我们就在景洪分手了。那时候，我们的打扮都很“文艺范儿”，我和叶永青留着长发，甫立亚似乎穿得也有些怪异，加上我们行色匆匆，不知已经被埋伏在汽车旅馆的缉毒警察盯上了，因为这里是很多毒贩接头的地方。他们盯了好久，打了个盹的功夫就发现我们房间里两个嫌疑人一大早已经溜了，于是我就被捕了，把我作为跟隔壁房间的另外一个毒贩接头的疑犯一起审讯。真的毒贩是文化水平很低的农民，很快就招了，倒是审讯我很费力，鸡同鸭讲地审了半天，把我的东西翻了个底朝天儿，发现根本不是那么回事情，也就把我放了。

回到思茅，我又跟着张晓刚、法比恩、贺昆混了两天。张晓刚和法比恩乘飞机回了昆明，我找同学的父母借了路费买了张长途车票，花了两天时间，一路上住大山顶上长途车司机关系户的黑店，吃“苍蝇馆子”，历尽艰辛，终于回到昆明。虽然很辛苦，也发生了很多的事情，但是严格意义上讲，这是我的第一次艺术之旅，在玩耍和谈笑之间，他们教会我怎么用艺术的眼光去看事物，去达观地生活，去思考艺术的问题。在那之后，其实也有太多次的一起出游，但是都没有那次西双版纳之旅的教育意义那么深远，让我终身受益。

由于有了这次共同旅行的经历，回到昆明以后，我和张晓刚的关系更亲密了，几乎天天晚上都往他歌舞团的宿舍跑。由于张晓刚又回到歌舞团的“据点”，于是昆明的各类艺术人口又开始集聚在他的那间斗室。那段时间印象比较深的是几乎每天晚上都能在那里见到张献，而只要有张献在，基本上他就是主要说客，别人是很难插进去讲话的。有两个从不插嘴的听众，一个是张晓刚的同门师妹李洪云，她也是林聆的学生；另一个就是我。我们每次都听他们纵论天下风云，文学艺术无所不及。

“春天唤醒冬眠者”——1986年

寒假过后，张晓刚、叶永青回到重庆开始教书的工作。1986年，四川美院已经形成了一些喜欢现代艺术的人群。叶永青和张晓刚教的一个班级开始出现了一种新的展览模式，这也是当时在中国的美术学院最早的一种展览模式，叫做自选作品展览。四川美院的叶毓山院长比较开明，允许学生们在陈列馆展出自己的作品一到两个星期。当时自选作品展的主力就是张晓刚和叶永青指导的师范系学生。这个自选作品展览后来变成了四川美院的一个传统，成为产生一代一代艺术家的摇篮，也成为最早在在读学生中超出课堂作业并开始尝试展出一些现代艺术作品的创作展。

叶永青之前一直在看一本北方的文学刊物。这本刊物上有很多美国的流行小说，叶永青对其中希尔顿小说的插图印象很深，他觉得插图作者“王广义”画的画很有意思，很有风格。而最吸引叶永青的是每一期都有一个叫“舒群”的人在写一些狂热的文章，有点像艺术家写的理论性的文章。很快这本刊物和《中国美术报》开始狂热地宣传北方艺术群体。

1986年的时候，叶永青和张晓刚接到了王广义的邀请信，王广义在那封信上写到他正在书写历史。当时叶永青和张晓刚完全没有这种意识，觉得这些都是空话，并不当回事，把信丢到了一边。当时四川美院有着自己的小宇宙，他们在做着自选作品展览，并且开始和重庆周边的一些学校联系密切，互相有些交流。

1986年的夏天，甫立亚已经怀了叶甫纳，她从北京回到重庆，然后和叶永青一起回到昆明准备女儿的降生。叶永青在昆明军区43医院里找了一间小房子，住在那儿，一边等女儿出生一边画画。叶永青经过了创作上的瓶颈期，开始创作很多关于环境、关于生存的作品。就是在这段时间，他真正开始能够把自身所处的环境和心态放到作品里面，那都是些非常不一样的作品。除了画油画以外，他还尝试很多其他艺术创作方式，做过木雕，也做过陶瓷，还和别人合作做了些实验风格的作品。

潘德海在1986年两手空空地回到了昆明，比张晓刚从深圳回昆明的时候还要悲惨。回来的路上，他在广州火车站打电话的时候，所有的东西都被人偷了，身上一分钱都没有了，后来找了在广州打工的朋友借钱才买到火车票回昆明，路上同样是饿了两天，仍旧是毛旭辉带着一群朋友到火车站接的他。他们惊奇地发现潘德海两手

1986 年，曾浩、毛旭辉和潘德海（左起）在海埂

空空从火车上下来，连随身的行李也没有。毛旭辉还是一样带着刚下火车的潘德海去大吃了一顿。

潘德海回到自己的家，发现家已经变成一个火灾现场。在他离开昆明期间，住在他家的王坤红晚上睡觉的时候抽烟引起了火灾，幸好被对门邻居发现才没有酿成大祸。

回到昆明，潘德海的生活又照旧了。整个1986年，潘德海还是继续画他之前的抽象表现主义系列，还做了些拼贴作品。

因为开始创作《古滇人》系列作品的原因，一直按部就班生活和工作的曾晓峰这一年开始重新审视自己的思想和艺术。从前对边疆风情的简单再现已经不能满足他艺术观上的哲学思考，他开始渴望用自己的艺术去探求生命过程的意义所在，去表现灵魂深处的乐音。他觉得是时候让自己沉淀一下，于是在1986年和1987年分别进入中央工艺美术学院和中央美术学院进修“充电”。

1986年，孙国娟回朝鲜探亲三个月，回来以后发现毛旭辉脸上青着一块，但是她也不敢多问。有一天，有一个搞摄影的朋友告诉她，因为毛旭辉英雄救美，被流氓打伤了。孙国娟炸锅了，又开始闹着和毛旭辉分手。其实只是因为那段时间，张夏平介绍毛旭辉、张晓刚他们认识了云南省歌舞团的舞蹈演员杨晓燕，有一次碰到流氓来调戏杨晓燕，毛旭辉他们就与流氓们火拼了一场，这让毛旭辉的脸上留下了打斗的痕迹。

1986年4月，中国美协和中国艺术研究院主办的“当代油画展”在北京开展，4月14日至17日“全国油画艺术讨论会”在北京召开。会议由“油画艺术委员会”主办，詹建俊、闻立鹏、吴作人、罗工柳、吴冠中等80多人参加了这次会议。虽然这是一次官方的会议，但是邀请了朱青生、高名潞和一些活跃群体的艺术家代表，如张培力、舒群、李山等参加了会议。最后，高名潞在其所作的《85美术运动》

1986 年，孙国娟和毛旭辉

学术报告中，提到了云南艺术家在上海、南京举办的“新具像画展”，并播放了几百张各地青年艺术家的幻灯片。这是一次异常开放的官方学术活动，对“85 美术运动”起到了推波助澜的积极作用。

广州的艺术家李正天建议干脆把那些幻灯片做一个巡回展，到各地美术家协会放映，组织讨论。王广义那时调到刚成立的珠海画院，想做点大事，于是接受了舒群的建议，把这个幻灯展的首展放到珠海画院。王广义在给舒群的回信中激动地写到:“老舒你放心吧，放心我对付世俗的能力。我们是文化领域的妄想狂，一般人不太能够理解。这是现在自我解构。我们自己是超人，老百姓是羊群。”二十多年后的一天，我和王广义在驱车去他位于北京大兴工作室的路上，他开诚布公地将当年如何挣扎着筹办珠海会议的细节娓娓道来，让我认识到了一个具有战略眼光和执行细节能力的、具有北方极地般冷静机智性格的艺术家和艺术群体。

收到了王广义的邀请，毛旭辉立刻决定去参加这次珠海会议。他随身带着美协办的云南《美术通讯》，里面刊登着“新具像”的所有文章，但是到了现场发现气氛不对，好像和美协没有什么关系，于是没好意思拿出来。王广义还奇怪他怎么在一个非官方的学术会议上带了美术家协会的东西来。毛旭辉在珠海第一次见到了通过美术杂志知道的詹建俊、邵大箴、朱青生，也第一次见到了高名潞，还有各个群体的代表——张培力、王广义、舒群、丁方。

王广义在珠海画院分给自己的宿舍里，由妻子做饭，宴请了来自五湖四海的各个群体的艺术家和批评家们。云南人毛旭辉一开始略微觉得有些拘谨，随着酒精在身体里燃烧起来，王广义把上半身衣服脱了，闷热了许久的大家也纷纷脱了，借着酒性跳起了迪斯科。

在珠海会议上，各个艺术群体将自己的作品通过放幻灯片的形式进行了交流，更为重要的是各艺术群体的代表之间面对面的交流让感觉自己是孤军奋战的毛旭辉信心倍增。珠海会议也让毛旭辉觉得十分兴奋，因为他们的“新具像”已经参与到中国现代艺术的进程中了。

毛旭辉 《大卫与维纳斯》 纸本拼贴、水彩
27.5cm × 19cm　1986年

当时刚刚流行《明天会更好》这首歌，参加珠海会议的艺术家们都很乐观，相信世界艺术的中心要转移到亚太地区了。毛旭辉发现大家都很喜欢上海、南京的“新具像画展”，他写信给张晓刚：“我们的作品很厉害的，我们的作品他们都是认同的，还要继续下去。”毛旭辉一直给充满怀疑的张晓刚打气。“新具像”展之所以能持续下去，应该说很大程度应当归功于毛旭辉的坚持。

夏天，“实习教师”张晓刚从重庆回到昆明过暑假。7 月的一个晚上，我们齐齐聚在张晓刚在歌舞团的宿舍里，等待毛旭辉从珠海回来，传达珠海会议的收获。

我记得那是一个炎热的夜晚，房间里有很多人，毛旭辉来了，被安排坐在张晓刚的床上，他的激情像天气一样热烈。他把珠海会议的所见所闻一一传达给大家，言语极具煽动力。当然，作为一个凡人的毛旭辉，说到去改革开放前沿的珠海和隔海看到的香港澳门也是异常兴奋。

那段时间，毛旭辉仿佛一个布道者布道似的，不仅面对张晓刚这个圈子的朋友，他还去了云南艺术学院，向武俊、刘涌、李建东、区欣文、马祥生、苏新宏等朋友传达珠海会议的内容，煽动他们出来搞展览。毛旭辉那时经常对人说：“现在全国都闹起来了！大家行动起来吧！”这让我想起电影《大浪淘沙》里面的工运领袖说的：“长沙的工人已经闹起来了，武汉的工人已经闹起来了，大家还等什么！”的劲头，于是很快就有了“南蛮子展览”，比昆明的“新具像”展还要早。展览现场一把吉他也被砸掉了，床也抬去展览了，色彩也开始夸张了，还做了装置。连苏新宏也用草堆做了《摆道场》这样的作品。

“新具像”昆明——1986 年

既然要发动群众，让更多的朋友参加进来，考虑到大家不愿意

1986 年，第三届“新具像”展艺术家合影
前排左起：张夏平、孙国娟、杨黄莉、李洪云 、毛旭辉、翟炜、张晓刚 、潘德海

在“新具像”这个很个人化的旗号下，经过一番讨论，毛旭辉提出了成立“西南艺术研究群体”的想法。

从珠海回到昆明后，毛旭辉继续和高名潞通信，他在信中对高名潞说想做一个西南艺术研究群体，但想法还很模糊。高名潞很支持这个想法，并给了毛旭辉一些很具体的建议，既然是西南艺术研究群体，应该尽量把艺术家的范围扩大，要有云南以外的艺术家。于是，毛旭辉找到叶永青希望他能参加。

第一届“新具像”展，张晓刚是云南三个艺术家中唯一没有去现场的人。他当时对这个展览犹豫不决，主要原因在于他觉得自己还没有找到真正的风格和语言。当毛旭辉1986年要在昆明做第三届“新具像”展的时候，张晓刚仍旧在躲避。毛旭辉的热情一旦被点燃，很难被熄灭，他提着瓶白酒满昆明地找张晓刚，直到天黑。回到女友孙国娟的家里，毛旭辉赫然发现原来张晓刚的最佳藏身地就是在他最熟悉最意想不到的地方。两个人加上李洪云、孙国娟，一边喝毛旭辉带的那瓶白酒，一边聊，他们从表现主义、存在主义，一直聊到行动哲学。张晓刚被毛旭辉的“行动超越一切”的理论给打动了。那天晚上，他们掏心窝子地说了很多话，基本上把“西南艺术研究群体”的宣言你一言我一语地聊了出来。孙国娟和李洪云客串书记员，一字一句地记录下来。

暑假结束，张晓刚短暂回了趟重庆，就又回到昆明积极地筹备“新具像”展了。张晓刚是个非常谨慎，很难下决心的人，但是一旦决定后又是一往直前，很有效率。叶永青一向交游广泛，认识的人很多，也知道大家彼此都在做些什么，因此担负起西南艺术研究群体的联络工作。他联系了贵州的艺术家戎肖玉、山东的董超、昆明的张华和理论家邓启耀、成都“红黄蓝画会”的几个艺术家王法林、戴光郁、李继祥等等。叶永青接着又联系了《中国美术报》，在上面刊登了关于西南艺术研究群体的报道，文章非常短，但是登了几件作品，其中有张晓刚的作品和叶永青的《春天唤醒冬眠者》。

1986年8月，初秋的一个阴雨天，毛旭辉、张晓刚、潘德海、张隆、

叶永青 《春天唤醒冬眠者》 木板油画 60cm × 80cm 1986年

叶永青、邓启耀、苏江华、毛杰、张华、翟炜骑着自行车，穿行过昆明和平村各种地摊，来到和平村2号毛旭辉在昆明市电影公司的宿舍2单元附2号，成立了今天在中国当代美术史“85美术运动”这个章节中具有代表性的艺术群体——西南艺术研究群体，并且提出了在昆明举办一次“新具像”的展览计划。贵州的任小林、成肖玉，成都的牟恒、杨春生，时在德国的周春芽、美国的杨千等也在1986年加入了西南艺术研究群体。

1986年10月，第三届“新具像”展在昆明云南省图书馆举办。这个文献展的所有内容都是原创，每个人自己准备、亲自设计，包括每个人艺术方面的感想、随想、手迹，也包括了诗歌。毛旭辉、张晓刚和叶永青组织了将近二十个艺术家在会上做展示，上午是本地的艺术家放作品的幻灯片，下午是叶永青放重庆、山东和贵阳的艺术家作品的幻灯片。展览上放了二百多张幻灯片，展出四百多张艺术图片。最后，艺术家把自己的作品做成展板在一个展厅专门展出，主会场放映幻灯片并做一些介绍，会上还宣读论文，张晓刚、叶永青、毛旭辉写了论文，潘德海写了艺术手记，张华、苏江华都写有相关的报告。远在重庆四川美术学院学习的胡晓钢也把他创作的油画《破碎的维纳斯》的图片托张晓刚带来展示了一番。昆明美术界几乎所有的人都来了，包括在官方任职的姚钟华、张建中，还有云南艺术学院的老师，几百个人把云南省图书馆塞得满满的，近千人参与了这次学术展览活动。展览很成功，每一个人都很兴奋。第二天，大家还一起到云南工学院参观群体成员毛杰刚刚完成的一幅现代主义风格壁画，进行了一次艺术群体成员内部的学术交流。

昆明的“新具像”展采用了毛旭辉从珠海带回来的一种展览模式，即把艺术家的创作用幻灯片展示，并宣读论文。在那个年代，展览重要的是传播信息，让更多的人知道年轻人在做什么、新艺术是什么、艺术家的创作状况是什么，所以，历届“新具像”展中只有一个是原作展览——上海和南京的那次，其他每届都是文献资料展。

第三届“新具像”展开启了中国最早的文献展。那时国内的艺术

1986 年 10 月，“西南艺术研究群体”成立时主要艺术家合影
前排左起：毛旭辉、叶永青、苏江华、邓启耀
后排左起：张隆、潘德海 、毛杰、张晓刚、张华

1986 年，第三届“新具像”展参展画家
前排左二起：邓启耀、吴文光、张晓刚、翟伟、马祥生、李洪云
后排左起：潘德海 、张夏平 、孙国娟 、毛旭辉、叶永青、杨黄莉、孙式范、苏江华

1986 年，第三届“新具像”展在昆明
左起：何祥林、孙式范、马远敏、何佳佳、张晓刚、毛旭辉

家不仅没有参加过甚至没有听说过文献展这回事儿，但是“新具像”已经具备文献展的要素，这种展览形式甚至到了20世纪90年代还产生了一定的影响。那时，文化的凝聚力是很强的，大家为了这个共同的目标，自己分担展览产生的费用，毛旭辉找了他二哥的实业公司拿到赞助费500元，翟炜从一家公司拿到500元赞助。这些钱用来拍幻灯片，印刷请柬，当然剩余的钱还够最后大吃一顿庆功宴。孙国娟联系了自己所在的云南省图书馆，将此展览作为一个学术活动在报告厅举办。

“新具像”活动的那一天，我因为上课，下午的时候才去了云南省图书馆。当时报告厅正在进行宣读论文和学术讨论的环节，来了很多文艺青年，还出现了一个很有戏剧性的场面。昆明城市很小，很多人都互相认识，其中有两拨人是由于爱情和其他因素，稍稍有点敌意的，一拨儿是文学青年，一拨儿是美术青年，似乎随时都有可能发生攻击，但是在那一天却有冰释前嫌的意思，甚至一反批判的口吻，在幻灯展上互相给予非常高调的赞扬。诗人于坚在学术讨论环节慷慨激昂地表明了对展览的支持态度。展览结束后，在云南大学旁边的一个“苍蝇馆子”里面，昆明的文艺青年一起吃饭。刚从新疆回来的吴文光还没有拍出他那部著名的《流浪北京》，只是刚刚在昆明电视台某了个职，扛着一个摄像机，卖力地拍了一整天。大家都很兴奋，那天叶永青觉得自己看到于坚和毛旭辉这两个圈子的代表人物像好朋友一样说了好些话，那几乎是20世纪80年代昆明艺术圈里最后的热闹。

这年年底，叶永青因为女儿的诞生，在昆明呆了很长时间，也做了很多事情，除画了一批画以外，还应《美术思潮》之邀写了一篇关于《西南艺术研究群体的自然意识艺术》的文章。他写得极为认真，基本上比较系统地概括了当时的云南、贵州、四川从事现代艺术的艺术家创作的状态，以至于多年后，高名潞、王名贤、舒群等学者在撰写各自的专著时，这篇文章都是不能不参考的第一手资料。

回到桃花山——1986 年

第三届“新具像”展览之后，大家又各奔东西，暂时离开意识形态，开始比较具体的人间生活。张晓刚正式调动工作到川美的事情很不顺利，有人去学校告状，反映张晓刚在昆明时的种种事情，并说张晓刚调入四川美院是拿学校当跳板出国，学校因此决定不留下张晓刚。张晓刚找到叶毓山，因为院长是比较支持他的艺术创作的。两个人在校园里边走边谈，叶院长让张晓刚写一个保证书，由他交给学校。张晓刚在保证书上写着保证五年之内不自费出国。他动了点心眼，可不能因为这个保证书连公派出国的机会都要失去了。交了保证书，张晓刚等了大半年的调动就立刻通过了。调令下来，张晓刚回到昆明办调动手续，收拾私人物品，了结在原单位的工作，清退单位的宿舍。清理宿舍物品准备搬到重庆的时候，我和他一起整理了他在昆明那四年的作品和生活杂物。

我就是从那个时候开始成为张晓刚的终身收藏家的。可能是由于要把那么多的东西搬到另外一个城市，张晓刚除了把自己喜爱的书籍和一些方便带走的尺寸不太大的作品做了包装随身运到重庆外，其他尺寸大一些的作品让他踌躇不决，这其中就包括了《天上的云》以及那个时期的全部作品。我提出找我父母的熟人、昆明到重庆火车上的行李员，把这些画带到重庆站之前的九龙坡站，因为四川美术学院就位于九龙坡，他只需去车站接一下就行。这个解决方法让他很高兴，于是一些他不太想带走的作品就送给了我，如从四川美院毕业回到昆明后画的《红衣少女》和在阿坝画在油画纸上的写生。让我最为兴奋的是我们在处理他的杂物时，有一块胶合板上面落了一层灰，他拿起来吹了吹，顺手就要扔到不要的垃圾里。那是一幅他根据速写画的圭山风景油画，我赶紧求他留给我，因为我第一次在程丛林家看到他画的这批风景就已经深深地喜欢上了。我如愿以偿地得到了这件我心仪的作品。多年以来，从昆明到北京，无论再怎么辗转，我始终会带着这张风景，它是我收藏的一部分，更是生活的一部分。那时，没有艺术市场，没有利益驱动，我对他的艺术的热爱是极其朴素和真挚的。2008 年，我在帮张晓刚整理他工作室里的自藏作品时，居然发现了二十多年前我帮他运输这些作品时在牛皮包装纸上写的留言，让我在感叹时间飞逝的同时也唏嘘不已。

终于回到四川美院工作的张晓刚，离开了昆明那个他认为看不到前途的工作单位后，在重庆又体会到另一种失望。这时的四川美院已经不再是张晓刚当年求学时经历过的开放和生机勃勃，比较之下，昆明则更加开放一些。那时的昆明在张晓刚眼里是个充满生机的地方，他每天骑着自行车去见画画的朋友，骑行在昆明巡津街郁郁葱葱、遮天蔽日的法国梧桐下面，两边掠过那些熟悉的法式建筑，总有一种充满生机的生活在召唤的感觉；而回到重庆，生活就在一个大院子里，外面烟囱林立，和外面的交往大部分靠通信。我那时和张晓刚、叶永青的交流就是靠通信，而且通信的频率很高，可以说我的大学教育有非常重要的一部分是靠和他们通信进行的。读什么书，是他们开书单给我；昆明以外有什么动态、有什么展览也是从他们给我的信中了解。到今天我依然还记得他俩在四川美院的信箱号码——张晓刚的信箱是 190 号，叶永青的信箱是 270 号。

四川美院里的教师基本上都是自己学院毕业的人，从口音、语言习惯、生活习惯到思维模式都有一种外面的人难以理解的共同性。这让张晓刚好像生活在一个怪圈之中，虽然已经回到学校工作了很长时间，还是觉得很不习惯。因为生活、工作的地方完全在一个人为的封闭环境里，无论在哪里说话都要特别小心，如果不小心被谁听去了，再传播开来，也许就会得罪了一个人，一下又要牵动好多关系，盘根错节非常复杂。经常自己说过的一句话，过两天就会从其他人那里传过来，虽然已经不在“文革”的压力下，但是还是有一丝不寒而栗迎面扑来。

一个颇有才气的年轻教师出现在四川美院，很多美院教授们都想用心撮合自己的女儿与张晓刚续上姻缘。可是在这件事上，张晓刚却异常理智地坚持不找学校的教师家属谈恋爱，因为他觉得如果在这里组织了家庭，那么他可能一辈子就离不开这个“马贡多”[①]了。他明白自己终究是一个要离开的人。

不过川美还是有让张晓刚满意的地方。他可以过上他渴望的专业生活，毕竟是置身于一个专业学术教学机构，可以在自己的房间里安静地画画，身边每个人的工作都是与美术相关的，专业资讯当然更为丰富。在这样的环境里，张晓刚开始创作一些以东方题材为主题的作品，画了半抽象的、有些水墨意味的山鬼系列。

张晓刚在四川美院工作了 10 年，带了 11 个毕业班。因为带毕业创作主要是辅导学生艺术创作方面的问题，学生会有很多想法，上课的老师特别辛苦，而且带毕业创作就意味着老师得从 2 月份开学的那一天一直坚持到 7 月的最后一天，所以很多老师们都不太愿意带毕业创作，这样的任务每年都交给张晓刚。

人民教师张晓刚是个很认真的人，每天按时去教室点名，很多不按时上课的学生都很怵他。即便张晓刚工作得像个模范老师，但还总是不能让领导满意，评职称、分房、进修、展览这些好处都跟他没关系。有个点名要张晓刚去日本交流的出国机会，也压住不告诉他，最后学校安排给了某个学校领导的侄女。

和在昆明时截然相反，张晓刚几乎不欢迎别人到他的宿舍。他觉得没什么人能理解他，来了也没什么意思，而且学校林林总总的所作所为，让他需要不断地适应学校里各种要求，而大多数要求并不是他心甘情愿认同的。只有回到自己的房间，他的思想才是自由的。

---

① “马贡多”是加西亚·马尔克斯的代表作《百年孤独》中虚构的村庄。

1986年，张晓刚在川美教师宿舍

张晓刚在1986年的作品很多都是纸上的，因为那一年他总是一个人在奔波，宿舍只有不到十平方米，所以画的画都小，大画没有地方画和存放。那时期，他创作的好多作品后来都归纳到了《遗梦集》系列中。

"新具像"上海 北京 重庆——1986年

第一届"新具像"上海南京展结束之后，张隆就曾提出由他组织在上海举办第二届"新具像"展，并且约定于1986年11月20日在上海美术馆四楼举办。由于在云南昆明的第三届"新具像"展提前至1986年10月进行，所以出现了第三届"新具像"展览早于第二届的这种特殊情况。

1986年11月，张隆在上海美术馆的第二届"新具像"展览上展示了西南艺术研究群体的艺术家的作品幻灯片，并且每个艺术家还提交了一篇学术论文进行交流。

1986年12月15日至24日，北京大学首届学生文学艺术节举行，丰富多彩的文学艺术活动吸引了成千上万的青年学生。毕业于北大法律系写出"面朝大海，春暖花开"的诗人海子就是在这次艺术节上脱颖而出得到广泛关注的。北京大学的艺术节组委会还邀请了上海等地的兄弟高校在文化艺术方面比较活跃的大学生一起参与这次艺术节。上海方面宋琳、朱大可、张小波和张隆等人积极活跃在文学艺术界，因此作为上海高校的代表被邀请参加了这次艺术节活动。张隆也把这部分的活动归结为"新具像"的第二届展览活动。

在北京的日子，他们被北大学子和北京高校里的那种民主、自由的激情所感染，张小波激情高亢地朗诵着带来的诗歌作品，张隆则用带来的16个艺术家的作品图片感动了艺术节上的文艺青年们，他们还把这种激情带回了上海。他们一回到上海华东师范大学就被本校学生要求办一个讲座，介绍参加北大艺术节的情况。于是，在华东师范大学的文科大楼，他们举办了一个讲座，由张小波介绍诗歌文学作品的参加情况，张隆介绍艺术作品的交流情况。第二天，张小波告诉张隆，头一天讲座的所有内容都被学生处录了音。但是，他们并没有意识到这对他们的将来会产生什么样的影响。

在当时，相关管理机构并不认为这些年轻人只是热血沸腾地在搞艺术，加上在一个敏感的时期，去了一个敏感的地方，和一些敏感的人在一起，于是对他们的调查其实早已经悄悄开始了。

昆明“新具像”展览结束回到重庆后，张晓刚马上投入了在川美举办第四届“新具像”展的工作。1986 年的川美也受当时美术界的“85 美术运动”影响，创作热情高涨。学生中不乏一些激进热情分子，例如许仲敏、朗国忠等几个人，他们经常和张晓刚聚在一起讨论。张晓刚提出要做“新具像”展，这些学生立刻表示支持。张晓刚就带着这几个学生，开始筹备在四川美院的第四届“新具像”展。那时他们做事很有激情，懒觉都不睡了，每天紧张工作。因为孤军奋战，工作非常辛苦，展览一共三个场地，虽然其中两间教室的布展交给了学生，但所有的细节和状况都要事先有所计划，张晓刚所有的存款也都贴补了进去。临近展览，他和学生们几乎被累垮了。“新具像”展就这样在张晓刚的操办下即将开展了。川美的“新具像”展包括陈列馆里的几个青年教师的作品展、在教室里展览的以往几届“新具像”所有的资料展，还有重庆几个大学的老师、学生的诗歌展，以及在大礼堂里朗诵论文和诗歌的活动等等，还有几个学生准备了行为作品。张晓刚准备了一块很大的招贴，写着大字“新具像”，本来想在教学楼前面挂出来，后来觉得太张扬临时取消了。

在大礼堂的朗诵活动开始前半个小时，学校的宣传部长找到张晓刚，让他赶快把活动停下来，因为有新的文件精神下来了。接着师范系的系主任和办公室主任也找到张晓刚，让他停止一切活动，并说他们如果现在停下就算是主动停下的，等活动开始后再停，那

1986 年 12 月 28 日，张晓刚在四川美院第四届“新具像”展览现场，
背后是其作品和文字影像资料

就是查封禁止。张晓刚这下听懂了——要出事了。他让几个帮忙的学生赶紧走，怕被学校领导看到，影响以后的毕业和分配工作。他站在大礼堂对着激动的年轻人说："对不起大家，有一些不能讲的原因，大礼堂的朗诵活动暂停，其他部分的展览还可以继续。"他宣布完暂停，礼堂里的人刚散去，院长就到了，还有师范系的主任、办公室主任、宣传部长，活动既然没开始，这一篇也就翻过去了。张晓刚在事后反省时，才发现这样既开了幕，却没有做完整，对他来说也不是全无好处的，起码参与者中重庆大学的那几个年轻教师，他不认识也不曾见过，只是同学推荐说他们很有思想，他看了几篇论文也就同意了，万一在活动进行中，他们发表一些不合时宜的言论，那么责任就不是组织者能担负得起的。虽然30年后再看那些也都不算什么，只是那时的情况下，人总是很激昂，随便一点儿火星也许都会燃起烈火。学校让他停止活动也算是保护他们，不然等到查封，那就真成了非法集会了。

四川美院的第四届"新具像"展之后，心灰意冷的张晓刚又隐居到他桃花山上的小房间里。1987年元旦那几天，张晓刚的心情特别灰暗，他一个人住在桃花山上，没有一个人来看他，也许是没有人敢来找他；有些学生眼看着势头不对，便不见踪影了。不过张晓刚也希望他们赶快躲掉，他也不希望这些事影响到学生们未来的前途。唯一一个跟张晓刚合作做"新具像"展览的老师倒是来找过他，但却是为了谴责，责怪他不应该去做这种展览，把大家都推到一个麻烦的境地。张晓刚告诉那个老师有任何事情都由他来担当。既然当初他决定组织这个展览，这些事情也就躲不掉了。发生的这一切让张晓刚觉得无比灰心，有些人是在有利可图的时候积极性高涨，遇到一点儿风吹草动或者势头不对立刻就做鸟兽散了，不落井下石也就算是品德高尚了。一种巨大的悲哀袭上他的心头。

那段时间，除了去食堂打饭，张晓刚几乎没离开过桃花山。他觉得自己需要好好反省一下。他把重庆发生的情况写信告诉了毛旭辉和叶永青，宣泄自己心里的郁闷。幸好那段时间有两个美院附中的小女孩——何维娜、陈曦想到张晓刚遇到这样的事情心情肯定不愉快，经常去找他玩，拉他去长江边上散心，拍拍照片闲聊聊天，也算是那段灰色时光的一抹亮丽色彩了。

天籁 彭家坟——1987 年

1986 年，毛旭辉已经在云南省美协有了一定的影响力，因此介入了一些展览的组织工作，展览的面貌也比之前要丰富。11 月，在云南美协组织举办的“油画新作展”上，我送去了一幅画在纤维板上的油画《护城河把花朵失落》参展。结果我的学校组织同学们上课去观摩展览，老师在逐一讲解作品的时候，竟然发现是我的作品，老师的脸色一下就变了，从那以后我的作业好像就没有得过高分。

1986 年底，孙国娟、张夏平和我去云南东南部的边陲小城石屏，为当地驻军军营绘制一批装饰画。我把三四张两米多宽的画一字排开，画一样的地平线，一样的桂林山水。部队的事务长觉得我和张夏平画的可以过关，但是孙国娟画的夜景他们实在是接受不了。我们一起和军官喝了好多酒以后，勉强过了关。张夏平还给一个军官画了一张油画肖像，每个人才拿到了两三百块钱，坐着长途汽车高高兴兴地回昆明准备过年。后来听说李洪云也去画了一批。

1987 年冬天，百名歌星在北京演唱了郭峰创作的《让世界充满爱》，一时间，大街小巷都充斥着这首歌的旋律，大家蒙蒙眬眬地觉得这个社会给予艺术家的创作环境越来越自由了。因此，毛旭辉在当年朱德、叶剑英读过书的云南陆军讲武学堂旧址策划了一个“昆明青年迎新美术作品展”，我也被毛旭辉通知送去了几幅纸上作品参展。但是另一方面，大家又觉得异常压抑。在当时的思潮影响下，虽然不至于再有像“文革”那样的情况，但一些事情还是让大家紧张起来。艺术创作领域在20世纪80年代有过两次低谷，一次是1983年，另一次是1987年。每次学校都会教育一些言行过激的人。

寒假来了，张晓刚回到昆明，大年三十的晚上，在孙国娟的宿舍里见到了毛旭辉和昆明的朋友们，又详细地把重庆“新具像”展的整个过程说了一遍，大家抽着烟，气氛很是压抑。毕竟是回昆明过年，大家还是决定一起去一个单纯一点儿的地方高高兴兴过个年。之前听王坤红说过在离昆明几十公里的富民县有一个信奉基督教的苗族村子叫彭家坟，于是就决定第二天去那里住上几天。之后又聊了很多压抑的话题，大家都很亢奋，一会儿就喝醉了。

第二天上午，我和张晓刚、毛旭辉、曾浩、孙国娟、沈佳明等朋友一起到昆明西站坐长途公共汽车前往富民方向，头一天约好的叶永青夫妇以及胡晓钢和女友因错过了约定时间，赶到西站时，我们已经出发了。那个年代的通讯工具很落后，错过了就根本没有办法再联系上。

汽车一出昆明就进入了弯弯绕绕的盘山公路，头一天晚上大醉的毛旭辉晕车了。贯穿远郊乡村的公共汽车把我们扔在一个叫奂录的地方扬长而去，毛旭辉趴在汽车站旁边的草地上嚎叫着呕吐不止。

从汽车站到彭家坟村需要翻越好几座山，坐汽车只是两个小时左右，走山路却要大半天。我们走进山谷里的村子时已经是下午时分了，山脊上的教堂和苗族的民居都沐浴在云南高原那特有的金色阳光中。孩子和狗在染料一般的红土地上奔跑，苗族妇女身着传统的蜡染百褶裙在劳作，我们恍如闯入了另外一个安静的世界。

在接待我们的苗族老乡家，第一天晚餐，他们用自己挂在梁上许久舍不得吃的老腊肉和白米饭热情地招待了我们。晚上睡觉时，女孩们都安排在房间里，张晓刚、毛旭辉、曾浩和我被安排在了二楼老乡家平时用来堆东西的一间细长形状的房间。宽银幕般的巨大窗子只有一个空洞洞的窗框，还没钱来置办窗扇。夜晚来临的时候，我和张晓刚一张床，曾浩和毛旭辉一张床。我因为睡觉时习惯先看

1987 年，曾浩、张晓刚、毛旭辉、聂荣庆（左起）在云南苗族山寨彭家坟

儿眼书方能入睡，张晓刚就很痛苦地在旁边抽着烟，等我有睡意了，他也才能入睡。所以他就抱怨，十分羡慕睡在另外一张床上的毛旭辉和曾浩。记得毛旭辉因为怕脑袋着凉，像乡下妇女一样裹了一块花头巾，极像一个大童养媳带着一个小丈夫，两个人还互相体贴地拉拉被子。以至于有一天夜里，曾浩在睡梦中很幸福地抚摸起毛旭辉的手臂，直到把毛旭辉吓醒。

白天的生活就是带上一本书漫山遍野地逛，哪里风景好，就在哪里坐下来读上一段。如果大家在一起，就请一个人朗诵一段。到彭家坟的第二天，在另外一座山脊上看到一个沉思的人，走近一看是王坤红。她自己过年，一个人跑到这里近距离接触上帝了。我们的队伍又多了一个人，因为张晓刚没有女朋友，所以大家开玩笑说干脆组织上把王坤红分配给张晓刚做老婆得了。但是，作家很深刻，王坤红常常要独自一人去山谷里面沉思，每到吃饭的时候，就听到张晓刚在对着另外一座山呼唤王坤红回来吃饭，回音在山谷里此起彼伏。

夜晚的村子是没有电的，吃完晚饭，大家就打着手电去教堂。20 世纪初，外国传教士来到这里传教后，基督教就一直在这些苗族村子传播；20 世纪 80 年代，国家宗教政策支持后，教堂又恢复了，村民每天晚上最重要的活动就是去教堂。在这个朴朴实实的乡村小教堂，我第一次听到苗族村民用几个声部吟唱圣诗，那一曲圣洁的天籁之音，到今天都一直回响在心底。

吃老腊肉就白米饭的好日子仅仅只有一天，第二天从山上回到老乡家在昏暗的油灯下面吃晚饭，唯一的菜就是基本上见不到一点油水的清水煮萝卜。饭抬上桌，曾浩一阵欣喜，告诉我今天吃鸡蛋炒饭。白黄相间，我扒拉一口后发现其实是掺了苞谷面的大米饭，因为他们大米不够吃。曾浩吃饭之间抽了三根烟才吃下了那碗饭。第三天吃的就完全是没有大米的苞谷饭了，曾浩每天一定是靠几根烟才送下一碗饭。

文艺青年的生活依然进行，至今还记得在彭家坟农舍的烛光下，大毛用带着昆明口音的普通话、张晓刚用带着广东口音的普通话、

1987年，张晓刚（右一）、毛旭辉（右二）、曾浩（右四后）、沈佳明（左一）、聂荣庆（左二）、崔亚红（左三）、王坤红（左四）在云南彭家坟苗族山寨

王坤红用铿锵有力的女中音朗诵赫尔曼·黑塞的《玻璃球游戏》的片段。

精神生活也需要物质基础。用来做朗诵背景音乐和跳贴面舞的四个喇叭的录音机用的电池没有了，每天的清水煮萝卜吃得每个人都放相同的带萝卜味儿的屁，有两个女孩逃走了，于是年龄小的曾浩和我就被安排去供销社买电池和改善伙食的罐头、零食。早晨起床背着背篓出门，翻过两座山再回来时，已经夕阳西下。夕阳中看到大哥们在抱着我们的女友跳舞，我们一下瘫在了山坡上。

从彭家坟回来，大家觉得意犹未尽，于是又去了成昆铁路上的一个小站牧羊村，下了火车以后，来到一个叫“鱼尾里”的村子。这是一个长满了芦苇的地方，小河边一个个风车悠悠转动，美得让人心醉。大家照例又是拍照、唱歌、跳舞，过起了幸福的集体生活。可是，从鱼尾里回来，孙国娟又和毛旭辉分手了，这次是因为毛旭辉觉得孙国娟和曾浩有些暧昧。

那时候，不知是因为压抑，还是青春骚动，大家又开始很猛烈地喝酒，而且，但凡喝酒，就一定喝醉，一喝醉就开始讨论学术问题。只要与自己观点相左，就要煽对方耳光，打的人解气，被煽的人受用，醒来一切烟消云散。我记得张晓刚有一次在和王坤红争辩中把王坤红一记耳光煽倒在地。

那时，喝酒以后还会去舞厅里跳舞。一天晚上，吃晚饭的时候喝了一点儿酒，大家就嚷嚷着要去舞厅跳舞发泄一下。我跟着来到人民西路的一个白天开餐买饭、晚上跳舞的歌舞厅。起初是各色男女假模假式地在跳交谊舞。我们没有女朋友，只坐在凳子上发呆，一到放激烈的迪斯科音乐，张晓刚和毛旭辉就一头冲进舞池，一阵歪鸡式的疯狂扭动后，以毛旭辉虚脱倒在地上被我和张晓刚架走而告终。

1987年5月，张晓刚在给毛旭辉的信中写到：“今年是怎么回事？

外部世界是如此的荒寂，而我们的内在世界也在同样溃烂着。这是可怕的。说真的，我认为这种状态是致命的……我希望我们的血能与生活中的许多具体的事连结起来，尽可能地减少这种精神与肉体、思维与现实的分裂状态……又想起过去我对夸父的崇拜来，我现在仍希望自己更具有夸父精神—— 一个拥有悲剧意识，怀着大热爱的新夸父……”

《遗梦集》——1987 年

其实从 1986 年开始，张晓刚由于对东方神秘主义、禅宗思想及中国古代绘画等产生极大的兴趣，开始创作纸上油画系列《遗梦集》，1987 年则延续《遗梦集》的创作。这一年，《遗梦集》的部分作品参加了法中文化友协与法国蒙彼利埃市政厅联合举办的“中国当代艺术家四人展”。云南始终是张晓刚艺术灵感来源的地方，从学生时代开始，张晓刚每年都会在春节前后和夏天回昆明呆一段时间，这一习惯至今没有改变。而张晓刚艺术生涯中每一次作品转型大都是在昆明产生的灵感，包括后来的《大家庭》，一直到 2000 年以后的《里与外》。

1986 年回昆明期间，云贵交界处的盘县农民在艺术家启发下制作的图腾面具和云南民间的瓦猫以其独特的视觉符号激起了张晓刚浓厚的兴趣，加上那个时期他一直在研究中国古代传统艺术，不自觉中接受了如顾恺之、任伯年的影响，同时在研究印度中世纪延续至今的宗教艺术中，去探求那些偏向于荒诞与怪异、于死亡中思考生存之意义的阪神主义，他这时的画充满了极端的唯美情结和浪漫主义的憧憬。他试图寻找生死之迷的本质，寻找一种具有包容性的恒定艺术规律，排斥偶然的具体的情感因素，强调直觉状态中的梦幻意识，因此 1986 年至 1988 年间创作的《遗梦集》及后来的《生生息息之爱》趋向寓言式的象征语言系统，温情与眷恋代替了 1984 年和后面一段时间的痛挛和痛苦。

张晓刚 《遗梦集》之一 油画 40cm×30cm 1987年

1987 年，聂荣庆和翁菱在昆明筇竹寺

张晓刚依然稍微有点儿钱和时间就逃离重庆。1985 年暑假，回昆明之前，他辗转去了一趟成都。老同学何多苓、周春芽正在画一个长发飘飘的女孩肖像，她就是川美老同学唐雯的妹妹唐蕾。文艺青年唐蕾正是张晓刚规划中的女朋友的标准：热爱艺术，喜欢艺术家生活，长发飘飘，五官仪态有几分莫迪利阿尼画中人物的感觉。张晓刚要求也加入画唐蕾肖像的行列，于是同行的女批评家张颖川翻了半天，找到一张何多苓画废了的油画纸翻过来让他画。张晓刚迅速画完了唐蕾的这张肖像，把画一放，不言不语酷酷地走了。唐蕾于是对皮肤黝黑粗糙、沉默寡言略显腼腆的张晓刚顿生好感。围观者们觉得张晓刚画的唐蕾比起何多苓、周春芽画的似乎没有那么像，但是唐蕾和张颖川都觉得画得非常有感觉。这张画就放在了张颖川在画院的办公室里，随着时间流逝，慢慢被大家遗忘了。一直到将近 2013 年，张颖川从画院退休，收拾办公室时才又发现了这张画。于是在将近三十年后，这张画又回到了唐蕾手中。

因为画肖像，张晓刚和唐蕾相识、结缘。离开成都后，相当长的一段时间他们之间并没有联系，更谈不上确立恋爱关系，后来才开始书信交往。写信是张晓刚的强项，他从书信里渐渐获取了唐蕾的芳心，于是唐蕾萌生了去重庆看看张晓刚的生活的想法。她没有通知张晓刚，希望给他一个惊喜。当她来到桃花山张晓刚的宿舍门口时，却发现门上贴了一个纸条：“本人外出几日。”落款画了一只老狗。失望之极的唐蕾在重庆逗留了几日，颓颓地回到成都。一回到家发现自己的门上贴了一个条：“我来找你不在，我在你家楼下等你！”落款依然是画的一只老狗，时间却是几日之前唐蕾去找张晓刚的同一时间。心有灵犀让他们迅速坠入情网。

1987 年夏天，张晓刚回昆明过暑假。他一回到昆明，就向我们彻底完整地汇报了整个过程。思念远方的恋人让他整天心神不定，终于说服了唐蕾来昆明。唐蕾来的那天上午，我和毛旭辉作为铁杆亲友团成员一大早就骑自行车去昆明火车站陪张晓刚接唐蕾。一如张晓刚叙述的模样，在熙熙攘攘的到站旅客中，我们远

1987 年夏天，丁瑞华、毛旭辉、何维娜、聂荣庆、张晓刚、唐蕾、张夏平和李曙（左起）在滇池边

远地就认出了唐蕾。

那一年的暑假很快乐，曾浩也把他的女朋友翁菱叫到了昆明。我们三人年龄相仿，于是大部分时间就是大哥们自己深刻他们的，我们小兄弟肤浅我们自己的，有时候，他们吃饭的时候想起来就会叫上我们。那段时间，我们去了一趟昆明西郊的筇竹寺，男男女女穿得花里胡哨，奇装异服，头发也是乱七八糟，像是出现在这个城市里一群怪物。

那个年代，成都和重庆之间的往来就算是很方便的两地交通了。随着张晓刚和唐蕾一来二往的通信和两地奔走，两个人的爱情发展到了谈婚论嫁的环节。张晓刚也从代表着孤独的桃花山搬走了，经过两次搬家后，住到了春园。春园是川美的单身宿舍，条件一如既往地糟糕，尤其是一楼又黑又潮湿，张晓刚住在二楼，房间比桃花山上的房子大了不少，大约有 15 平米。张晓刚花了不少心思去布置这块还是颇为局促的空间，墙上挂着各种各样装着他的画的镜框，他居然用床和画框把房间隔成了三室一厅，有卧室有客厅兼书房，另外还有一个画画的“房间”，进门的地方有个小小的玄关是库房。

那时，每逢假期，在云南少年儿童出版社工作的熊惠明会把出版社的一份少年儿童报纸《蜜蜂报》的一些连环画交给我们画。我跟着张晓刚画了很多期，他用铅笔勾好构图和主要形象，我就用钢笔描出来，顺便把龙套和场景画上几笔。那时画连环画的收入是我们唯一挣外快的工作，每次发稿费都是让大家开心的事情。这份工作曾经也帮助过毛旭辉、叶永青等在穷困中的艺术家。

张夏平在昆明养病期间，邂逅了喜欢整天在足球场上奔跑的李曙。我记得第一次在毛旭辉和平村的家中见到的李曙犹如一个阳光少年，人多的时候甚至有几分羞涩。李曙当时在政府部门做公务员，过着一板一拍的正常生活。张夏平的气场实在够大，把李曙也影响得又写又画，成为了一个名符其实的“艺青”。1986 年，他们相识不久就结婚了。1987 年，李曙被派去一个叫“娜拥”的山村工作几个月，新婚燕尔的张夏平跟到了这个山村。这是一个开满了马樱花的美丽村子，除了生活贫瘠，其他一切在张夏平看来都如诗如梦。村子里的老乡像照顾孩子一样照顾他们，张夏平心情异常轻松愉快，画了很多关于娜拥村、关于她和李曙爱情的画。爱情和婚姻的来到，暂时抚慰了她曾经被情感和现实伤得七零八落多梦的心。

和平村——1987 年

1987 年，除了老朋友的来来往往带给大毛一些温暖，其他的时间死水一潭的生活让他倍感沉闷。由于当时大的政治气候影响，刚刚成立起来的西南艺术研究群体也没有什么活动，大家各自画自己的画，解决各自的艺术和生活问题。

毛旭辉持续了五年的婚姻陷入了危机。1985 年，毛旭辉终于在电影公司分到了一套一室一厅的房子，但是厅只是一个三四平方米的过厅，是毛旭辉会客的地方。有一天，毛旭辉约了孙国娟和翟炜等几个朋友到家里吃饭，孙国娟也来了，看到家里最大的物件就是一张大床。她的眼睛完全不敢看这张大床，不敢看床上有什么东西，枕头是不是一双。吃饭的时候还相安无事，孙国娟刚一走，敏感的贺立德就掀翻了饭桌。

毛旭辉和贺立德的这场一直以来存在着问题的婚姻，随着小贺调到昆明后越发的明显。两个人在很年轻的时候，所有的关于生活、艺术、爱情的浪漫遐想都被现实击得粉碎。当然，那个年代很少有人会在婚前想清楚所有问题。同行的敏锐感让贺立德感觉到毛旭辉要走的那条路是一条不归路，在她看来那是完全不知道未来的。日常的家庭生活毛旭辉无暇去经营，最让妻子难以接受的是毛旭辉曾把家里的钱一分不剩地拿去做展览，而那时正是女儿即将诞生的前夕，似乎毛旭辉从不曾为家人着想，这样的举动在他们之间也是一个伤害。最为重要的是毛旭辉和孙国娟的爱情，这是小贺坚决不能

1987 年，毛旭辉在昆明和平村 2 号

1987 年，毛旭辉（后）和聂荣庆（前）在昆明和平村 2 号

接受的。而在毛旭辉看来，最大的问题是出在他真的对做艺术着了魔，特别是1982年后他想明白一些事情，他觉得自己似乎不适合世俗的传统家庭生活。在这些事情上，两人完全无法沟通，贺立德也不可能理解毛旭辉，现实中他们却又有了孩子，各种家庭伦理道德、私情、哲学、艺术问题全部搅在一起，毛旭辉更觉得有一种来自日常生活的压抑。

我第一次去毛旭辉的家，见到长得很波希米亚的小贺，称呼她嫂子，见过她亲切的笑容。而后来再去毛旭辉家，毛旭辉已经一个人住到了那个三四平方米的小过厅里。他们分居了。再后来，小贺干脆搬出了毛旭辉在电影公司的宿舍。毛旭辉在这年5月27日给张晓刚的信中写到："现在我已经独自居住在电影公司了，婚姻生活彻底告一段落，但这种状态也同样是可怕的，小毛头的形象老在幻梦中折磨着我，意识在我生命中的那条河流没有停止，在不断地反复，过去已深深镶在生命之中了。" 1987年底，毛旭辉离婚了。

生活的改变也影响到毛旭辉的艺术创作，他开始创作《私人空间》系列作品。这批作品流露出太多毛旭辉对苦闷的家庭生活的感受和思考。毛旭辉一向认为当代艺术就是要表达这些复杂的东西，如果在艺术上都不能表达真实情感的话，作为一个人就太窝囊、太可悲了。他把自己生活和情感中蕴藏着的对家庭的苦闷、内疚，还有种种矛盾在画面中淋漓尽致地表达出来，那是一种难以言喻的复杂和忧郁。他将创作当成了救赎，"当我把生命中那些令人不安的、非理性的、无秩序的、既强烈存在又模糊不清的东西装进形式这个魔桶中时，确有一种快感，这种快感亦称为解脱"。

这一年也是我和大毛厮守最多的一年。上午上完课后，我就会骑自行车到电影公司找到大毛，到他们公司食堂混一顿饭，然后看大毛画画，有时也帮他画一画电影宣传画。大毛会把每个星期天电影公司审片会的票给我和沈佳明，那是我人生中看电影最多的一年，什么好片子烂片子看了一堆。

每次去看电影，总看到一个大约在读小学的女孩在帮大人查票，

毛旭辉 《私人空间·自囚》 纤维板上油画 96cm × 102cm 1987年

神情特别认真。那时，打长途电话是通过总机转叫，我们经常通过电影公司唯一的一部电话打长途给远在北京中央美术学院读书的曾浩，电话接通了的时候，也是这个女孩跑来叫我们去听电话。没有想到的是，她就是以前在歌舞团走廊上接水的那个小女孩，二十多年以后成为张晓刚第二任妻子的何佳佳。

就在这一年，大毛想要结束和孙国娟的感情。几年来分分合合的情感纠缠与他生活中的现实冲突，让他觉得十分疲倦。孙国娟赌气地同意了，而且又是老套路，马上找个男人报复他。之前要和孙国娟结婚的李云帆介绍了自己的一个朋友谷文通给孙，谷文通喜欢上了孙国娟。孙国娟把他安排在张晓刚弟弟张晓鹏的宿舍里住着。有一天，虚弱的孙国娟在张晓鹏家楼下休克了。第二天毛旭辉、张晓刚和我去医院看孙国娟，一到病房就看见谷文通拉着孙国娟的手讲话。我们马上要叫上毛旭辉走，觉得孙国娟有别的男人就应该由那个男人管。孙国娟虚弱得只能在病床上流泪。毛旭辉很严肃地把我们叫到病房外，批评教育我们不能这样对病人讲话，我们就回去向孙国娟道了歉。谷文通据说后来又在昆明游荡了一段时间，其间还和于坚打了一架。

孙国娟出院后，在毛旭辉家住了短暂的一段时间修养身体。我和曾浩常常去看孙国娟，和他们一起吃晚饭。有一天，省歌舞团的杨晓燕来找毛旭辉，毛旭辉为了避嫌，就坐在孙国娟的床边和杨晓燕长谈了一个下午，孙国娟觉得那是一个漫长而又残酷的下午，离开毛旭辉家以后，他们就有意识地渐行渐远了。由于毛旭辉情绪低落，所以有一段时间我差不多每天都会在回家之前绕道去他家坐一下，陪陪他。有时候我们就在他家走廊上狭小的厨房里自己做饭吃。我的厨艺好像正是从那会儿开始慢慢有了心得的。偶尔我们也会去参加朋友的聚会。张晓刚离开市歌舞团以后，留守的孙式范经常在排练厅组织朋友们聚会、喝酒。那时，毛旭辉一看见酒就开始喝，一喝肯定醉。有一次他喝得吐了排练厅一地，倒在垫子上像狼般地嚎叫，自言自语了一整夜。但从那次以后，

1988 年，毛旭辉刘晓津在昆明海埂

就没有再看到大毛这样喝酒了。

其实这一年，毛旭辉感情生活起起伏伏，十分丰富。与孙国娟分开后，大毛消失了几天，再出现的时候，家里竟插满了鲜花，他穿的衣服也特别民族风般的花哨，作为小兄弟的我也不敢多嘴问他发生了什么。据说他和一个仰慕他很久的外地的女朋友悄悄又去了一趟彭家坟。回来后一反之前那种苦涩的画风，他开始画一张有卢梭风格的抒情细腻的描绘彭家坟苗族风情的油画《红土的恩赐》，后来这张作品代表云南参加了第一届中国油画展，这也许是毛旭辉第一次被主流艺术所接受认可。

这个状况一直延续到了年底。通过《蜜蜂报》的编辑熊惠明，毛旭辉认识了刘晓津，似乎很短的时间他们就坠入情网。我因为做毕业设计去了一趟深圳，一回到昆明，立马就往大毛家跑，一进他家门，正好一群朋友聚在大毛家喝酒，其中有一个皮肤白皙的女子，大约 30 岁出头，姿势颇为优雅地坐在大毛用来画画的小过厅中间，一边抽烟喝酒，一边谈笑风生。这是我第一次见到刘晓津。记得那天晚上，刘晓津还露了两手厨艺，得到了大毛和朋友们的一阵欢呼。从前我们做饭的厨房现在有了新主人，而大毛也有了陪伴他的女人，加上我毕业在即，去大毛家的次数就没有之前那么频繁了，也应该给热恋中的他们留点时间和空间。

后来我才知道，当时刘晓津还在前一段婚姻中。他的丈夫是她的大学同学、昆明一个颇有名气的作家，名字叫李勃，是于坚、吴文光他们文学圈子里的一个重要成员，也是于坚那首著名的诗《尚义街 6 号》里面描述的人物。和刘晓津的这种关系，毛旭辉一方面有恋爱的喜悦，一方面有一种无法得到的绝望，这种绝望给他带来了新的孤独和痛苦。

1987 年底，毛旭辉和孙国娟又复合了，他们一起去了一趟土林。在土林，他们偶遇了胡晓钢、毛杰等人，一起在土林过了圣诞节。回到昆明没多久，孙国娟去毛旭辉家吃饭，第一次见到了刘晓津。她只是觉得毛旭辉有些不自然，其他也没有多想什么。过了一个月，

1990 年代初，张晓刚、毛旭辉、叶永青、王建滇、甫立亚、聂荣庆、
沈佳明、陈晓怡、曾浩、胡晓钢、刘晓津、伍冬青
在昆明战旗杂技团与李彦墨（前排中）合影

毛旭辉突然对孙国娟说：“我们没有爱情了。”毛旭辉把孙国娟的宿舍钥匙还给了她，这次他们是彻底分开了。在与孙国娟分分合合的几年中，毛旭辉经历了他艺术情感最为复杂的时期，也是他的艺术观和哲学思想形成的重要阶段，他一边经历这些情感上的痛苦折磨，一方面创作了大量的重要作品。如果剥离开他这段情感生活是很难理解他那一个时期的创作的。

刘晓津自从认识毛旭辉以后，就无可救药地爱上了他，爱上了艺术家浪漫的生活，因此她执意要与李勃离婚。李勃痛不欲生，无论如何也想不清楚刘晓津为什么要和他离婚。因为刘晓津的坚决态度，李勃只好和毛旭辉安排了一场类似决斗的见面。李勃约了自己的一群运动员朋友准备打个大战役，结果发现毛旭辉只带了一个朋友来赴约，最后只能在泪水、谩骂、拳脚中发泄了一通。毛旭辉由于觉得理亏，默默地承受了李勃给他的这一切。

刘晓津和李勃离婚后，进入了毛旭辉的生活。不久，刘晓津和李勃的孩子李彦墨（小名妞妞）也跟着妈妈进入了大毛的生活，进入了我们的生活。记得刚见到妞妞的时候，就觉得小小的她嘴巴特别利落，总是在和大人辩论。有一次栗宪庭、廖雯夫妇来昆明，我们一起去石林长湖游玩，三四个钟头的路途中，基本上只听着她一个人在不停地讲话。后来看着她长大，读书，去法国留学。只是随着年龄增大，妞妞却越来越不喜欢讲话了。因为我从小就喜欢与她开玩笑，所以我是一个例外，不论是在巴黎还是昆明、北京，每次见面总是可以和她嘻嘻哈哈说笑。学成回到中国，她的服装设计渐入佳境，获得了 2012 年 CCTV 创意星空第二名。在我开始写作本书时，曾在北京的一个饭局见到她，还和她开玩笑说要用几张有她滑稽形象的照片。没想到 2013 年 1 月 14 日，北京一个有雾霾的早晨，她从居住的北京 798 艺术区 22 层公寓纵身而下，早早结束了她天才而短暂的一生。插进这段，算是对妞妞的一个纪念。

张晓刚 《聂荣庆肖像》 布上油画 85cm × 63.5cm 1987年

各自为战——1987 年

带着还是婴儿的女儿，叶永青回到了重庆川美的桃花山。他带着叶甫纳住在一间非常小的房子里，画画的地方就在床边，张晓刚就住在他的隔壁。这两间房子的构造使得张晓刚如果要出门就必须经过叶永青的房子，仿佛张晓刚寄生在叶永青的家里，也是他家的一个成员。每天早上张晓刚要走的时候，很可能叶永青和小婴儿还在睡觉，张晓刚要敲一下叶永青的房门，然后穿过房间走出大门。

桃花山的名字很美，但是生活却很艰苦，除了房子小，他们的洗澡间是自己搭的棚子。门后的小院子是用来接待来自五湖四海的艺术家朋友的场所，时常会热闹起来，给桃花山带来欢声笑语。张晓刚还在房间里“养”了只老鼠，每天都会给叶永青讲那只老鼠如何折磨他，以至于叶永青他们一家不在重庆的时候，他都要写信告诉他们一下老鼠的动向。终于有一天，张晓刚看到那只老鼠跑了出来，一转身它跑到了叶永青的家里。两个房间近身得几乎肉搏的距离充分体现了那会儿他们在桃花山上相互依存的感觉。其实不光是在生活上，他们更多是靠精神方面的相互依存、相互支撑才能将生活继续下去。叶永青在 1987 年从桃花山搬到了唐平村，终于离开了在桃花山上的那段不仅贫困而且很孤独的艰苦时光。张晓刚也搬到了学院的另一个单身教师宿舍。

唐平村的房子显得略为宽敞点，虽然画画还是要在住房里，但是叶永青可以画稍微大一点儿的画了。因为有了女儿，叶永青找了木匠来和他一起做了一个四联屏风支在床前，并在上面画了山水、花鸟、人物，分隔出床和画画的区域。这个屏风用到 1990 年前后的时候，叶永青又搬了一次家，他嫌这个屏风碍事，就顺手送给了来帮忙搬家的学生罗群毅。这在艺术家的作品还没有买卖市场的时候是非常常见的，常常有些早期的作品就这样被当废品扔掉或是随手送人，从此销声匿迹，而有些作品则会在很久很久以后突然再现，却已经是有了五六位数以上的价格，其中大约又是经过了几轮赠送或买卖，而艺术家却和这些作品的价格无任何关系。如叶永青这个手绘四联屏风在二十多年之后的拍卖会上被台湾明星林志玲买走，一下子让这个屏风变得香艳起来，而叶永青还兀自在吃惊——23年以后，原来它还存在着，但是确实和他没有什么关系了。

1987年，就在张晓刚、叶永青在桃花山上过着“同居”生活的时候，吕澎粉墨登场了。

张晓刚和叶永青回忆起初次见到吕澎的情形时都一致觉得他像个国家公务员。吕澎当时的身份是四川省戏剧家协会的秘书长，由于年轻时喜欢画画，大学文科毕业后一直做一些美术理论方面的研究，我在大学阶段读的一本康定斯基的《论艺术里的精神》的中文译本就是出自他手。叶永青回忆起和他交往的深刻印象是舌尖上鲜辣的食物和那时罕见的五十元大钞的纸币。那时候，叶永青和张晓刚两个大学年轻教师在经济上还很拮据，经常处于捉襟见肘的状态。吕澎光鲜体面地出现在他们面前，请他俩在黄桷坪街上吃火锅，并且大方地告诉他们想吃什么就点什么。最后，吕澎从一个信封里抽出一张崭新的五十块钱付账，这在当时还是很少见的大钞。当然天下没有白吃的大餐，吕澎当时就提了个要求，吃完火锅以后，他们要帮他找一本《美术》杂志，当时吕澎正在收集《美术》杂志，少了某年的某一期。

和吕澎差不多同时期出现在叶永青和张晓刚面前的还有一个现在时常和吕澎进行论战的人——王林。王林的出现就没有吕澎那么色香味俱全了。《中国美术报》想发表一期介绍四川美院的文章，介绍四川现代艺术，编辑蔡蓉向叶永青约稿，叶永青打算不仅仅登自己和张晓刚两个人的作品，而且要介绍整个四川美院的状态。因为这个题目有点儿大，叶永青觉得这是一个事关学院的活，就找了当时的院长叶毓山，希望学校出面组织这个事情。院长推出了四川美院理论研究组的老师王林，安排王林和叶永青、张晓刚见面。其实王林那高亢的声音每天都在四川美院的某个教室里飘荡，大家一见面，叶永青和张晓刚会心地笑了起来。

马祥生在 1987 年移居香港，先在大一艺术设计学院任教授，后又在李奥贝纳等多家国际 4A 级广告公司任职，开始了游走海外的“华侨”艺术家生活。他每天朝九晚五地奔波于港九之间，但依然笔耕不辍，逐渐成为香港艺术界的活跃分子之一。

也是在 1987 年，四川美院师范系张晓刚执教的班里，何森、陈文波、杜侠、简勇、许力、孔祥这几个学生开始酝酿自选作品做展览。另一个版画专业班的郭伟、忻海舟、沈小彤、张冰也办了一个展览。那是川美最有意思的时候，这两个展览给叶永青印象非常深刻，他尤其从沈小彤、郭伟、忻海舟的作品上看到一种新的东西。叶永青给张晓刚和栗宪庭两个人写过一封信，欣喜地告诉他们，在这些学生的作品里看到一种新的人格。从前的艺术都是画神话，画遥远的东西，画伟大的人性，都很抽象，都不具体，看到这些学生在近距离观察，能够真实地画自己的脸，画身边的同学，画身边的环境，画自己睡的床，画身边人的肖像（这种艺术观被四川美院的这些年轻学生提出来，而且早于后来一些用这个视角来创作的艺术家），叶永青特别激动。那时候“85 美术运动”尚未结束，美术界还在讨论大灵魂等等大而化之的理论，但叶永青很认同这些学生的东西，把他们的作品都收集起来。

那段时间，张晓刚一直在做他的纸刻油画，毛旭辉在画纸上水彩。当然毛旭辉还在电影公司画广告的工作室画些一定尺寸的油画。潘德海也是因为房间小而只能画点小画，在纸上涂涂抹抹，找找感觉。

潘德海在昆明又搬了第三个地方，仍旧小而黑，得整天开着门通气。他在房门口挂了一个半截的布帘，和云南这里整幅门帘的形式很不同，他是既需要通风，又需要挡一下别人的视线，不让别人一眼看到自己房间里。大毛第一次带我去潘德海家，这个门帘给我印象很深。还有一个印象特别深的是，潘德海的房间收拾得挺舒服的。

1988 年，潘德海在昆明

那时他在很小的纸上画丙烯画。在他家，他告诉我有一个香港歌手唱歌很好听，那是我第一次听到张学友的歌。我印象特别深，因为那时的艺术家大多是推荐一些西方的音乐，而潘德海给我推荐的居然是一个香港的歌手。

去潘德海家之前，我已经在张晓刚的宿舍看过一些潘德海的画，但大都是一些画云南元谋土林的抽象画，也许因为自己当时年龄小，不太会欣赏，但是那些画面却一直印在脑海难以忘怀；随着年龄增长，到后来我越来越喜欢他那一批画，看到他画在纸上的苞米，一下就喜欢上了。今天，我自己觉得，在所有画土林的作品中，潘德海的作品是最为优秀的，但当时却真的不太能理解。

潘德海这一年又和前女友王坤红和好了，他去西安探望了正在鲁迅文学院进修的王坤红。因为之前和艺术家在一起生活，王坤红在那段时间写出了小说《困惑》，并发表在《十月》杂志上，引起了文学界的关注。潘德海有个同学在西安交大搞雕塑，他也很想寻找在西安发展的可能，但最终转了一圈后还是回到了昆明。从西安回到昆明，潘德海和王坤红之间的联系逐渐减少，连通信也越来越少，最终这段感情慢慢淡漠，无疾而终。因为被诊断出患了肺结核，潘德海没有再上班，借着继续治疗肺结核的机会，他干脆在医院一边治疗，一边疗养，每天读书或者画点什么。医院就在精神病院的旁边，散步的时候他经常溜达到精神病院逛一逛。吴文光那时在精神病院拍纪录片，也会顺路去探望潘德海。

潘德海那个时期的画中，给人印象最深的就是他在纸上画的苞米，人物的形象叠为了特别碎特别小的苞米。潘德海现在自己看到那么小的画都会觉得奇怪，想想在那么小的空间里，那种环境之下竟能画出那种画儿。那些画大多是30厘米大小，用的是日本进口的卡纸，不厚但特别的硬，表面很光，丙烯颜色上去很容易擦掉，擦完了纸也不会被破坏。潘德海在洗纸上色的过程中发现了一些意外的效果，是事先预想不到的，所以他一下就投入进去，画了差不多20张。这些小画一般是在夜晚特别安静的时候画的。那一时期，他心想不能这么蹉跎下去了，得做点事儿，之前总是跑这儿跑那儿，应该稍微停顿一下，踏踏实实画些画，所以这些小画就这样一直画了下去。

虽然他开始也不是很明确怎么继续，但逐渐觉得这个方式很有意思，一点点靠近某种感觉，这些是事先想不到的，是在做的过程中才慢慢感觉到的。他觉得自己找到了一种走下去的方法，后来，他开始用油画来创作苞米系列。

潘德海在学校的时候就对雕塑和陶艺很感兴趣，也做过一些尝试。这一年，他接了一个去湖北武汉做雕塑的活儿，在武汉做了两个抽象雕塑，赚了900元。这一次他没有再被偷，高高兴兴地带着钱回到了昆明。除了赚钱，潘德海还顺便拾到了一段爱情。在武汉的一个复印店里，他认识了何燕。年底，我们在昆明见到了他的新女朋友何燕。

曾晓峰结束了中央美术学院的进修后，在中央美院画廊举办了他的个展，展出了他在这段时间内创作的丙烯画《夜》系列。这时，曾晓峰真正从意识形态上告别了边疆红土、民族风情，在画面上使用表现主义和象征主义的手法，流露出对用冷清白夜呈现宗教情怀的一种向往之情。我认为这个时期是曾晓峰创作的一个分水岭，之后，他开始真实地描绘自己内心所思所想。

这一年，充满革命浪漫主义理想的李曙和张夏平夫妇决定各自分头出去闯一闯世界。李曙去了深圳，张夏平去了北京。结果是张夏平还在去北京的路上，就在长沙又爱上了一个唱歌的小伙子，在有点儿病情发作的状况下回到昆明，和李曙闹起了离婚。李曙完全反应不过来究竟是出了什么问题。曾信誓旦旦深爱自己的妻子忽然间判若两人，他不清楚张夏平是真的病情发作还是移情别恋。他只有采取逃避的方式，找了个地方躲起来。随着张夏平病情发作的周期越来越短，李曙不得不接受这个现实。他甚至开始读一些精神病学方面的著作，希望可以帮张夏平度过难关。记得有一次发病时，我们一群朋友去看张夏平，她觉得我们每个人都是暗算她的魔鬼，只有胡晓钢一个人对她好，所以从下午到晚上她一直抱着胡晓钢。大家觉得很难过，也不知道怎么安慰她，怎么安慰李曙。但是日常生活毕竟是现实的，这段非常人能够承受的爱情随着张夏平一场歇斯底里的大发作结束了，从此两年的婚姻画上了句号。张夏平再次踏上北上的火车，开始了之后两年左右的作为艺术家流浪北京的生活。

风雨又来——1987 年

在 1986 年年底，张隆从回到上海华东师大开始就被学校有关部门“关注”了。

1988 年 1 月的一个阳光明媚的下午，我按惯例骑自行车去大毛家准备蹭晚饭，一进大毛的家发现有两个陌生且十分严肃的人。大毛的桌子上、床上全是凌乱的书本和纸张。大毛看见我，颇为沉重和严肃地告诉我有点儿事情，希望我回避一下。后来我才知道那两个人是从上海来外调张隆的材料的，抄走了大毛和张隆之间的通信。好在最后那些信并没查出什么问题，不过是一些艺术青年关于艺术和理想的梦呓之词。大毛那段时间在电影公司感到十分郁闷。类似的调查工作也深入到四川美术学院，张晓刚因 1986 年年底的展览风波尚未有定论，又一次成为学校的一个危险人物。调查持续了很多年，他们一直在各自的单位里备受相同事情的困扰。

1987 年年底，张隆以和女朋友非法同居、盗窃公共财产（其实是拿了体育系的废垫子做床垫）、在公共场所播放黄色音乐（其实是邓丽君的歌曲）这三宗罪被拘留、开除出华东师大，并被送到殷高路上海市劳教所劳动教养两年。他的朋友张小波由于交的女朋友比他还要多几个，因此被判的教养时间还要长一些。由于张隆有绘画的一技之长，进入劳教所后，他的主要工作是为管教干部临摹一些世界名画用以装饰劳教所的公共空间和他们自己的家。后来，张

1988 年，张晓刚与唐蕾在成都

隆发现劳教所里有一种用来包装的卡纸很适合画油画，于是，在劳教所剩下一年多的时间里，他安安静静地用这种材料画了三百多张油画。其实，到了1988年春天以后，公安局觉得这些人的罪状也很勉强，但是不知道怎么返回重审，也没人愿意去折腾这件事；学校则觉得公安局已经带走的人，不可能再回学校，于是张隆就这样在大墙里呆到了1989年。那段时间，在上海的张献和唐颖经常去劳教所探望张隆，给了他很多温暖和关怀。

1988年寒假，张晓刚和唐蕾结婚后去了西双版纳蜜月旅行。回到昆明，他们去看毛旭辉，发现毛旭辉正坐在地上一副颓废的模样。那会儿上海公安局的人刚刚为张隆的事情来找毛旭辉调查完，并拿走了他和朋友之间所有来往的一大箱子书信。上海公安局的人看完信之后，把信交给了电影公司的领导何书记。何书记是何佳佳的父亲、张晓刚后来的岳父，十分爱才。他看过信后，觉得没有什么问题，而且写得很好，很有理想，就把信又还给了毛旭辉，这样把毛旭辉保护了下来，不然很难想象毛旭辉是否还可以在电影公司继续生存下去。

后来大家经过打听才知道，张隆在上海出事后，公安局才顺藤摸瓜地找来了。离开昆明，张晓刚和唐蕾回到成都，在成都接到叶永青的信，说张晓刚最好不要回重庆，因上海公安局外调到了四川美院。公安局的人去敲过张晓刚家的门，还问叶永青张晓刚的去向，叶永青回答不知道。张晓刚思来想去觉得这样躲着实在不是办法，就在成都写了封信给院长，说明他正在外地度蜜月，又说了他这两年的情况，解释张隆事件中所涉及的问题。后来不管怎样，这件事算是没有波及到张晓刚。他算是过关了，但是毕竟公安部门外调上门，还是让他在学校里留下了很不好的影响，大家传来传去，竟传成了张晓刚在外面参加了非法组织，而且好像是一个下流的流氓组织……从那以后，张晓刚在川美就更加封闭自己，基本不与人来往了。

生生息息之爱——1988年

叶永青在1987年第一次卖出了作品，是学院老师冯斌带来的一个日本女留学生买走的。当时他们的画很便宜，一二百块钱兑换卷就可以买一幅。日本女留学生买了一幅叶永青的画，买了两幅张晓刚的画，都是在叶永青家里成交的。拿到现金的张晓刚异常兴奋，因为唐蕾已经在成都走马街准备好了房子等着张晓刚去结婚。由于没有钱，张晓刚羞愧难当，一直没有去成都，现在有钱了，就高高兴兴地拉着叶永青陪他到成都和唐蕾结婚去了。他们攥着卖画的钱上了一大早的火车，从重庆到成都要坐12个小时，他们觉得自己像大款一样，买了好多鸡翅鸭脚，还有一瓶"沱牌"酒，一路喝到成都。

唐蕾和张晓刚是在走马街邮局的一间房子里结的婚。房间里什么都没有，只有一张床，叶永青只好睡在地上的一个睡袋里，而且是个塑料睡袋，睡在里面像保温瓶一样，一翻身还会发出窸窸窣窣很响的声音，因为不透气，里面第二天都可以倒出水来。第二天，叶永青和张晓刚、唐蕾去买了张地毯铺在地上给他当床。

因为妻子在成都，张晓刚把新家安在了成都，婚后经常往成都跑。成都到重庆火车票10块钱，白天在火车上过，到成都是晚上，下了火车刚好吃晚饭。一段火车车程，成为张晓刚切换两种截然不同的生活的工具——重庆是封闭的教师生活，成都则是活跃的艺术家生活。张晓刚结婚以后经常住在成都，成都因为有何多苓、周春芽的缘故，早早具有一种特别的艺术创作气场。张晓刚到来后，气氛就更加浓郁了。

张晓刚虽然还在四川美院上课，但从1988年起，他的中心开始从昆明、重庆一点点往成都转移，西南现代艺术中心城市的地位也在成都逐渐形成，昆明基本上只剩下了毛旭辉。他也不得不经常跑到成都、重庆和大家讨论有关艺术和展览的一些具体问题。

准确地说，张晓刚和毛旭辉是很好的战友，这比朋友的含义还要多一层。他们不仅有情谊，更多的是曾经在一起战斗过，有一种

1988 年，张晓刚在云南西双版纳

倔强的东西在更深的情感里面。他俩共同经历过不同时代的运动、思想上的洗礼，经历过精神上的碰撞，这使得他们可以在更深的层面上去理解对方。以张晓刚和毛旭辉的个性差异，如果是一般朋友，两个人有太多观点不一的地方，可能早已分道扬镳，只有这种建立在精神上的互相认同的友谊才会弥补彼此性格上的弱点，关系才能持久。在张晓刚看来，艺术家和艺术家之间的关系，最后不是靠情感，而是靠精神。像古人一样，可能几年见一次面或是十几年才见一两面，但他们靠某种价值观、靠精神上的认同保持着一种遥遥呼应，如果没有这一层次，感情就会很容易被生活中的琐碎的事情影响和消解掉。

张晓刚在成都的家有二十多平方米，两个房间，最多的时候住过 13 个人，每人占地一点多平方米，躺下后几乎没有任何空的地方，床上到地上全是人。在他家住过的大都是些美术界的老朋友，如栗宪庭夫妇、叶永青夫妇、毛旭辉夫妇等等。

因为家安在了成都，张晓刚和吕澎来往密切起来，经常在一起吃饭聊天，交流很多。吕澎开始对参与现代艺术有了浓厚兴趣。有一次，吕澎到张晓刚家吃饭，聊起艺术及展览的问题。张晓刚希望他能够策划一些展览活动。吕澎听后马上行动，迅速在四川省展览馆做了一个展览。但张晓刚觉得只是做一个四川艺术家的展览意义不大，要做就做一个反映西南现代艺术面貌的展览，于是就有了 10 月的“88 西南现代艺术展”。

1988 年 10 月，“88 西南现代艺术展”在成都举办。这算是西南地区最早的现代艺术展览，参展艺术家有来自四川、云南、贵州的张晓刚、毛旭辉、叶永青、何多苓、潘德海、牟恒、沈小彤、顾雄、杨述、马云、陈恒、李慧昂，成都“红黄蓝”画会的李继祥、戴光郁、王发林也参加了展览。这也是吕澎进入当代艺术圈策划的第一个展览。从这个展览开始至今，吕澎走上了跟艺术死磕的一条不归路，他像一台上足发条的发动机，策展不计其数，著作等身，后来成为

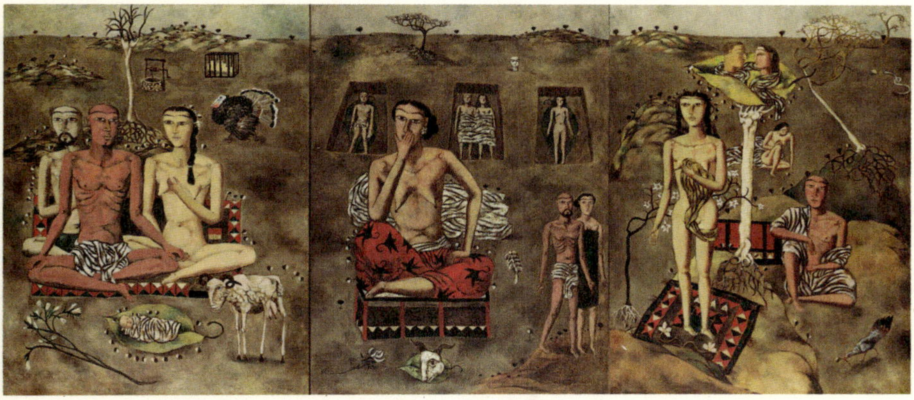

张晓刚 《生生息息之爱》 布面油画 130cm×100cm ×3 1988年

中国当代艺术最为重要的美术史论家、批评家和最为活跃的艺术策展人之一。

张晓刚的《生生息息之爱》第一次展出就是在“88 西南现代艺术展”上。当时由于展览效果很好，所以有一个吕澎和易丹的朋友提出想收藏这套三联画，每张出价 1000 元人民币，一共 3000 元人民币。这对当时十分缺钱的张晓刚来说无疑是一件很好的事情。可是张晓刚鬼使神差地就觉得他的这套作品很重要，应该是 3000 美金，所以他婉拒了这笔交易。

黄山会议——1988 年

1988 年 11 月 22 日到 24 日，高名潞策划了“中国现代艺术创作研讨会”，会议在黄山市屯溪的江心洲宾馆举行，史称“黄山会议”。会议邀请了来自全国各地的百余名中青年艺术家和理论家。他们在会上展示、交流了各自探索性的新作，结合文化的发展、当代艺术家的思想观念等问题探讨了中国现代艺术的发展趋势，并围绕将于 1989 年 2 月在中国美术馆举办的“中国现代艺术展”和其他艺术活动提出了具体的意见和建议。日后中国现代艺术展的成功，更凸显出了“黄山会议”的重要意义。

当时在四川美术学院的叶永青收到了高名潞和栗宪庭的来信，说终于找到了钱，要开一次黄山会议。那时四川美院已经有一大帮搞现代艺术的人。川美版画系毕业的学生顾雄从加拿大回来，全盘接受了西方现代艺术的观念，回来以后一直兴致勃勃地推广现代艺术理念，他也加入到张晓刚、叶永青以及其他在川美的同道人中的小圈子里。叶永青感到又有点儿 1985 年那个时候的气氛了。毛旭辉还专门给叶永青写了一封信，要他把西南艺术研究群体的资料都带上，因为叶永青有所有西南艺术研究群体的资料。毛旭辉、潘德海作为昆明方面的代表，叶永青作为重庆方面的代表都收到了邀请。

大会组委会可能不清楚张晓刚是在昆明还是重庆，所以张晓刚很意外地没有收到邀请信，直到毛旭辉问过后，张晓刚才被作为列席代表收到邀请。张晓刚有些情绪低落，发牢骚说自己被革命队伍抛弃了，不太想去列席“黄山会议”。叶永青劝他说：“你不要管，你还是要去，必须去！”张晓刚是极其敏感的人，他觉得美术界作为一个江湖也是分了级别的，因此还是不想去参加会议，但毛旭辉又来信语重心长劝他应该把这件事情继续参与下去。当时刚刚在成都办完“88西南现代艺术展”，他们都心气颇高，最后还是决定意气风发地一起赴黄山开会。

整个20世纪80年代，中国艺术圈都在讨论两个内容，一是挣钱，到哪里去挣钱；二是出国。这两件事差不多是贯穿整个20世纪80年代的主旋律。高小华当时有一句很著名的话：“主力红军都已经北上抗日了。”说的是20世纪80年代早期的那些成功者诸如陈逸飞、程丛林、陈丹青等都去了国外，留下的都是些“土八路”和“游击队”。在叶永青看来，就是这些“土八路”和“游击队”在坚持打天下，好多出国的同学很快就不知所踪了。所以1988年的黄山会议，叶永青把它看作是一次留守的“土八路”和“游击队”召开的“遵义会议”。

1988年11月，张晓刚和叶永青又一次从重庆上船，沿江而下，去黄山为自己追求的艺术事业做努力，但是追求的那个目的似乎是模模糊糊的。这次同行的是唐蕾和顾雄。距离他们第一次沿江而下去游学已经过去了八年，但是，当年求学时的艺术梦想变成了今日无形的精神压力，并且一一需要自己去面对。他们随身携带了一大堆《画廊》杂志编印的《88西南现代艺术展》——类似展览场刊的杂志，准备去会上派发。吕澎也从别的地方赶去黄山与他们会合。王林第一次以西南艺术评论家代言人的姿态出山。

一到黄山会议现场报到，马上就区分出了正式代表和列席代表的不同待遇。有一个情况让人特别敏感：正式代表有饭票，不是正式代表的则要在外面吃饭。于是张晓刚、王林他们作为列席代表只能在外边吃饭、发牢骚。

黄山会议播放了一千余张画家新作的幻灯片，宣读了三十余篇论文。当时“85美术运动”中的各地各派别艺术家全部在黄山聚集，用放幻灯片的形式进行交流。侯瀚如那时候还是一个毛头小伙儿，他介绍博伊斯，费大为也开始介绍法国当代艺术，顾雄介绍在加拿大的艺术活动。黄永砯放他的片子，全部是用烟头摞的东西，画面空白，什么都没有，两三张就结束了，很观念。叶永青很老实地把带去的所有川美和西南艺术家作品的幻灯片放了一遍。毛旭辉也放了几张云南艺术家的新作品。叶永青和毛旭辉各写了一篇论文，因为会上安排他们每个人要介绍自己不同地区的艺术。各路英雄好汉都聚到了黄山，仿佛比武大会，每个地方的艺术家都在宣扬自己的主张。叶永青每次清点幻灯片时，就像在清点他们在江湖上行走的本钱一样，因为最后栗宪庭、高名潞他们是根据会议上的幻灯片来挑选中国现代艺术展的作品和人选。

在作为列席会议代表的张晓刚看来，1988年黄山会议似乎就是一个分权的会议，各自把权力瓜分了。这么多艺术家集中在一起，各门各派聚在一起，颇有点华山论剑的意思。从积极的意义来说，黄山会议集中了全国各地上百名艺术家和理论家来展示、交流“85后”的探索性新作和观念，还充满臆想地讨论了艺术市场的可能，会议也为来年在北京举办的“中国现代艺术展”做了理论上的准备。高名潞有意识确立一个以自己为中心的“85思潮”后的局面，但是由于栗宪庭的学术影响和德高望重，所有的艺术家还是更倾向于认为那是栗宪庭、高名潞共同的天下。

1988年黄山会议也是个分界线，以参加和没有参加作为划分。没有参加这个会议的当代艺术家似乎变成了二流的当代艺术家。参加会议的很多艺术家通过这次会议慢慢地重要起来，逐渐体现出这次会议对于艺术家的重要性，但是也有一些重要的艺术家随着会议结束也就结束了。毛旭辉在这次会议上，更加明确了他作为云南艺术领袖级人物的江湖地位。

虽然会议过程中各个艺术派别主张不同，暗涌不断，但毕竟是一群知识分子的艺术观点之争，也是相安无事。毛旭辉在黄山会议不仅确立了自己的江湖地位，还体验了一回惊心动魄。11 月 24 日，会议最后一天吃晚饭的时候，参加会议的艺术家与在同一个餐厅里办结婚酒席的当地人发生了口角。在争执中，贵州艺术家成肖玉从毛旭辉身后一拳打爆了新郎的眼睛，于是事态扩大了。新郎家集合了很多当地人把艺术家们围堵在酒店的餐厅里面，要求交出打人的艺术家，就连当地公安局也要求留人。因为在慌乱之中没有人看清楚伤人的一拳是从毛旭辉背后打出来的，大家隐隐约约觉得就是毛旭辉打的，所以认定打人的就是毛旭辉，但其实毛旭辉根本没有动手。高名潞和警察谈判后，同意带上毛旭辉到公安局解释清楚事情经过。就在两人出门时，当地人用石块砸毛旭辉，事态一时变得有点儿难以控制了。警察只得同意在饭店里谈判，高名潞和范迪安、周彦以及合肥画院的老画家裴家同陪着毛旭辉。但是警察也有些偏袒当地人。就在纠缠中，宋永红想跳窗走，结果被当地人用棍子打得头破血流送去医院缝针。事情激化到这个地步，警察也觉得不能再把事情闹大，毕竟这还是全国性的会议，闹下去不好收拾，于是分批把所有艺术家连夜疏散逃离黄山。20 世纪 80 年代中国当代艺术史上最重要的“黄山会议”竟是以参会艺术家的一场集体大逃亡而告终。

张晓刚、叶永青于“黄山会议”结束后回到重庆，时任四川美术学院美术研究所所长的马一平邀请两人在川美做了一次关于黄山会议的讲座，相当于川美的现代艺术点火会。那之后，像星火燎原一样，现代艺术创作在整个四川美院有了一种熊熊燃烧的势态，在之前的学生自选作品展的基础上，共同推动了学院的当代艺术创作浪潮。张晓刚、叶永青还邀约四川美院对现代艺术感兴趣的朋友每周吃一次火锅，他们戏称“每周一锅”，其实主要是给大家提供一个交流艺术的场合。这些吃火锅的参与者后来大都是现在美术圈耳熟能详的人物，如刘虹、何森、陈文波、郭晋、杨述、陈卫闽等。

“暴雨将至”——1988年

1988年年底，叶永青在重庆画他参加“中国现代艺术展”的作品，画画的条件比较艰苦，没有固定的地方，而且在叶永青画这批参展作品的时候，刚好是他在创作想法起变化的时候。他对1985年到1988年的作品进行了反省，不想延续老路子画下去，开始画很多幻象和现实交叠的题材，画表现云南的生存环境和重庆的生存环境之间非常矛盾和分裂的画面，以及在这种分裂状态下人格中的孤独，还伴随着想象中各种各样的形象。叶永青为了追求画面一种极薄的效果，渐渐摒弃了调色油和松节油，而是用汽油来做稀释剂，画得快，干得也快。在画画的过程中，叶永青越来越喜欢去尝试不一样的绘画材料。他一边坚持着用传统材料画地道的油画，用有点儿古典主义的方式画圭山题材，另外一方面又完全放弃油画，用丙烯、水墨和毛笔来做另外一种风格的尝试。这样的纠结正如叶永青所说，艺术之于他“类似酒之于酒徒，是欲罢不得的习性，与我们生命相似的痛苦和甘美混合在一起的东西”。

潘德海总是默默无声到经常让人忘记他的存在。但是，在20世纪80年代中国当代艺术发展的每个重要节点，他都奇迹般地存在着。“新具像”展、珠海会议、黄山会议和中国现代艺术展，他无一遗漏。1988年，潘德海也接到“黄山会议”的通知，和毛旭辉一起乘坐火车到黄山屯溪参加了黄山会议。当年参加会议的与会者大都不太记得潘德海在会上有何表现，潘德海回忆起“黄山会议”也是轻描淡写地说：“挺好！就是结束那天打架了，闹得特别大，饭也没有吃好。”回到昆明后，何燕从武汉来昆明找潘德海，于是潘德海开始过上短暂的、

潘德海 《掰开的苞米——八月》 纸上水彩 29cm × 33cm 1988年

有人照顾的幸福生活。

1988年，潘德海继续用水彩画了《掰开的苞米——八月》和《掰开的苞米——后山》，一整年潘德海都在做这个系列的作品，因为他找到了一个可以画下去的绘画语言。为了参加吕澎做的“88西南现代艺术展”，他第一次把苞米系列画到了油画布上。

唐志冈在解放军艺术学院的学习依然还是不被老师所认可，因为他即便是画部队题材的作品，也是一些描绘士兵生活场景的小品，而不是学校教学所提倡的重大题材。于红也在这一年去荷兰读书了。唐志冈和她生离死别般地在首都机场告别，哭成泪人的于红送多少遍也送不进安检口，唐志冈自己觉得这个告别就如同一场苏联电影的场景。

1988年9月，我大学毕业了，分配到昆明纺织工业公司工作，每天无所事事，一个月的工作一天就可以干完。一个月工资是八十多元人民币，还没有我当学生一个月打工挣得多，而且必须每天朝8晚6，不能迟到早退。那一个月我觉得特别失落和压抑。干满一个月，我辞职了。递交了辞职报告后，我觉得心情异常舒畅，吹着口哨唱着歌，骑着自行车。在回家的路上，我远远看见孙国娟带着一个“豆芽菜”样儿的男人，原来是曾浩介绍来找我的刘炜。刘炜来云南采风，准备他在中央美院的毕业创作，从那天开始，我们两人就厮混在一起。他有时陪我去出版社联系印刷业务，北京孩子的花言巧语立马就出来了。出版社的编辑是一个留在昆明的北京籍老知青，被刘炜一阵甜言蜜语哄得高高兴兴。那会儿的刘炜与人的沟通能力挺强，完全不像后来那么自我。刘炜从西双版纳回来后已经身无分文，所以我俩就靠我身上的那点儿钱混。一开始我们还每天都吃馆子，后来钱少了就买菜去孙国娟家做饭吃，再后来钱花完了，就只有找朋友借钱过日子。刘炜回北京的火车票就是借朋友李楠的钱买的。虽然我和刘炜几乎没什么钱，但是每天骑着自行车到处去找女孩子约会，快乐无比。那是我记忆中一个很美好的秋天。

在昆明还是和朋友们每天混在一起，昆明市歌舞团分配了新宿舍，孙式范搬了两室一厅的新房子，他的家又成为了我们的据点。我们常在他们家喝酒、聊天、跳贴面舞。时不常会有一个小伙子来找孙式范，端茶倒水，特别懂事，特别客气。孙式范告诉我们，小伙子是景德镇陶瓷学院的校友，在托他找关系想去云南艺术学院任教。这个小伙子就是刘建华。20 世纪 90 年代，刘建华创作了很多陶瓷雕塑，在中国当代艺术界逐渐风生水起。2000 年以后，刘建华在昆明完成了他的艺术和人生的准备工作，带着昆明的太太孩子去了上海，成为今天上海最重要的当代艺术家之一。

1989 年 1 月，张晓刚、叶永青把要去参加“中国现代艺术展”的作品从画框上拆下来卷成卷，把画框也拆分了打成一捆随身带着，和顾雄、杨述一起，像弹棉花的民工一样，扛着画和画框踏上了北上的火车。

叶永青临出门数了一下，兜里还有不到两百元钱，走到门口又收到了美术编辑牟恒发给他的几十元画插图的稿费。怀揣两百多元钱，心情有点儿像当年出门闯关东的山东人。至今他还心酸地记得，在火车上，刚把方便面泡上，顾雄的女儿眼巴巴地看着他说：“叔叔，我的方便面吃完了，我还想再吃一包。”叶永青只有把自己的伙食给了孩子。虽然是 20 世纪 80 年代末期，这些从事现代艺术的艺术家依然是那么拮据。

来到北京后，拆下来的画再想绷到画框上可就难了。北京的冬天又冷又干燥，画布缩小了，曾浩来帮他们把画重新装上画框，几乎要把这些日后被中国当代美术史认可的重要作品扯烂了。唐蕾先于张晓刚几天来北京打前站，她找到今天中央美术学院的院长、当时还在中央美术学院念研究生的范迪安，借住在范迪安的宿舍里，于是那个宿舍当时就成了西南艺术研究群体的小据点。其他西南艺术研究群体的艺术家们也这么零零散散地在放了寒假的中央美院的

1989 年，张晓刚（左四）、毛旭辉（中）和
刘铁君（右四）在“中国现代艺术展”

学生宿舍里混，今天睡这个铺，明天睡那个铺，因为没有钱住旅馆，只好这样解决住宿的问题，但是没有地方洗澡。冬天的北京很冷，西南艺术家没有什么能在北京过冬的衣服，大家几乎把所有能穿的衣服都穿在身上，毛衣和各种皮衣，外面还有风衣，每个人都穿得乱七八糟，就像混在中央美院学生宿舍的一群民工。叶永青、毛旭辉挤在曾浩的寝室混完了整个展览。

当他们把展览作品运到展览场地的时候，今天的著名批评家殷双喜当年作为展览工作人员通知他们每个参展艺术家要交50块钱的参展费。那时大家的钱都是计划着熬到展览结束够买火车票才心安，很多艺术家拒绝交参展费，说从来没听说过参展还要交钱的。西南这一群人当中数毛旭辉社会经验丰富一些，大家都看着他。毛旭辉说："交吧，不要给西南丢脸。"于是，大家陆续把展览费交了，但是交完之后都挺心疼，因为不清楚到底在北京还要呆多久。

当时西南艺术家在整个艺术家圈子里是非常弱势的，比较起来，其他地方的艺术家却很主动，能力也都很强，路子都很广。很多艺术家长期扎在北京，像王广义、丁方等人参与很多活动，和媒体都是朋友。只有西南艺术家们老老实实的，被安排着参加展览。叶永青记得徐累他们帮着展览跑赞助，似乎展览的事情也是他们的事情，每个人都非常能干，而西南艺术家每天最关心的事情，就是怎么在北京混下一顿饭。

张晓刚在展览中遇到了当年为他的毕业创作写文章的夏航。偶遇让两个人很激动，中间隔了那么多年，张晓刚又想起了当年几乎不能通过的毕业创作。夏航一定要请张晓刚去家里吃晚饭，而且连张晓刚的朋友们都一起请。夏航的家在三环外，距离中央美院挺远的，张晓刚他们转了几趟公交车才到。到了夏航家，大家发现他家有个浴缸，于是忍不住问可不可以洗个澡。结果那天等毛旭辉夫妇、张晓刚夫妇和叶永青都舒舒服服地洗好澡，吃完饭，他们就得往回返

1989 年，毛旭辉（左）与张晓刚（右）在“中国现代艺术展”现场

了，因为要赶末班车，大家都没能好好聊一聊学术。后来夏航出国了，张晓刚再没见过他，他一直遗憾那次洗澡把交谈的时间都占掉了。叶永青觉得他们当时完全没有修养，没有礼貌，只是忙着洗澡、吃饭，忙着赶末班车。

那个时代的中国美术界还没有什么策展人制度，“中国现代艺术展”的筹展委员会各有分工。栗宪庭对西南艺术群体照顾有加，把他们安排在中国美术馆的西厅。风头正劲的北方艺术群体，还有一些在北京的画家、前卫的行为艺术家都是展览的重头戏。

西厅第一个展位是潘德海，第二个展位是张晓刚，第三个展位是叶永青，旁边是毛旭辉，中间是杨述，一人一格把自己的画挂上。所有的画都挂好后，展厅里还有一些空地方，他们去问栗宪庭是不是也可以用，栗宪庭同意了，他们又多挂了几张画。

1989年是中国当代艺术真正“大时代”的到来。“中国现代艺术展”为整个20世纪80年代此起彼伏的现代艺术思潮在高潮中划了一个完整的句号。起源于1986年8月珠海会议动议的这个展览，经过了黄山会议的理论准备（《中国现代艺术展筹展通告第一号》在黄山会议之前的1988年10月发出），于1989年2月5日在北京中国美术的最高殿堂——中国美术馆开幕了。

展览在接下来两周当中被迫关闭了两次。第一次是开展三小时后，肖鲁向她的装置作品《对话》开枪。重新开展后，一楼的艺术家撒避孕套，李山在《洗脚》，张念在《孵蛋》，吴山专在《卖虾》，这一系列的行为艺术事件引起了轰动，国内外新闻界争相报道，也成为艺术评论界激烈争论的焦点。第二次是因为有人寄匿名信诈称美术馆内有炸弹。每次“现在因故停展”的纸牌子一出来，气氛立刻就紧张起来，所有的门都关上，艺术家们被关在美术馆里不能出来，也不许外面的人进去，接着防暴警察就出现了。

美术馆里面外面都是乱糟糟的，关在里面的人饿得要死。这次展览的主要赞助人宋伟开过来一辆卖羊肉串的车子，给关在美术馆里的艺术家们发盒饭。那个场面甚是感人，通过铁栏杆往里面递盒饭的情景深深地印在当时在场的每个人的脑海里。

由于参加大展的艺术家来自五湖四海，人员素质也是参差不齐，有文质彬彬的谦谦君子，也有言行霸道的江湖草寇。相比起来，西南的艺术家们则要显得斯文和安静多了，他们有些不太适应这种喧嚣的艺术江湖。

这次展览，艺术家们单纯的架上绘画反而受到了冷落，似乎展览和他们没有什么关系。在这样一个时期，这样多舛的一个展览，也预示着中国现代艺术进入了一个复杂的发展期。

一场生意一场梦——1989 年

“中国现代艺术展”开展以后，尽管一楼展厅不断发生惹人注目的事件，很多艺术爱好者和收藏家还是很认真地关注在二楼的这些艺术家的作品。他们的每一格展位，就好像巴塞尔艺术博览会的一个个展位一样，成为了艺术品交易的场所。展览结束之后一盘点，西南艺术家的作品卖得最好，张晓刚卖掉了他带到北京的所有作品。20 世纪 80 年代，万元户是衡量一个家庭财富的标准，大展开始不到一半的时间，张晓刚就已经有一万元人民币收入荷包。他写信给自己的父母亲报平安，骄傲地炫耀卖画的成绩，因为他的父母始终认为他选择画画会贫穷一生。

在“中国现代艺术展”上，第一个买张晓刚画的是时任西班牙使馆官员的伊玛。她在展览上看到张晓刚的那批纸上油画作品特别喜欢，就问张晓刚是否可以收藏。张晓刚当时定价一百美元一张，伊玛以每张七十美元的价格买了两张。那会儿都觉得卖画给外国人是地下交易，伊玛的丈夫开着车来美术馆，在汽车上把钱给了张晓刚。张晓刚去收钱还拉上了叶永青壮胆。

伊玛给张晓刚开了卖画的好头。一个法国人梅莉蒂一口气买走了张晓刚四五张作品，每张 200 美金。伊玛不仅给张晓刚带来了卖画的运气，1989 年 10 月，伊玛还邀请张晓刚在西班牙使馆做一个个展。

几个月前在成都有人出价 1000 元人民币一张、张晓刚坚持没有卖的《生生息息之爱》，果然被一个美国人以 1000 美金买走了其中的一张。张晓刚很骄傲地对吕澎讲："我就认为是值 1000 美金的嘛！"剩下的两张被宋伟买走，最后张晓刚拿到了 5000 元人民币。2011 年 4 月，香港苏富比拍卖会上，这套《生生息息之爱》以 7906 万港币成交。

1989 年的"中国现代艺术展"也是中国当代艺术市场成长的一个起点。宋伟是"中国现代艺术展"的最大赞助商，赞助了五万元，而且是现金。宋伟是卖大碗茶起家的个体户，他在 20 世纪 80 年代成立了长城艺术博物馆，收藏了一些奇奇怪怪的各种各样的东西，也买过一些写实的作品，如杨飞云临摹的安格尔，书法抄的金刚经等等，他都买。每天中午，宋伟就来美术馆给参展艺术家送盒饭。1989 年，艺术品市场在国内开始露出一些苗头，买画的大多是外国人，也有像宋伟这样的一部分国内从事自由职业的人。"中国现代艺术展"快要结束的时候，栗宪庭告诉叶永青他给宋伟开了一份收藏名单，因为宋伟希望收藏展览上比较重要的作品。栗宪庭建议宋伟给名单上的艺术家每人一万块钱收藏他们的一部分作品。名单里有张晓刚、毛旭辉、潘德海、叶永青四个人，另外还有王广义、张培力、丁方等，一共十个人，大家都很兴奋，交易的地方是宋伟家。

交易那天，叶永青要去法国大使馆看展览场地，就把事情委托给张晓刚、毛旭辉、潘德海他们三个人。晚上叶永青回到当时借住的曾浩的学生宿舍，只看到毛旭辉、曾浩和一些学生正在打牌，却没看到张晓刚。叶永青看着毛旭辉心里很忐忑，心想：这个钱到底拿到了没有？但是当时有好多人在场，叶永青不好问，就观察毛旭辉。毛旭辉平时是个很焦虑的人，永远都好像在皱着眉头，但那天晚上毛旭辉心情很好，打牌的声音很大，整个额头都是发亮的。叶永青吃不准是否拿到钱了，突然毛旭辉把牌一摔，说不打了，接着爬上上铺睡觉。叶永青也赶紧爬到自己睡的上铺，看着对面的毛旭辉。毛旭辉突然用被子把自己全部罩住，叶永青想估计有戏，毛旭辉肯定是拿到钱了，躲在被窝里面笑。第二天，潘德海的女朋友何燕一大早就来找叶永青，在黑漆漆的电梯间旁边，何燕拿出一个用报纸包着的纸包，告诉叶永青这是给他的钱，一共 5000 元。那时的钱都是 10 元或 5 元一张的，5000 元是很大的一包。叶永青捧着这个破报纸包愣在那儿，那么多钱，他是第一次拿到那么多钱。回到房间，叶永青找了个书包把这些钱放进去。拿到钱后，叶永青和唐蕾、张晓刚一起上了回重庆的火车。那是北京的冬日，走在阳光下北京的街上，他们的腿有些发软，感觉非常不真实。上了火车，他们怕钱放在身边目标太大被小偷偷，就故意把装钱的包放在上面的行李架上，隔一会儿看一眼。整个路程一直漫天大雪，但每个人心里却是暖融融的。到了重庆，叶永青第二天去张晓刚家，看见张晓刚家里一床都是钱，张晓刚和唐蕾正在数钱。原来回到重庆后，张晓刚夫妇马上去买了一个自动电暖水瓶，回来发现这包钱好像不止 5000 元，估计是被多付了一两张，两口子一时有点儿数不清这些钱了。

背着一包钱回到成都，张晓刚觉得自己是个有钱人了，于是花了三四千块钱买了一个彩色电视机，松下直角平面 21 寸的，是当时最贵最新款的，不过买的时候还是咬了咬牙的。张晓刚对唐蕾说这个东西对他的工作来讲太重要了。

叶永青用这笔卖画的收入给女儿叶甫纳买了一架钢琴。因为叶甫纳每天都要去隔壁小朋友家玩，小朋友的爸爸是音乐学院的钢琴老师，在家里教孩子弹钢琴，叶甫纳天天去小朋友家蹭琴弹。叶永青夫妇曾经想借钱给女儿买钢琴，但一直没有借到，这次北京之行，叶永青竟给叶甫纳挣到了一架珠江牌钢琴。不过自从买了钢琴之后，叶甫纳倒是再也不弹琴了。

漂在北京——1989 年

在“中国现代艺术展”中，公认最成熟的作品是来自昆明的艺术家潘德海的作品。他的作品非常完整，他画的“苞米”系列，尤其是水彩那几张给人印象特别深刻，可以说潘德海艺术创作上的高峰早在 1989 年就开始出现了。“中国现代艺术展”是潘德海在艺术及生活上的一个转折点，潘德海成为西南艺术研究群体中艺术风格最为突出的一个艺术家。参展的几个昆明的艺术家在整个 20 世纪 80 年代的大部分作品都是实验性的，是那种还没有确定的艺术语言、具有探索性的作品，唯有潘德海的作品是已经成熟、稳定的状态。

他的《苞米》系列还在同一年的第七届全国美展上大获好评，并获得了第七届全国美展的铜奖。这种既在另类的现代艺术评价体系中又在与之格格不入的传统主题美术创作的系统中都获得好评的作品实在难得。获得了第七届全国美展的铜奖对潘德海的生活和思想似乎没什么改变，他还是像从前一样默默地画苞米。1989 年因为得到了两次展览的认可，潘德海决定留在北京不走了。他和何燕一起“北漂”了近 10 年，随着与何燕的感情结束，1999 年，潘德海又只身一人回到了昆明，还是居住在地矿局中学分配的宿舍里，如同当年从东北来到云南一样，从终点又回到起点。午夜的昆明街头，又常常看到老潘孤独的身影。

同样在第七届全国美展上获奖的依然少不了“获奖专业户”曾晓峰。他的油画作品《被遗忘的幻像》也获得了铜奖。曾晓峰不紧不慢地像一个典型的云南人一样，按照自己的节奏生活着。入行四十余年，他始终和自己所在的体制以及热闹的江湖若即若离，自我蜕变成长着。

由中国现代艺术展开始，民间的办展方式和展览的评价标准逐渐多元化。

唐志冈 《二月》 布面油画 130cm × 195cm 1988年

在解放军艺术学院读书的唐志冈也去看了“中国现代艺术展”，还跟张晓刚、毛旭辉混了顿饭吃。当时整个美术馆都被包在黑布里，像一场仪式一样，整个中国美术馆的广场上也铺满了黑颜色的布，有大小不同的不准调头的符号和标语。唐志冈一看觉得这是一个该自己干的事情，如果不是军人的身份，他一定是会参加中国现代艺术展的。他一直在画的作品就是这个方向的东西。他觉得自己和这段历史擦肩而过了，他很羡慕，心里很不是滋味。因为是军人，他实在是错过了很多次参与现代艺术的重要事件。就在他的这群昆明艺术家朋友品尝着难得的胜利果实的同时，唐志冈正在渡过他的毕业关口和爱情关口。

与张晓刚的经历有点类似，唐志冈的毕业创作《体检》也未能通过，孙向阳认为他这样画小品的作品像是不能毕业的。于是，唐志冈重新创作了一幅也是以圭山为背景的作品《二月》，在《美术》杂志发表了他的这张作品后，几年的军艺学习才算过了关。毕业作品中的模特儿在报刊亭无意中看到了《美术》杂志上的这张画，顿时泪如雨下。唐志冈的女朋友于红离开他以后，在荷兰很快跟一个来自台湾的研究超导的科学家恋爱了。唐志冈情绪十分低落，这个模特儿就经常来给他很多的关怀。孤独的唐志冈也就和这个模特儿好上了。然而，唐志冈和这个模特儿的这段亲密关系导致他失去了毕业分配到八一电影制片厂做舞美工作的机会，因有同学向学院反映他有生活作风问题。那个年代解放军的文化干部和模特儿有男女关系是绝对犯规的，尽管他和模特儿已经分开，学校还是把他分到了位于北京昌平的工程兵学院的电教室。今天并不觉得昌平偏远，但那个年代，昌平都不算是北京。唐志冈并没有去工程兵学院报到，而是把档案拿在自己手上，继续在学校混着。

一直到毕业，熬走了所有的同学，他一个人漫无目的在宿舍里坚持着。最后在唐志冈不得不搬走的前一天早上，于红突然出现了，她在重庆度完假回荷兰前到解放军艺术学院来怀旧寻踪。在唐志冈宿舍前的走廊上，她以为人都已经走光了，唐志冈肯定也不会在了。

1989 年，在解放军艺术学院毕业前夕的唐志冈

殊不知在空无一人的宿舍楼里，唐志冈拿着脸盆正要去洗脸，一开门就这么奇迹般地与前女友相遇了，竟让前女友看到了自己最落魄的一刻。两个曾经相爱的旧情侣抱头痛哭，然后就是一整天的旧梦重温。尴尬的是，第二天早上，宿管老师也不放过他，一大早就来敲门，提醒他们俩该走了。唐志冈狼狈地匆匆送走于红，还来不及愤慨，他首要面临的问题是出了校门怎么办。解放军艺术学院在魏公村，唐志冈直接在魏公村找了间农民的平房住了下来。他开始发奋学英语，想要找个出路。同学高天雄建议他考研究生，并且告诉他因为他的那张《体检》，中央美院的韦启美先生对他印象特别好。当时韦先生看了全国美展南京的展览，只对这张《体检》情有独钟。韦先生说让他来考我的研究生吧。于红也给唐志冈联系了一所荷兰大学让他去留学，但是唐志冈对于红已经快要结婚耿耿于怀，所以拒绝了出国留学，铁了心报考中央美院的研究生。他租住在魏公村的农民房子里，报了英语补习班从 ABC 开始学起。

在昆明与李曙离婚以后，张夏平觉得自己在“西南艺术研究群体”中，只是因为大家是朋友关系而并不是因为自己的艺术造诣能够达到共同的高度，因此决定要自己出去拼搏一番。张夏平成为了真正意义上的第一代美术界的“北漂”。她辗转长沙，画了一段时间的画，又来到北京。20 世纪 80 年代末期，她一直生活在北京，个中的艰辛可以和今天生活在宋庄的底层艺术家实有一拼。今天这些艺术家至少还有一个相对稳定的住处，当年的张夏平是居无定所，却还怀揣着远大理想，一直在坚持艺术创作。吴文光当时正在拍摄一个记录生活在北京的艺术家的纪录片《流浪北京》，真实地记录下了张夏平那时在北京的生活状况，也生动地记录下了张夏平惊世骇俗的那句名言：“我就是卖□，也不卖画。”

1989 年 6 月 5 日清晨，张夏平从西边的广电宿舍一直步行到东边北京站，赶上了那几天唯一一趟回昆明的火车。火车一路开一路停地用了将近一个礼拜的时间终于回到了昆明。张夏平虽然人在昆明，心里却还是惦记着北京的江湖，夏天一过，便又回到北京，并于9月份在位于王府井校尉胡同5号的中央美院画廊举办了她的第一个个人展览。她也是昆明出来的这些艺术家中第一个在北京开个人画展的人。画展开幕的第二天晚上，病情再次发作的张夏平被吴文光、牟森等朋友送进了北京安定医院。

第二年，奥地利人谢塞尔履行了他五年前的承诺，来到北京，迎娶了张夏平，把她带回了奥地利。谢塞尔只是为了当初四天如梦如幻的萍聚，他并不知道这五年中中国发生了什么，张夏平的生活发生了什么，他选择不相信张夏平告诉他的一切，包括她曾经的婚姻和她的精神疾病。离开中国之前，谢塞尔把她的药物全部扔到抽水马桶里一冲了之。

一个时代的结束——1989年

1989年对张晓刚来说，其实是比较忙碌的。年初参加了“中国现代艺术展”之后，5月20号，张晓刚在四川美院陈列馆做了他人生的第一个个展，展出他那两年创作的四十多幅画。开幕的当天下午学校停课了，所以展览实际上就展了一天。他的第一个个展就这样草草结束了。

1989年，张晓刚收到了西班牙使馆的展览邀请。他10月份带了作品准备到北京做这个展览，在当时的情况下，西班牙使馆已经不能再做这个展览了。伊玛觉得很过意不去，就在北京另外找了个地方做这个展览。结果张晓刚准备去布展了，展场还是不能展览，但是又怕得罪使馆，就赔了张晓刚几百元，算是一个赔偿。这令张晓刚印象深刻，展览办不成还倒给钱，这就是北京，可见使馆对当地机构的影响是比较大的。那个时期，北京流行“使馆文化”，即北京的一些使馆官员在使馆或者在外交公寓的家里举办一些小型的画展或者是一些小型的摇滚乐派对。20世纪五六十年代出生的艺术家都参加过这些派对，如崔健、刘炜等。最后，张晓刚的展览只有用“使

1989 年，张晓刚在重庆

1989 年，吕澎（左）与张晓刚（右）在重庆家中为即将开幕的个展做准备

馆文化”的方式在伊玛家里举办。伊玛请来好多朋友为此开了一个派对，当晚客人们把张晓刚的几十张画全部买走了，但是价格很便宜。那是20世纪80年代张晓刚最后一次卖出作品。

1989年年中是张晓刚一个非常重要的转折期。这一年的下半年，张晓刚结束了梦幻主义题材的创作，转而关注现实主义的问题。这一年上半年的风格和下半年的风格改变很明显，他关注的主题、内容和绘画的手法都变了。

在“中国现代艺术展”期间，叶永青在法国大使馆做了一个展览。1989年，甫立亚在北京西三环中国画研究院也做了一个个展。我当时因为做一些印刷设计，所以我赞助了甫立亚这个个展的请柬。栗宪庭、邓林、高居翰、王林等很多人都去了。由于办画展的画廊是李新建的女朋友承包的，所以她答应给西南艺术家办展览，于是最早的“‘后89’的文献资料展”就在甫立亚的个展上谈成。第一次展览叫“西三环文献资料展”，借鉴了西南艺术研究群体在昆明做展览的经验，把资料做成展板，装进一个个如同卖眼镜的盒子里。王林就像一个卖眼镜的老板一样，把它背到湖南，背到东北，开始了他的文献巡回展览。

20世纪80年代结束的时候，从国家到个人都觉得那么局促地就结束了一个年代。“中国现代艺术展”开始几天并没有什么特别大的国内媒体报道，后来各种各样的西方媒体来了，但西方媒体完全不采访学术上的问题，他们在寻找政治信号晴雨表和一些新闻事件。在展览没开始前，《北京青年报》做过一次很有意思的采访，他们采访了十个艺术家，每个人写一段话。叶永青写了一句“绘画是恢复生命权利的一炬烽火”，表明一种自我的诉求；王广义写了“艺术是为了清理人文热情”，表明他已经对这个系统开始产生质疑。当时在不同艺术环境里的艺术家思考的角度是不一样的。

在20世纪80年代，每个人都曾面对过虚幻的东西、虚幻的舞台，而且身处这个舞台的每个年轻人都觉得有一束光打在自己身上，舞台上有自己的表演机会。随着20世纪80年代的结束，许多艺术交流和展览都停止了。

1989年，吕澎和易丹在准备写现代艺术史，他们找到一笔钱，一起拿着摄像机到处拍艺术家。那天，我惶惶不安地跑到毛旭辉电影公司宿舍时，碰到了吕澎一行，我永远记得吕澎那天下午那种自嘲的苦笑。

1989年8月，毛旭辉开始《家长》系列的创作，他几乎画光了和平村工作室里所有的框子。陈恒、马云自从回到昆明后更像一个思想型艺术家，而不是一个架上艺术的画家。专业训练让他们在技术层面无需太多考虑，思想精神层面的焦灼一直伴随着他们，完成的作品数量和自我满意程度都相当有限。整个20世纪80年代中期，他们大部分时间都在一种纠结中度过。1991年，姚钟华组织了一个内部观摩展——云南十人作品展，选取了毛旭辉、潘德海、曾晓峰、陈恒、马云等十个艺术家20世纪80年代末期的一些创作进行内部观摩和学术讨论。陈恒、马云暂时结束了困惑、茫然。陈恒画出了“黑白灰”系列抽象作品，马云画出了他的秘境风情。云南年轻一代的艺术家在姚钟华身上看到了一个前辈艺术家在时代变幻面前的高风亮节。姚钟华越来越赢得年轻艺术家由衷的尊重。毛旭辉的《家长》系列也开始在昆明第一次展出。

1989年年底，叶永青在北京后海边上的栗宪庭家住了一段时间。原来热闹喧嚣的栗宪庭家，那段时间冷清得近乎凄凉，完全没有人气，每天只有叶永青和栗宪庭两个人。当时方力钧也住那儿，但他只是晚上回来睡睡觉。叶永青感觉完全没了前途，不知该怎么办。叶永青带了很多作品到北京，希望能够卖掉一些，改善一下自己家庭的生活，也希望找到出路。他的一些朋友帮着他把作品卖了一部分。栗宪庭没什么事，每天除了读书就是给叶永青和方力钧煮面。叶永青用卖掉作品后的那点钱在北京呆着，唯一的希望就是等着朋友来带他去把画给有希望收藏的人看。那时候栗宪庭家客厅有两个沙发，一个沙发叶永青睡，一个沙发方力钧睡。叶永青问方力钧在干什么，方力钧说他在画画，他在辅仁大学旧址找了一间房子当画室。那会儿他一直在翻一本书——王朔的《我是你爸爸》。叶永青和栗宪庭讨论这个现象时说，如果世界很绝望的话，起码从王朔这里还看得到一点儿希望。一个是王朔，一个是鲁迅，起码他们还可以嘲笑自己。

在重庆的时候，叶永青、张晓刚、王毅、王林经常彻夜长谈，究竟还有什么可以作为的？那时现代艺术已经完全垮了，很多艺术家都不出来了，昔日的热闹也没有了。《艺术广角》杂志编辑杨荔曾专门去了一趟重庆，做了个很大的选题：《我们是谁？我们从哪里来？我们到哪里去？》后来，栗宪庭策划了“后 89 中国当代艺术展”，其实在当时那种状况下，这种对时代的思考，大家基本是同步的。

即便是在这样一种特殊的情况下，艺术家们虽然停止了艺术活动，但并没有停止思考和进行创作的理论准备和积累。这个环节非常重要，因为这一切孕育了 20 世纪 90 年代的“泼皮”“政治波普”等风格作品的推出。

1990 年夏天，吕澎摔断了手，他当时跑到昆明来休养几天。在和平村电影公司的毛旭辉家里，毛旭辉、叶永青和吊着手的吕澎聊天。大家觉得一切都很灰暗，学术已经难以为续，如果这个世界那么没有意义的话，可能市场才是唯一希望。行动派吕澎迅速去了湖南找了个刊号，于 1991 年办了本叫《艺术・市场》的杂志，企望用市场来拯救风雨飘摇的中国当代艺术，并身体力行地开始筹办 1992 年的“中国广州首届 20 世纪 90 年代艺术双年展”。

秋天的时候，曾浩从北京毕业回来，没有如愿去云南艺术学院教书，曾晓峰带着他去云南画院联系工作也被拒绝了，多年以前张

1989 年，张晓刚、王林和叶永青（左起）在重庆

1990 年，潘德海、吕澎、毛旭辉和叶永青（左起）在昆明毛旭辉家中

晓刚毕业时面临的就业厄运又全部降临在曾浩面前。女朋友翁菱和他也分了手，去了广州华南师范大学教书。先前毕业的李季去了中央美术学院进修。只有我和曾浩两人相依为命地混在昆明，前途十分迷茫，不知道未来究竟会怎样。

1989 年对艺术家来说就像经历了一个时代，之前的中国现代艺术展把 20 世纪 80 年代风起云涌的各个流派的艺术活动推向了高潮，艺术家们纷纷粉墨登场，淋漓尽致地表现，在随后的那些年中，当年摇旗呐喊活跃在舞台上的一些群体和一些艺术家一个个慢慢消失了，真正耐得住寂寞的艺术家得到了一个更为充裕的反思空间和创作世界。

艺术家心中的“塞纳河”——盘龙江依旧静静地流过这个城市，从昆明出发的这些艺术家，如同身边的这条河流，依然执著孤独地向前走着。因为除了他们心中的那个理想，自己已经不能去做别的什么了。

后 记

2008 年 9 月，张晓刚在捷克布拉格鲁道夫美术馆（Galerie Rudolfinum）的个展——“中国绘画——张晓刚”开幕。开展之前，张晓刚专门邀请了 20 世纪 80 年代在一起生活、奋斗过的艺术家老朋友毛旭辉、叶永青、孙式范、胡晓钢、刘亚伟和在那个时代有着同样文化情结的批评家、艺术家吕澎、黄专、舒可文、崔岫文等一起前往。叶永青由于护照过期没能赶上行程。我以为，参加张晓刚的展览只是一个理由，其实张晓刚的真正想法是——借这个展览，把昔日的老友们带到一个曾经魂牵梦萦的文化彼岸，去做一次集体的怀旧，去纪念那个曾经激情四溢的 20 世纪 80 年代。

在布拉格的日子里，这些曾经读卡夫卡，忧虑地想象着未来的伙伴们，常常坐在卡夫卡咖啡馆，在他们曾经的精神偶像写作的地方，聊起过往的那些话题，他们所关心的问题始终不曾改变。即便二十多年后，当他们真的走上了国际舞台，往日仿佛梦呓一般的誓言实现了的时候，途中多少坎坷和波折，在这个时刻都被放到了时光的背面。

一天清晨，在酒店餐厅吃早餐的时候，毛旭辉告诉我来自昆明的消息：曾经与他亦师亦友的艺术家苏新宏去世了。那个白天，在查理大桥，在伏尔塔瓦河边，在城堡，毛旭辉一直断断续续地回忆他在海埂看苏新宏如何描绘浪花和天空，如何一笔一笔如行云流水一般将昆明绚丽的阳光留在画布上。我倾听着毛旭辉的倾述，思绪穿越了时间和空间，那些曾经的日子一幕幕浮现眼前。午夜酩酊大醉后的嚎叫以及那一个个不眠之夜关于苦涩、大气、永恒的严肃学术话题讨论仿佛就在昨天，突然一种使命感油然而生，我应该将那些闪光的日子记录下来，为了这些人，为了这个城市，为了那个美好的年代！

本书写作伊始，完全没有规划如何书就，每每约访一起生活几十年的艺术家故友，依然如同一次次日常的造访，无需刻意，只是幽幽一杯清茶，娓娓道来曾经的共同岁月，恍如昨天发生。

张晓刚坐在家里餐桌边缓缓叙述，梳理其艺术生涯之重要节点；叶永青在甫立亚的絮叨补充中戏说美术江湖的壮怀激烈；盘在“苍蝇馆子”草墩上的唐志冈唾沫四溅，聊发少年轻狂，却是妙语连天；也曾看见孙国娟回忆昔日，几近浑浊的眼里溢出的泪水。在昆明新城寂静的午后，旅居奥地利多年的张夏平已然能够安静地追忆逝水年华。北京的雪夜，与潘德海围炉夜话，共同回忆白塔路上那一缕冬日阳光。无数个假期里，散落世界各地的朋友们嘴上抱怨着昆明已经堕落成为新兴县级城市的样子，却依然一趟一趟地如同候鸟飞返，也让我在这三年中，把 20 世纪 80 年代那十年重新走过一回。

在“创库”昏黄的灯光下，仿佛凡·高《烤土豆的人》的画面，其实是毛旭辉组织的“锄大 D”。朋友们戏说这种广东人发明的扑克游戏，现在只有这个地方在坚持，最终将成为“非物质文化遗产”。但是这些已经不重要了。昆明艺术家依然如从前一样，选择了一种自己的生活状态。每次回到昆明，“创库”的牌局是保留节目，是我们这群老朋友的一种“广场舞”。毛旭辉连续输上几盘，照例是会发发脾气的。张晓刚、孙式范和我只有选择让大毛发飙，而不去争执。

这是一种亲情的默契。如同一个大家庭里兄弟之间相处，总是难免磕碰。一边打牌，一边了解各自的近况，就像久别重逢的家庭的聚餐，一问一答之间，亲情如涓流渗入心扉。所以，年复一年，这个游戏一直进行着。出牌间隙，顺便关心一下不在场的朋友，就像谈论没有回家的兄弟姐妹当中的一个，虽然八卦，却很亲切。稍不留神，也会滑入学术讨论的“泥水”里，顿时严肃起来。尽管平时难免磕碰口角，但是无论哪一个家庭，哪一个人，只要有需要和困难，大家一定义不容辞地伸出双手。几十年的共同生活，让我们已经成为一个难以割舍的大家庭。这就是昆明艺术家的生活。

写作过程中的一天，忽见微信“朋友圈”中好友非非的一则微信，她调侃说：“认真地看了几篇艺术评论文章之后惊喜地发现，只要能够熟练地运用‘隐喻 迷失 寻找 思考 反思 关注 诠释 阐释 探讨 感悟 认知 传承 对抗 融合 体验 转化 印记 裂变 演化 差异 介入 吸纳 讨论 存在 变迁 冷漠 颠覆 逻辑 意义 概念 主义 观念 本位 边缘 主流 次文化 存在 出离 回归 态度 语境 颓废 豪华 充斥 欲望 压抑 狂热 冷静……’这些词造句，并把互为矛盾的词巧妙地拧巴在一起，我也可以成为一名艺术批评家。可以编一个艺术批评自动生成软件，制作手机 APP，这绝对是艺术青年的福音。”也有朋友补充到：“还要加上“福柯说……赛义德说……海德格尔说……胡塞尔说……苏珊·桑塔格说……罗兰·巴特说……”才是全套的。”

虽是戏言，却提醒我重新审视自己的写作。这几年确实看了太多的用生僻、晦涩、具有哲学意味的词语堆砌起来的艺术批评文章。我无意因为这些艺术家的成就也用这种“文艺新八股”将这些鲜活的人物塑造为不食人间烟火的艺术怪杰，我想我应该用最为朴素的语言记录与我共同生活的这些人在那些年的故事。由于我接触到的艺术家数量有限以及个人视野的短浅，所以还有很多昆明的艺术家和他们的成就没有被记录在此书中，但正是因为他们的存在才使那个理想的时代那么的闪光和可爱。特此向他们致敬！

感谢陈颖从我萌发写作伊始，一直默默的支持，并且坚持肯定这个工作的价值，让我在脚跨几界的日常工作及生活中能够完成这本书。十分感谢刘莉参与的前期访谈和文字整理工作。感谢批评家吕澎、摄影艺术家肖全、同好黄燎原一直的关心鼓励。尤为幸运的是碰到尹然，编辑过程中与我在云南寻访书中人物和生活场景，将一部零零碎碎的稿子整理有序，其工作态度让我感叹不已。感谢姚钟华先生为我不厌其烦地梳理昆明美术历史。感谢张晓刚工作室何嘉秋、毛旭辉工作室张光华、唐志冈工作室的苏捷。感谢武俊、林善文、刘亚伟、彭磊在具体写作过程中的协助支持。更感谢设计师简枫，从写作开始，就期待她来设计这本写自己朋友史实的书籍，并最终把这本书的美好面貌呈现在我们面前。当然最要感谢的还是书中提及的每一位艺术家，其实是他们自己书就了这段闪光的历史，而我有幸跟他们一起经历了那个美好的年代，成为一个幸运的记录者。

在本书出版的最后环节，涉及相关人名史实具体问题时，通过微信与马祥生一一核实。当时老马身在洛杉矶，我们经常都是三更半夜微信来往。昆明“新具像”活动后，老马移居香港，做过大一艺术设计学院教授、国际4A广告公司设计总监，劳碌生计之余，也是艺术创作不断，成为香港艺术界活跃分子之一；上世纪90年代末，举家迁居美国，把两个孩子培养成人后，内心深处没有泯灭的艺术星星之火又开始渐渐燃烧起来。2008年前后，马祥生回到北京从事艺术活动，后来在北京建立了自己的工作室，正式开始“北漂”，工作生活往返于中美两国之间。二十多年后，老友们又聚集在另外一个城市——北京，依然为了心中的那个理想，于是聚会上又能听到老马爽朗的笑声，又看到老马每每爆笑到泪花四溅。2015年5月11日晚21点多，他从北京微信我，让我发一张本书中的用过的他和张晓刚以前在昆明创作浮雕的工作照，还问及本书出版时间。不想几个小时以后，老马就倒在了雾霾中的黑桥村艺术区工作室，永远地离开了他至亲至爱的亲人和朋友，为一生的艺术梦想划上了句号。翻看书稿中一帧帧老马的生活照片和他的作品图片，睹物思人，仿佛今天发生的一切冥冥之中都是这些来自20世纪80年代的昆明艺术家为艺术奋斗终生的宿命。

把几近完成的稿子送去给老栗核对几个史实问题，见到的依然还是从小堡村村头买菜回来的和蔼老头儿，几十年的世事沧桑，似乎一切从未发生。坐我对面喝茶抽烟的老栗，依然聊起家常儿女琐事，让我从这位受人尊重的长者身上真正感受到了“不以物喜，不以己悲”。老栗送我出门，我为打乱了他的工作时间抱歉，他却说：“没关系，我们是亲戚嘛！”回望伫立在初冬北京瑟瑟寒风中凌乱着满头白发的老栗，不觉我已是热泪盈眶。

2014年12月1日草毕　清迈

2015年5月28日改毕　昆明

附录：20世纪80年代昆明部分艺术家名录

C

曹延路，男，1930年出生，河南内黄人。17岁受路易·艾黎派遣到敦煌千佛洞临摹壁画，18岁考取培黎工艺学校，19岁考入华北军政大学。1950年冬入朝任英语翻译。历任华北军区、总政治部、昆明军区美术编辑、创作员。作品多次参加全军、全国美展。中国美术家协会会员，享受国务院特殊津贴专家。

常戈扬，女，1942年出生，湖北沙市人。1965年毕业于湖北艺术学院美术系油画专业。云南省美术家协会会员，云南省群众艺术馆副研究员，中国民间美术学会会员。1988年被文化部社文局授予“民间美术工作开拓者”称号。

陈崇平，男，1940年10月出生，浙江镇海人。1959年毕业于云南昆明师范学校。曾任昆明市五华区文化馆馆长。现任昆明美术家协会主席，云南省美术家协会常务理事，云南省美术家协会水彩画艺术委员会副主任。中国美术家协会会员。

陈　恒，男，1962年出生。1984年毕业于中央民族大学，后分配到云南省民族艺术研究所工作。曾参加全国美展获得优秀奖。在香港汉雅轩举办过三次个人画展。云南省美术家协会会员。现生活、工作在北京。

陈家声，男，1940年11月出生，江苏人。油画家。1965年毕业于浙江美术学院，后分配至昆明工艺美术研究所工作。

陈绕光，男，1935年出生，海南文昌人。1959年湖北艺术学院毕业后到云南艺术学院任教，曾任油画专业教研室副主任、主任。现为云南艺术学院美术系教授。版画《五月》被中国美术馆收藏。版画《祥云》获第十届全国版画展铜奖。

陈晓燕，女，1957年出生，云南昆明人。1977年考入云南艺术学院美术系中国画专业。1982年分配到楚雄州文化馆工作。1984年调至云南省话剧团从事舞台美术工作。国家二级美术师。中国美术家协会会员。

陈雄勋，男，1942年11月出生，云南昭通人。1966年毕业于云南艺术学院油画、版画专业。1968年分配到云南省西双版纳文化馆工作。1975年调入云南昭通地区群众艺术馆工作。1982年至1984年在中央美术学院壁画系研修。1984年至1988年任教于山东青岛纺织工学院美术系。

陈一云，男，1958年出生。1975年到云南农村插队。1977年考入云南艺术学院美术系油画专业。云南省美术家协会会员。云南省美术家协会设计艺术委员会委员。现为云南艺术学院文华学院美术设计系副教授、副主任。

程　犁，女，1941年6月出生，湖北武汉人。1965年毕业于湖北艺术学院，后分配到云南省手工业管理局工作。1972年从“五七干校”调入云南省文化局创作组，作品入选当年全国美展。曾任湖北省美术家协会油画艺术委员会主任。中国美术家协会会员。

D

戴广文，男，1932年10月出生，云南通海人。雕塑家。1961年毕业于中央美术学院雕塑系，后到云南艺术学院美术系任教。1985年调入南京市中山陵管理处。主要作品有《聂耳纪念碑》《担当》等。中国美术家协会会员。

邓启耀，男，1952年2月出生。中山大学教授、博士生导师，中山大学传播与设计学院副院长，云南大学和云南民族学院客座教授。中国民俗学会常务理事兼副秘书长，中国民俗摄影协会副主席，中国探险协会人文及历史地理专业委员会主任。曾经参与昆明第三届“新具像”展及“西南艺术群体”的组织工作。

丁绍光，男，1939年10月出生，陕西人，祖籍山西运城。1962年毕业于中央工艺美术学院。1962至1980年任教于云南艺术学院。1979年为北京人民大会堂创作大型壁画《美丽、丰富、神奇的西双版纳》，同年出版《丁绍光西双版纳白描写生集》。1980年7月赴美定居。

董锡汉，男，1939年出生，云南大理人。油画家。1959至1964年在中央民族学院油画专业学习。1964年分配至云南省农业展览馆工作。曾参加“申社”画会展览活动。

董一道(约1881—1931)，男，字贯之，号墨医，云南峨山人。青年时代得其塾师范宗浚资助到上海求拜名家学习绘画艺术，回昆明后以美术教育为己任，历任云南高等学校、师范学校和省农业学校等图画专业教师。后在昆明开设“贯之美术馆”，成为一名职业画家。著名作品有《护国军在五华山开武亭誓师图》《护国军出师四川泸州、纳溪会战胜利图》等。

F

樊一波，女，1948年6月出生。1977年以前任昆明第十中学美术教师。1982年毕业于云南艺术学院美术系，后分配至昆明教育学院工作。

甫立亚，女，1957年4月出生。1982毕业于四川美术学院工艺系并留校任教。1985在北京中央工艺美术学院特艺系郑可工作室进修。“西南艺术群体”组织成员。现为四川美术学院教授。

傅启中，男，1938 年出生，湖北武汉人。毕业于湖北艺术学院。云南艺术学院教授，云南省美术家协会理事，云南省美术家协会水彩艺术委员会主任。中国美术家协会会员。

G

甘家伟，男，1945 年出生，云南昆明人。擅长水彩画、油画。1961 年毕业于昆明市美术学校。云南省美术家协会会员。

高临安，男，1936 年出生，安徽怀远人。1960 年毕业于中央美术学院，后分配到云南艺术学院任教。云南艺术学院教授，云南省美术家协会理事，云南省美术家协会油画艺术委员会委员。中国美术家协会会员。

高天涵（1906—1981），男，江苏常熟人。擅长中国画、水彩画。1926 年毕业于苏州美术专科学校。1931 至 1938 年经叶浅予介绍在上海“家庭工业社”任广告部主任。1938 至 1939 年在湖南沅陵国立艺术专科学校执教。1943 年至 1956 年在昆明开设“生生画室”，专画商标、广告。沿用至今的云南名牌香烟“大重九”的商标设计就出自高天涵之手。1958 年进入国营昆明美术服务部工作。

高钟炎，男，白族，1942 年出生，云南鹤庆人。1968 年毕业于中央民族学院艺术系。1984 年结业于中央美术学院油画系研修班。云南艺术学院美术系教授，云南省美术家协会油画艺术委员会委员、理事。中国美术家协会会员。

H

郝忻中，男，1947 年 10 月出生，云南昆明人。云南省电影公司二级美术师。水粉《徐霞客在云南》入选《全国科普美术作品展》，《背水》入选全国第二届水彩、粉画展，《秋风》入选第九届全国美展，《激流勇进》入选第五届全国体育美展。

黄继龄（1913—1991），男，湖南澧县人。自幼从父学书，1934 年考入国立杭州美术专科学校绘画系，师从李超士、林风眠学习西洋绘画，师从潘天寿、吴茀之学习中国画及金石书法。早年喜作写意兰竹及大幅山水，晚年专注于书法。善以作画之笔墨写大小篆及甲骨文，朴厚古雅，别开生面。曾任云南省昆明工艺美术研究所所长，云南民族画院副院长，云南省书法家协会副主席。云南省美术家协会理事。中国书法家协会理事，中国工艺美术学会理事。

何　能，男，1942 年 8 月出生。国画家。1965 年毕业于四川美术学院绘画系中国画专业。历任云南艺术学院美术系副主任、副教授。现居美国。

贺　晶，女，1984 年出生，云南昆明人。艺术家、设计师。2007 年毕业于中央美术学院设计学院，获毕业展一等奖。2013 年毕业于荷兰阿姆斯特丹皇家艺术学院。2014 年入荷兰埃因霍芬设计学院读研究生。

贺　昆，男，1962 年出生，云南思茅人。1986 年《流动的光》获第九届全国版画展优秀作品奖。1989 年《秋歌·发白的土地》获第十届全国美展银奖。1964 年《春光》获第十二届全国版画展银奖。2002 年《原野》获第十六届全国版画展金奖。出版有《贺昆画选》《贺昆作品集》《贺昆版画作品选》《中国当代版画名家·贺昆绝版木刻作品》《普洱博刻·贺昆绝版木刻作品选》等。云南省美术家协会副主席。中国美术家协会会员。

贺乐平，男，1963 年 1 月出生。毕业于清华美术学院（原中央工艺美术学院）。昆明学院副教授。云南省美术家协会会员。

贺立德，女，1957 年出生，云南人。1982 年毕业于云南艺术学院。现任教于云南艺术学院附属艺术学校。

胡晓钢，男，1958 年出生，云南昆明人。1985 年至 1987 年就学于四川美术学院。云南省美术家协会油画艺术委员会委员，云南省美术家协会水彩、粉画艺术委员会委员，云南省油画学会常务理事，云南大学艺术与设计学院客座教授。中国油画学会会员。现生活与工作于昆明。

黄吉淳，男，1957 年 3 月出生，云南昆明人。艺术家，书法家。1982 年毕业于四川美术学院。现为云南艺术学院设计学院教授、硕士生导师。

J

贾国中，男，1940 年出生。河北任县人。1965 年毕业于湖北艺术学院美术系版画专业。先后在云南临沧地区文教科、文化局群众艺术馆及云南省群众艺术馆从事美术创作与群众辅导工作。云南画院二级美术师，云南省美术家协会会员。中国版画家协会会员，中国美术家协会会员。

蒋高仪，男，彝族，1945 年出生，云南鹤庆人。1961 年毕业于昆明市美术学校，擅长油画、水彩画。曾任云南民族出版社美术编辑、副编审。中国美术家协会会员，中国少数民族美术促进会理事。

蒋铁峰，男，1938 年出生，浙江宁波人。1964 年毕业于中央美术学院，后分配至云南工作十多年。曾任中国美术家协会云南分会理事。1979 年为北京人民大会堂创作壁画《石林春晓》。1983 年作为访问学者赴美，翌年定居美国。

L

郎　森，男，1945年8月出生，云南昆明人。1966年毕业于云南艺术学院美术系国画专业。1981年毕业于中央美术学院花鸟研究生班，获“叶浅予奖学金”二等奖。1982至1991年任云南艺术学院美术系教授。1991年执教于北京服装学院工艺美术系。中国书法家协会云南分会常务理事、中国美术家协会云南分会理事。2009年出版大型画册《当代中国花鸟画坛10名家·郎森作品》。

李长元，男，生卒年月不详。民国初年留学日本，毕业于东京美术学校西洋画科。回国后任云南省教育厅编译室编译员。

李洪云，女，1962年8月出生，云南昆明人。20世纪70年代随林聆习画。1985年毕业于云南艺术学院。曾参加昆明第三届“新具像”展和“西南艺术群体”的艺术活动。现生活、工作在美国。

李　季，男，1963年出生，云南昆明人。1987年毕业于四川美术学院版画系。1990年结业于中央美术学院版画系。现为云南艺术学院美术系教授。

李建东，男，1961年出生，云南昆明人。云南艺术学院中国画系系主任、教授、硕士生导师。首都师范大学美术学院、中央美术学院中国画学院客座教授。云南省美术家协会国画艺术委员会委员。中国书法家协会会员。中国美术家协会会员。

李鸣鹤（1898—1955），男，云南大理人。以油画、雕塑见长。1916年就读上海艺术专科学校。20岁回到昆明，在昆明华山南路71号开设“鸣鹤美术馆”。1939年至1940年被云南省政府宣传科聘为图画干事，专门画军事地图和抗日宣传画。解放后任中国美术家协会云南省分会常务理事，并担任昆明市美术摄影同业工会主席。李鸣鹤在“鸣鹤美术馆”教育培养学生多人，著名留法艺术家廖新学就是他的学生之一。其代表作品为《蔡锷》《赤壁大战》《街灯下增产节约》。

李实清（1900—1990），男，云南昆明人。1923年考入国立北平美术学校西洋画科。1927年毕业后赴日本考察。1929年被聘为云南美术学校教务主任。1930年创立“云南美术研究会”。民国中后期云南美术界和美术教育界的活跃分子。

李廷英（1889—1929），男，号子俊，原籍晋宁。1910年自费赴日本留学，在东京志成学校补习。1913年9月考入东京高等美术学校西洋画科，学制五年，受教于黑田青辉等日本近代著名美术学家。1918年3月毕业后受聘于云南省立第一中学，任西洋画理论教师。1919年3月被云南省立第一师范学校聘为图画教员，开办了“金碧美术馆”。1924年创办云南省立美术学校，任教务长，后任校长。他将在日本所学的规范、扎实、系统的学院技法及美术教育理论带回了云南，是西方美术教育体系在云南的最初传播者。

李　秀，女，1943年出生。1964年毕业于云南艺术学院美术附中。1968年毕业于广西艺术学院美术系。曾是昆明铁路局美术创作人员。1980年调入云南画院从事专业创作。云南画院一级美术师。中国出版协会理事。中国美术家协会理事。

李彦墨（1985—2013），女，服装设计师。毕业于巴黎时装公会学校。2009年6月创立自主品牌“吹”。2010年工作室迁至北京798艺术区。2011年3月参加中国中央电视台“创意星空”中国青年时装设计师大奖赛获季军。《VOGUE》杂志2011年度青年设计师特别奖。2012年4月在上海举办个人时装设计发布会。

李有行（1905—1982），男，四川梓潼人。著名工艺美术教育家，水粉画家。早年毕业于国立北平艺术专科学校，后赴法国里昂美专留学，任北平艺术专科学校、国立艺术专科学校教授。抗战期间，李先生回到四川创办四川省立艺术专科学校（四川美院前身）并任校长。建国后，李有行先生先后执教于成都艺术专科学校、西南美术专科学校、四川美术学院。中国美术家协会会员。李有行先生从事美术创作和工艺美术教育40余年，作画3000余幅，多次在成、渝、北京举办画展。出版有《李有行水粉画集》《李有行画选》。

李忠翔，男，1940年出生，重庆人。1965年毕业于云南艺术学院。曾任云南画院副院长。云南省美术家协会副主席。中国美术家协会理事。出版有《李忠翔版画集》。版画《心中的歌》多次参加全国美展并获奖。

李志昆，男，1962年出生，云南昆明人。1985年毕业于云南艺术学院。1995年移居美国。现在生活、工作在昆明和纽约。

廖新学（1896—1958），男，云南富民人。1919年拜李鸣鹤先生为师学画，出师后开设“新学美林”画馆。1932年考入南京大学艺术系。1934年出国旅居巴黎学习雕塑。1936年考入法国国立高等美术学院雕塑专科。1943年完成学业后羁留巴黎从事美术创作，其作品先后9次荣获法国沙龙奖和荣誉奖。1948年回国定居昆明。1949年云南解放，任云南省文联副主席。1951年受聘为昆明师范学院艺术科教授。曾任中国美术家协会云南省分会主席。

林　聆（1918—2007），男，广西贵县人。1936年开始木刻创作。1938年加入中华全国木刻界抗敌协会。1943年参加昆明国立西南联合大学进步同学组织的“阳光画社”。1950年参加中国人民解放军，从事美术创作工作，曾任昆明军区美术创作组组长、昆明军区文艺创作组创作员、中国人民革命军事博物馆美术创作室创作员等职。1956年任中国美术家协会云南省分会筹委会委员。1959年加入中国美术家协会。1960年任中国美术家协会云南省分会理事。1968年后任云南省文联委员、云南省美术家协会顾问、云南画院特邀画家。油画《澜沧江畔》《巡逻归来》《瑞丽江的早晨》，版画《插秧》《边疆是咱们的家》，水彩画《遵义会议期间毛主席住处》等参加全国、全军美展或出国展出并获奖。

林德宏，男，1930 年 10 月生，广东阳西人。1949 年考取杭州美术专科学校，同年参加中国人民解放军。历任文工团员、文化干事、昆明军区《国防战士》报编辑。中国出版协会、中国书法家协会、中国美术家协会会员。作品多次参加全军、全国展览，曾获国画特等奖、鲁迅版画奖等多种奖项。部分作品被中国美术馆和广州美术馆等机构收藏。

刘傅辉（1920—2006），男，广西陆川人。擅长油画、中国画。1942 年考入抗战时期南迁昆明呈贡安江的国立艺术专科美术系，师从关良、潘天寿等著名画家。历任云南艺术学院油画专业教师、教研组长，云南新闻图片社干部、省文史馆馆员。中国美术家协会云南分会驻会常务理事。

刘巨德，男，1946 年出生，内蒙古人。1970 年毕业于中央工艺美术学院陶瓷美术系。1978 年考取中央工艺美术学院研究生。曾任清华大学美术学院副院长，现为清华大学美术学院绘画系教授、博士生导师、学术委员会主席、清华大学吴冠中艺术研究中心主任。北京美术家协会理事。中国美术家协会理事，享受国务院政府特殊津贴专家。

刘绍荟，男，1940 年 8 月出生，湖南长沙人。擅长中国画、书籍装帧设计。1965 年毕业于中央工艺美术学院装饰绘画系。曾任桂林市教育学院美术系教授，桂林中国画院副院长，桂林美术家协会主席。中国美术家协会会员。

刘文清（1918—1980），男，云南昆明人。擅长花鸟画、油画及水彩画。1941 年于重庆中央大学艺术科毕业后留校当助教。1945 年当选云南地区木刻创作团理事。曾经担任过昆明女画家刘自鸣的家庭老师。1947 年考取公费留学资格，赴巴黎国立高等美术学院和肖米爱学院学习，专攻油画。在法期间，与熊秉明过从甚密，早年在昆明他们曾一起组织过“谷风画会”，情谊很深。1949 年回国后，历任西北师范学院艺术系美术科主任、兰州艺术学院美术系副主任、甘肃师范大学美术系副主任、教授。退休后回到昆明定居。中国美术家协会会员。

刘　晓，男，1952 年出生，云南昆明人，祖籍广西陆川。擅长油画、中国水墨画。父亲刘傅辉为云南油画家和教育家。1974 年考入云南省文化厅艺术创作班学习，师从姚钟华先生。1980 年进入四川美院进修班学习。1981 年回到云南文化馆美术部工作，负责云南省民间艺术的整理和研究。曾任云南文史馆书画院研究员、云南省美术家协会专业发展部主任。云南省美术家协会会员。

刘　涌，男，1958 年出生，云南昆明人。1983 年毕业于四川美术学院中国画系，后分配到云南艺术学院任教。1986 年结业于中央美术学院“蒋采萍工笔人物研修班”。现为云南艺术学院美术学院教授。云南省美术家协会会员。

刘自鸣（1927—2014），女，云南盐津人。自小因失聪而习画。1946 年秋，被北平国立艺术专科学校破格录取。1949 年赴法国巴黎大茅舍画院和巴黎国立高等美术学院学画。1956 年回国后在北京市文联美术工作室工作。1961 年调回故乡云南，在中国美术家协会云南省分会工作。1976 年调云南省文化局美术摄影工作室。云南画院专业画家。中国美术家协会会员。

刘建华，男，1962 年出生，江西吉安人。1977 年进入江西景德镇市雕塑瓷厂工作。1985 年考入江西景德镇陶瓷学院美术系雕塑专业。1989 年毕业到云南艺术学院任教。2004 年到上海大学美术学院任教授、研究生导师。现生活、工作在上海。

卢汝能，男，1939 年 12 月出生，云南泸西人。擅长版画、油画。1956 年考入四川美术学院附中。1965 年毕业于四川美术学院。曾在云南曲靖群众艺术馆、曲靖地区艺术研究所工作。1991 年后任云南曲靖版画院二级美术师。曾获鲁迅版画奖。

陆宇飞（1919—1981），男，祖籍上海浦东，昆明著名水彩画家。1949 年之前就职于广告社绘制广告，后在昆明富春中学任美术老师。1949 年后任昆明第二中学美术教师。曾培养了姚钟华、张建中等一批著名画家。

M

马祥生（1957—2015），男，回族，1957 年出生。1982 年毕业于四川美术学院油画系。绘画、雕塑作品曾入选全国美展、全国青年美展、全国少数民族美展、香港双年展、美国首届国会特邀展等。“西南艺术群体”组织成员之一。曾生活、工作在北京和美国。

马　云，男，1959 年 11 月出生，云南昆明人。1984 年毕业于中央民族学院美术系油画专业，同年任教于云南艺术学院美术系至今。1986 年《瑶山印象组画》首次在云南省博物馆展出。1988 年作品在成都参加“西南艺术展”。1992 年在昆明云南画院参加“云南 10 人画展”。1999 年作品在香港“汉雅轩”展出。2003 年作品在北京参加首届全国油画学会展。2008 年被特聘为瑞士卢塞恩美术学院教授。云南省美术家协会会员。

毛旭辉，男，1956 年出生于重庆，同年 9 月随父母移居云南昆明。1982 年毕业于云南艺术学院美术系油画专业。1984 年调入昆明市电影公司任美术师。1996 年至 1999 年在云南艺术学院美术系油画工作室任教。2001 年调入云南大学艺术学院任教。现为云南油画艺术委员会委员，云南油画学会副主席。

毛　杰，男，1961 年出生，云南昆明人。1984 年毕业于中央工艺美术学院特艺系。现任云南油画学会秘书长、云南省美术家协会油画艺术委员会副主任。“西南艺术群体”组织成员之一。

梅肖青（1930—2009），男，湖北黄梅人。历任昆明军区政治部文艺创作组副组长、中国人民革命军事博物馆美术员、昆明中国画院副院长、云南省文史研究馆馆员、云南省美术家协会副主席。作品有《踏遍高原千里雪》《难忘的泼水节》等。曾获鲁迅版画奖。出版有《梅肖青画选》《云岭风情——梅肖青画集》等。

孟薜光，男，1941年11月出生，云南昆明人。1965年毕业于云南艺术学院美术系油画专业。长期从事油画、水彩、水粉的创作和研究工作，作品多次参加国内外美展并获奖。云南油画学会会员、昆明风景画学会副会长、云南艺术剧院副教授、云南省美术家协会会员。

O

区欣文，男，1956年10月出生，云南昆明人。1982年毕业于云南艺术学院美术系中国画专业。1983年结业于浙江美术学院中国画系助教进修班。现为云南艺术学院教授。

P

潘德海，男，1956年3月出生，吉林四平人。1982年毕业于东北师范大学艺术系油画专业，后分配至云南省地矿局中学担任美术教师。第一届“新具像画展”发起人之一。“西南艺术群体”组织成员。云南艺术学院教师。现生活、工作在北京、昆明两地。

裴文琨（1942—1996），男，云南昆明人。擅风景油画创作，是昆明“外光”风景画的领军人物。曾在云南省建筑公司当工人，后调到云南人民出版社工作任美术编辑。云南省美术家协会会员。

裴文璐，男，1944年出生，云南昆明人。自幼酷爱美术，18岁开始在报刊杂志发表作品。作品多以云南民族人物风情为题材，擅长油画、国画、水彩画。云南艺术学院客座教授、云南省公安厅文联书画院名誉院长。中国美术家协会会员。

S

沙　磷，男，1943年出生，云南昆明人。20世纪70年代昆明重要艺术家代表。云南艺术学院美术学院外聘教授。曾任昆明美术家协会副主席。中国美术家协会会员。

尚　丁，男，1954年出生于昆明，河北定县人。1973年参加全军举办的创作学习班，受教于何孔德先生。1975年至1977年进入中央美术学院油画进修班，受教于靳尚谊、林岗、罗尔纯等先生。1978年至1980年研究生毕业于中国美术学院（原浙江美院）油画系，受教于全山石等先生。1980年至1988年在解放军艺术学院任教，同时任中央美术学院油画第一工作室客座教师。1988年赴美。现生活、工作在美国加利福尼亚和北京。

沈德坤，男，1955年出生，云南昆明人。毕业于四川美术学院。1994年至1997年到荷兰留学。现为昆明理工大学工业设计系教授。云南省美术家协会会员、云南省翻译协会会员、中国建筑学会会员、中国文化促进会会员。

沈急白，男，1945年出生，江苏苏州人。1964年至1970年在北京林业大学学习园林设计及绘画、雕塑。1970年起在云南省展览馆美术组工作。1972年在昆明创作的油画作品《阿妈的关怀》入选当年全国美展。2006年获得苏州工艺美术精品展银奖。2010年出版著作《怀秀雅物·苏州折扇》。

史　一，男，1939年12月出生，浙江鄞县人。1956年考入浙江美院附中。1965年毕业于浙江美术学院版画系。历任云南艺术学院美术系副主任、版画教研室主任、教授。1996年获鲁迅版画奖。

苏江华，男，土家族，1956年2月出生，湖南凤凰人。1975至1977年在湖南省工艺美术学校读书。1982年毕业于中央民族学院艺术系。1982年至1988年在昆明工作。"西南艺术群体"的重要成员之一。现居美国。

苏新宏（1954—2008），男，云南思茅人。1982年毕业于云南艺术学院油画系，后就读中央美术学院油画系研修班。曾任云南艺术学院美术学院教授、省级油画重点学科学术带头人、云南油画学会主席、云南省艺术教育委员会委员、云南省美术家协会油画艺委会委员。中国美术家协会会员。

孙国娟，女，1959年出生，云南昆明人。1985年大学毕业。当代艺术领域具有较大影响力的女性艺术家。

孙景波，男，1945年出生，山东省牟平人。1964年中央美术学院附中毕业后到云南省美术家协会工作。1978年考入中央美术学院油画研究班。1980年毕业后留校任教。1986年赴法国巴黎美术学院进修油画、壁画。1988年回国。曾任中央美术学院壁画系主任、教授，中央美术学院学术委员会副主任、中国油画家学会理事。中国美术家协会会员。

孙式范，男，1956年出生，云南昆明人。曾是昆明市歌舞团舞蹈演员。1977年考入景德镇陶瓷学院学习美术，毕业后回到昆明市歌舞团工作。20世纪80年代积极参与了"西南艺术群体"的艺术活动。

孙向阳，男，1956年出生，山东济南人。1972年入伍。1979年考入解放军艺术学院美术系油画专业本科班。1983年毕业留校任教。现任该系油画教研室主任、教授、硕士生导师。北京美术家协会油画艺术委员会委员、中国油画学会理事、全军高级职称评审委员会委员。

宋雁萍，女，1963年出生。1984年毕业于云南省文艺学校，现任云南文化艺术职业学院副教授。云南省舞台美术家协会会员、云南省油画学会会员、云南省美术家协会会员。

T

唐志冈，男，1959出生，云南昆明人。1989年毕业于解放军艺术学院美术系油画专业。1996年在云南艺术学院美术系任教。现任云南艺术学院美术学院教授。云南油画学会主席。中国美术家协会会员。

W

王保明，男，1950年11月出生，云南昆明人。曾在昆明市群众艺术馆从事美术创作工作。云南省美术家协会会员。

王憨生（1921—1995），男，福建厦门人。1943年毕业于广西省立艺专。历任中小学美术教师、滇黔桂边纵滇中艺工团团长、东川市文教局副局长、云南艺术学院副院长、教授。

王晋元（1939—2001），男，河北乐亭人。1964年毕业于中央美术学院中国画系，师承叶浅予、李苦禅、郭味蕖、田世光教授。中国当代著名国画家。国家一级美术师。曾任云南省文联副主席、云南画院院长、云南省美术家协会主席。中国画研究院院务委员，中国美术家协会理事兼中国画艺术委员会委员。

王坤红，女，1958年出生，云南昆明人。1990年毕业于西北大学作家班。1976年赴乡村插队务农，后历任昆明市纺织品公司干部、昆明市文联《滇池》编辑部编辑。中国作家协会会员。

王　正，男，1942年6月出生，北京人。1964年毕业于中央美术学院油画系，后在中国美术家协会云南省分会工作。作品有《歌》《冠军之路》《爱》等。

王瑞章，男，1940年出生，北京人。1964年毕业于中央工艺美术学院。曾经在云南省工艺美术研究所工作。云南大学艺术与设计学院教授、研究生导师，陶瓷专家。

吴文光，男，1956年10月出生，云南昆明人。1974年中学毕业后到农村当“知识青年”务农。1982年毕业于云南大学中文系。1982年至1985年先后在昆明和新疆的中学任教。1985年至1988年在昆明电视台做记者。1988年至今定居北京，写作和拍摄纪录片。

武　俊，男，1959出生，云南人。1982年毕业于云南艺术学院美术系后留校任教。1994年结业于中央美术学院油画系第七届研修班。云南艺术学院教授。作品曾入选中国青年美展、首届中国油画展、第二届中国油画展、第五届中国当代艺术文献展等。出版数种关于云南艺术教育及艺术创作学术专著。

X

夏斌文，男，1938 年出生，湖南人。1959 年毕业于湖北美术学院，后分配到云南省大理白族自治州工作。曾任大理州美术家协会主席。1991 年调昆明大学任教。云南省美术家协会水彩画艺术委员会委员。中国美术家协会会员。

夏　维（1959—2013），男。中学毕业后在昆明晋宁插队落户当知青，后参军到十四军。转业后在昆明卫生防疫站工作。1982 年考入云南艺术学院，毕业后留在云南艺术学院附属中学任教，后任云南艺术学院美术馆馆长。

肖嘉禾，男，1954 年出生，云南昆明人。18 岁成为云南省文化厅创作员。在昆明纪念文革 10 周年画展上，创作的巨幅油画《围海造田》产生巨大影响。1978 年到美国威斯康星州立大学读硕士研究生。现生活在美国。

熊秉明（1922—2002），男，生于南京，云南人。中国数学家熊庆来之子，著名法籍华人艺术家、哲学家。1944 年毕业于西南联合大学。1947 年公费留法，先读哲学后转习雕塑、绘画。旅居法国 50 年，作品被国际国内多家学术机构收藏。

熊传政，男，1938 年出生，湖北武汉人。1965 年毕业于湖北艺术学院美术系油画专业。历任昆明市群众艺术馆美术工作室主任、昆明美术家协会副主席等职。云南民族画院特邀画家。云南省美术家协会会员。

熊惠明，女，1954 年出生，云南昆明人。晨光出版社美术编辑。昆明美术家协会常务理事，云南省美术家协会会员。中国国画家协会理事。

许敦谷（1894—1983），男，出生于台湾台南，祖籍福建。1913 年公费赴日。1914 年考入东京美术学校西洋画科。1919 年与陈抱一、胡根天、关良在东京创办艺术社。1920 年毕业于藤岛武二教室。历任北平艺术专科学校、武昌艺术专科学校、广州艺术专科学校教师。1936 年与他人合著《绘画入门》一书。1945 年任昆明粤秀学校校长。1953 年起在昆明师范学院艺术科任教。1959 年云南艺术学院成立任中国画教授。

Y

夭永茂，男，彝族，1935 年 11 月出生，云南大姚人。1964 年毕业于云南艺术学院油画专业，后留校任教。曾任云南艺术学院美术系主任、云南省美术家协会常务理事、云南省美术家协会油画艺术委员会副主任。作品《阔步前进》《傲霜雪》《途中小饮》《玉龙倒映十三峰》分别入选第七、八届全国美展、首届中国油画展等。

姚　霏，1965 年出生。毕业于华东师范大学。1987 年以《城疫》系列及《红宙二题》等小说被誉为“先锋小说”代表作家之一。《被同情的人》等作品被多种文集所收录。另发表中短篇小说近百种。

姚建华，男，回族，1945 年 4 月出生，云南昆明人。1961 年毕业于昆明市美术学校。曾任昆明市文联《滇池》文学月刊美编。1989 年开始画传统水粉画。1993 年开始画写实类水彩画。2006 年获“云南文学艺术成就奖”。

姚钟华，男，1939 年 7 月出生，云南昆明人。1959 年毕业于中央美术学院附中。1964 年毕业于中央美术学院油画系。历任云南省文化局美术摄影工作室副主任、云南画院副院长。国家一级美术师。云南省政协第四、五、六、七、八届委员。中国美术家协会第四届理事。作品有《黄河》《玉龙金川》《啊！土地》等。出版有《姚钟华画选》《姚钟华画集》等。

杨成忠，男，1941 年出生，江苏扬州人。1961 年毕业于四川美术学院附中。曾任云南画院副院长兼秘书长、云南省美术家协会水彩画艺术委员会副主任、云南省美术家协会常务理事。中国美术家协会会员。国家一级美术师。作品多次参加全国性美展。部分作品被中国美术馆、澳大利亚斯坦索普美术馆、昆士兰皇家艺术家美术馆、日本相生町森林美术馆、意大利佩鲁贾美术学院等收藏。

杨德华（1941—2002），男，云南昆明人。1961 年考入四川美术学院绘画系油画专业。1965 年分配至云南曲靖地区艺术馆工作，曾任曲靖地区艺术研究所副所长。油画《散戏》参加建国 15 周年全国美展。水彩《甜乡》参加全国首届水彩粉画展。版画《梵语》参加首届中国艺术节中国馆优秀作品展。

杨黄莉，女，布依族，1954 年 3 月出生。1969 年毕业于上海复旦附中。1969 年至 1977 年在云南西双版纳下乡插队。1978 年考入中央民族学院艺术系。1982 毕业后到云南艺术学院工作。“西南艺术群体”重要组织成员。现居住在美国。

杨丽萍，女，1958 年 11 月出生，云南人。中国舞蹈艺术家。1971 年进入西双版纳州歌舞团，之后调入中央民族歌舞团，并以“孔雀舞”闻名。国家一级演员。中国民族民间舞蹈等级考试专家委员会委员。中国舞蹈家协会副主席。1994 年，独舞《雀之灵》荣获中华民族 20 世纪舞蹈经典作品金奖。代表作有《云南映像》《孔雀》等。

杨　龙，男，1939 年 12 月出生，云南大理人。1959 年考入云南艺术学院油画专业，受教于著名画家刘傅辉、袁晓岑、丁绍光等。1964 年毕业分配至临沧，任职于临沧地区群众艺术馆，从事美术组织辅导和创作工作。1960 年开始发表作品，作品曾多次入选全国美展。

杨　鹏，男，1957 年出生，云南马关人。1978 年考入四川美术学院。1991 年至 1992 年进入中国美院中国画系人物画专业研修班。国家一级美术师。云南省美术家协会驻会画家、云南省美术家协会常务理事、云南省美术家协会中国画艺术委员会副主任、云南省美术家协会秘书长。中国美术家协会会员。

杨　慎，男，抗战时期加入八路军，原属南京军区创作组成员，下地方学习后来到云南。1961 年到云南艺术学院任教，担任油画和基础课教师。1963 年云南艺术学院取消办学后，到云南省文艺学校教书。文革期间逝世。

杨晓燕，女，1963 年 4 月出生。1979 年毕业于云南省艺术学校，分配到云南省歌舞团工作。1984 年考入北京舞蹈学院，毕业后回到云南省歌舞团担任独舞、领舞及舞剧主角。1988 年荣获第一届“春城小姐”桂冠。

杨一江，男，1958 年出生。1982 年毕业于中央民族学院艺术系本科。2004 年毕业于清华大学美术学院，获美术学博士学位。现任云南艺术学院美术学院副院长、教授、硕士生导师。

杨作霖，男，白族，1943 年 7 月出生，云南大理人。擅长油画、连环画。1966 年毕业于云南艺术学院美术系油画专业。现为昆明美术家协会油画艺术委员会主任、昆明美术家协会副主席。中国美术家协会会员。

叶公贤，男，1938 年出生，浙江杭州人。1961 年毕业于浙江美术学院版画系，后分配至云南艺术学院任教。1985 年 11 月至 1987 年 6 月担任云南艺术学院副院长。1987 年 6 月至 1993 年 3 月担任院长。出版有《版画基础》，作品有《中国古代神话插图》《洱海月》等。

叶甫纳，女，1986 年出生，云南昆明人。2008 年毕业于中国中央美术学院实验艺术系本科班。2010 年毕业于英国圣马丁艺术学院，获艺术硕士学位。现任教于中央美术学院。

叶永青，男，1958 年出生，云南昆明人。1982 年毕业于四川美术学院绘画系，现任四川美术学院教授。曾在北京、上海、新加坡、英国伦敦、德国慕尼黑、德国奥格斯堡、美国西雅图等地举办个展。作品被中国美术馆等艺术机构收藏。

叶之琦，男，1938 年 2 月出生，云南昆明人。1964 年毕业于云南艺术学院美术系油画专业，曾在东川市文化馆、峨山县文化馆任职。曾任玉溪师范高等专科学校艺术系主任、云南省油画艺术委员会委员。现为云南艺术教育委员会委员。中国美术家协会会员。

袁瑞新，男，1941 年 10 月出生，浙江人。1965 年毕业于浙江美术学院。曾在昆明市长春剧院工作。作品多次参加全国美展并获奖。

袁晓岑（1915—2008），男，贵州普定人。雕塑家、中国画画家。1938 年进入云南大学学习。曾参与组织谷风画社。1948 至 1952 年先后任教于昆华师范学校艺术科、昆华中学、昆明一中。1953 年调任云南省文联创作研究部副主任。1959 年任云南艺术学院美术系主任。1963 年任昆明师范学院艺术系主任、教授。1978 年回云南艺术学院任副院长、教授。曾任云南省画院名誉院长。中国美术家协会第二、三届理事和中国美术家协会云南省分会主席。出版有《袁晓岑画辑》《袁晓岑雕塑选集》。

于　坚，男，1954 年 8 月出生，云南昆明人。14 岁辍学，当过铆工、电焊工、搬运工等。20 岁开始写诗，25 岁发表作品。1984 年毕业于云南大学中文系。1985 年与韩东等人合办诗刊《他们》。1986 年发表成名作《尚义街六号》。1994 年长诗《O 档案》被誉为当代汉语诗歌的一座"里程碑"。曾与同学创办银杏文学社。主要作品有长诗《零档案》《飞行》《诗六十首》《对一只乌鸦的命名》《于坚的诗》《便条集》《诗集与图像》等。

Z

曾　浩，男，1963 年出生，云南昆明人。职业艺术家。1989 年毕业于中央美术学院油画系第三工作室。曾执教于广州美术学院。1998 年至今生活、工作在北京。曾经参加过"圣保罗双年展""威尼斯双年展"等一系列国际重要艺术展览及活动。

曾晓峰，男，1952 年 1 月出生，云南昆明人。曾先后结业于中央工艺美术学院和中央美术学院研修班。作品有《夜》系列、《捕虫》系列、《房子的变相》系列、《安乐椅》系列、《火炉》系列等。作品曾获全国第二届青年美展二等奖、前进中的中国青年美展三等奖、第七届全国美展油画铜奖、版画铜奖，入选第六、七、八届全国美展、中国首届油画展。云南画院一级美术师。中国美术家协会会员。

翟　炜，男，1954 年出生。职业艺术家。做过电工、美术编辑、摄影记者、美工师、大学教师等职业。云南省美术家协会会员。

张崇明，男，1953 年出生，云南昆明人。1971 年到云南省话剧团工作。1977 年考入云南艺术学院美术系油画专业。1982 年分配回云南省话剧团从事舞台美术工作。国家二级美术设计师。中国戏剧家协会会员。

张丰毅，男，1956 年 9 月出生，河南南阳人。1978 年从云南东川市文工团考入北京电影学院。中国电影表演艺术学会副会长。代表作《骆驼祥子》《霸王别姬》等。

张建中（1937—2002），男，云南昆明人。1964 年毕业于云南艺术学院美术系油画专业。历任云南画院副院长、云南艺术学院院长。云南省美术家协会副主席。作品《难民图》获全国美展三等奖并被中国美术馆收藏。出版有《张建中画选》《张建中和他的艺术》等。
张　隆，男，1961 年 9 月出生。1984 年考入华东师范大学艺术系。1985 年与画家张晓刚、毛旭辉、潘德海共同发起在上海举办首届“新具像画展”。1986 年在昆明成立“西南艺术研究群体”。现生活、工作在上海和美国。

张雾勋，男，1945 年 3 月出生。1970 年参军，在十四军 40 师宣传队工作。1971 年 11 月转政治部宣传课工作。1978 年转业分配到云南省科技馆工作。昆明风景画学会会员、昆明美术家协会会员、云南省美术家协会会员。“红色经典”作品《烧姜汤》1972 年入选全军第四届美展，倍受好评。

张夏平，女，1961 年出生，云南昆明人。1974 年进入云南省艺术学校学习。1978 年分配到昆明市歌舞团从事舞台美术工作。1983 年进入中国音乐学院学习，1985 年病退。参加了昆明第三届“新具像”展和“西南艺术群体”的艺术活动。现居住在奥地利。

张　献，1955 年出生。15 岁时随父母内迁云南昆明，即开始写作诗歌与小说。1978 年考取上海戏剧学院戏剧文学系。独立艺术家、自由撰稿人和艺术策划人，长期从事报刊杂志、舞台戏剧与电影电视的写作、编辑和策划，发起组织、主持多个民间艺术团体及剧场空间。

张晓刚，男，1958 年出生，云南昆明人。1977 年考入四川美术学院绘画系油画专业。1982 年毕业获学士学位。2007 年受聘四川美术学院特聘教授。1994 年，创作的《大家庭》系列入选第 46 届威尼斯双年展，并受到国际艺术领域的关注。除《血缘——大家庭》系列以外，还陆续创作了“失忆与记忆”系列、“里和外”系列、“绿墙”系列、镜面系列、绘画雕塑等作品，并在国内外多个美术馆举办个人展览。现生活和工作在北京。

张志禹，男，1940 年 12 月出生，云南人。1961 年考入云南艺术学院美术系雕塑专业。1966 年毕业于云南昆明师范学院。曾任云南艺术学院雕塑教研室主任、教授。《金花》入选首届全国城市雕塑优秀作品展。《超越》获第二届中国体育美展特等奖。《足球召唤英雄》入选第四届中国体育美展。《星空》入选第九届全国美展等。

赵建国，男，1954 年 2 月出生。1982 年毕于四川美术学院绘画系油画专业。历任云南工业大学建筑工程学院建筑系副教授、教研室主任、昆明理工大学文学院艺术系主任。2003 年调入四川音乐学院成都美术学院。现为四川音乐学院成都美术学院环境艺术系系主任、教授、硕士生导师。云南省美术家协会会员。

郑　旭（1959—2011），男，拉祜族，云南澜沧人。1977 年考入云南艺术学院美术系版画专业。1982 年 1 月毕业分配回家乡澜沧县文化馆工作。1990 年调入思茅地区群众艺术馆工作。1995 年回到云南艺术学院美术系任教。1984 年，绝版木刻作品《拉祜风情 1—染》《拉祜风情 2—赶街天》一举荣获全国第六届美展金奖。云南省美术家协会会员。中国美术家协会会员。

钟开天，男，1942 年出生，云南昆明人。1961 年入伍，历任云南省军区文艺创作室主任、云南省文史研究馆馆员等职务。曾获解放军总政治部美术创作优秀奖、全国新闻美术突出贡献奖、云南文学艺术成就奖、云南省文学艺术奖励基金奖一等奖等。出版多种版本的画集和书法集。中国美术家协会会员。

钟蜀珩，女，满族，1946 年出生，辽宁人。1965 年毕业于中央美术学院附中，同年考取中央工艺美术学院装潢系，毕业后在昆明师范学院任教。1979 年考入中央工艺美术学院读研究生，后任教于中央工艺美术学院书籍装帧艺术系。1981 年中央工艺美院研究生毕业，指导老师为吴冠中教授。现为清华大学美术学院教授。中国美术家协会会员。

周　霖（1902—1977），男，纳西族，字慰苍，云南丽江人。著名国画家。1950 年以后，先后任丽江县文化馆馆长、丽江县副县长、云南省第三届人民代表大会代表、中国美术家协会云南分会副主席。1964 年在北京中国美术馆举办个展。曾为人民大会堂作《金沙水拍云崖暖》和《玉龙金川》两幅巨画。作为纳西族优秀诗人，在保护临摹白沙壁画、征集翻译东巴经书、清理保护民族古藉、发掘整理民族民间文化艺术遗产方面，做了许多有益的工作。《周霖画集》由云南人民出版社编辑出版。

参考文献目录

武俊　彭晓《当代油画论集》，云南美术出版社，2001.12
伊利亚·爱伦堡（俄），冯江南、秦顺新（译）《人·岁月·生活》，海南出版社，2008
斯舜威《中国当代美术30年（1978—2008）》，东方出版中心，2009.1
鲁虹《越界中国先锋艺术1979—2004》，河北美术出版社，2006.1
武俊《云南高等美术教育史研究》，云南大学出版社，2005.10
张晓刚《时代的脐带·张晓刚绘画》，香港汉雅轩，2004
张晓刚（编）《个人反射历史：林聆的绘画》，云南人民出版社，2009.3
张晓刚《失忆与记忆：张晓刚书信集（1981—1996）》，北京大学出版社，2010.2
吕澎《二十世纪中国艺术史》，北京大学出版社，2006.12
包茜　吕澎（编）《重叠的视界与藏匿的维度》，湖南美术出版社，2011.9
易社强（美）饶佳荣（译）《战争与革命中的西南联大》，九州出版社，2012.3
高名潞（编）《'85美术运动—历史资料汇编（上、下卷）》，广西师范大学出版社，2008.1
高名潞（编）《川逝：大毛的艺术》，文化艺术出版社，2010.12
毛旭辉《道路——毛旭辉绘画历程（1973—2007）》，上海人民美术出版社，2008.1
毛旭辉《毛旭辉（1976—2007）》，香港汉雅轩，2007
王娅蕾（编）《历史的幸存者——叶永青艺术档案》，中国青年出版社，2012.11
姚钟华《艺术·生活·往事》，晨光出版社 云南美术出版社，2005.9
姚钟华《速写与记事》，云南美术出版社，2009.12
叶永青《时间的穿行者 叶永青文集》，中国青年出版社，2010.12
杨杨《昆明往事》，花城出版社，2010.8
张旭东 崔问津等（译）《改革时代的中国现代主义：作为精神史的20世纪80年代》，北京大学出版社，2014.1
郑朝《国立艺专往事》，中国美术学院出版社，2013.8
彭磊《昆明六十年记忆》，云南人民出版社，2010.1
昨天——温情昆明组委会：《昨天——温情昆明》，云南美术出版社，2000.9
迈克尔·苏立文（英），陈卫和 钱岗南（译）《20世纪中国艺术与艺术家（上、下卷）》，上海人民出版社，2013.5
红帆，曾德钧《云南西画先导——董贯之事迹略考》，《学术探索》第67页，2003年8期
李实清《清朝初年讫解放初期云南画家简介》，《云南美术通讯》第20页，1985年第1期
红帆，曾德钧《云南第一所现代艺术学校的创办者李廷英》，《云南艺术学院学报》，2003年第1期
姚钟华《云南油画概述》，《第三届中国油画展云南油画作品集》，岭南美术出版社，2003
武俊　李季（编）《现代之路——云南现当代油画艺术》，人民美术出版社，2012.12

书中所用照片版权由

毛旭辉工作室	张晓刚工作室	叶永青工作室	潘德海工作室
唐志冈工作室	曾浩工作室	姚钟华工作室	曾晓峰工作室
肖全先生	李季先生	彭磊先生	张夏平女士
孙国娟女士	胡晓钢先生		

提供

扉页铜版画《阳光下的护城河》© 聂荣庆 2014

作者照片 摄影 肖全

图书在版编目（CIP）数据

护城河的颜色 ： 20世纪80年代的昆明艺术家 / 聂荣庆著. -- 北京 ： 人民美术出版社，2015.8

ISBN 978-7-102-07267-8

Ⅰ. ①护… Ⅱ. ①聂… Ⅲ. ①艺术家－生平事迹－昆明市－现代－通俗读物 Ⅳ. ①K825.7-49

中国版本图书馆CIP数据核字(2015)第177762号

护城河的颜色

20 世纪 80 年代的昆明艺术家

编辑出版 人民美术出版社

（100735 北京北总布胡同32号）

http://www.renmei.com.cn

发行部：（010）56692185

（010）56692193

邮购部：（010）65229381

责任编辑 尹 然 白劲光

装帧设计 简 枫

责任校对 魏雅娟

特约审校 尹其超

责任印制 赵 丹

制版印刷 北京图文天地制版印刷有限公司

经　　销 新华书店总店北京发行所

2015年10月第1版 第1次印刷

开本：710毫米×1000毫米 1/16 印张：22

ISBN 978-7-102-07267-8

定价：69.00元